지속가능 구매공급 혁신

김대수, 나진성, 송응석, 조순형, 편제범 공저

초아출판사

서문

Apple 제품의 뒷면에는 "Designed by Apple in California Assembled in China"라는 문구를 찾아볼 수 있는데, 이를 통해 이 제품이 생산되었던 당시 Apple의 글로벌 공급망 형태를 엿볼 수 있다. 그러나 10여 년 전만 해도 이러한 공급망 형태는 Apple뿐만 아니라 대부분의 글로벌 제조기업이 설계하고 운영했던 공급망의 보편적인 형태로, 중국을 중심으로 하는 글로벌 생산과 이에 적합한 글로벌 공급망 체계에서 미·중 무역 규모가 이례적으로 증가하면서 글로벌 자유무역이 확대되었고, 물류비용과 환율, 원자재 공급 가격이 안정화되면서 글로벌 경제는 크게 성장하고 활성화될 수 있었다.

그러나 2018년부터 시작된 미·중 무역의 마찰, 2020년부터 3년여간 전 세계를 강타한 코로나19 팬데믹으로 인해 최근의 글로벌 공급망 판세는 확연히 달라졌음을 관찰할 수 있다. 탈 중국화 현상이 가속화됨에 따라 중국 중심의 글로벌 생산거점은 베트남, 인도 등 신흥 개발도상국으로 이전·확대되면서 공급망 구조의 재편이 일어나고 있고, 신규 공급사들이 새롭게 재편되는 글로벌 공급망에 편입하면서 물류 환경도 달라지고 있다. 또한, 지난 몇 년간 팬데믹을 거치면서 소재·부품·장비의 부족, 자유무역의 퇴조, 물류비용의 증가 등 전 세계 경제에 부정적인 요인과 영향도 늘어나게 되었다. 이처럼 세계적으로 경제 규모는 커지고 경제 성장률도 상승하는 등 긍정적인 면도 나타났지만 이에 비해 물가는 상승하지 않는 골디락스(Goldilocks)가 나타나는 부정적인 상황도 펼쳐지고 있다. 여기에 GVC(Global Value Chain)의 재편, 중국 리스크의 심화, 국가별 보호무역의 강화, 러시아-우크라이나 전쟁 등의 지정학적 이슈도 이러한 변화를 더욱 가속화시키고 공급관리의 복잡성과 불확실성을 증가시키고 있다.

이러한 불확실한 경제 상황과 글로벌 공급망의 변화 속에서 기업의 구매·공급 기능은 1차 협력사에서 2~3차를 포함한 저층 공급사까지 관리 범위가 확장되었을 뿐만 아니라 글로벌 시장의 센싱과 고객 수요 동향의 모니터링에 이르기까지 업무 영역도 확장되었다. 이에 더해, ESG 경영에 따른 규제 신설, 점증하는 리스크에 대한 관리, 국내외 새로운 정책 및 법규의 등장으로 인해 기업 내 업무의 책임과 부담은 점점 가중되고 있다. 따라서 기업의 경영진은 혁신적인 구매·공급 기능을 확보하여 공급망의 리스크 완화, 안정성 확보, 회복탄력성 강화를 기대하고 있고 이러한 니즈는 한층 더 고조되고 있다. 이에 구매·공급 기능은 그 어느 때보다 중요해지며 새로운 패러다임과 함께 기업의 핵심 기능(부서)으로 부상하고 있다. 이러한 관점에서 이 책은 최근의 불확실한 글로벌 시장 환경에서 구매·공급 기능이 나아가야 할 이정표를 제시하고자 다음과 같은 내용을 중심으로 집필되었다.

Chapter 1과 Chapter 2에서는 글로벌 환경 변화, 구매·공급 관리의 정책 및 조직에 관한 내용을 서술하고 있다. 점진적으로 변화해 가는 글로벌 환경에서 구매·공급 관리의 핵심 영역과 공급 경쟁력 확보를 위한 구매·공급 관리 혁신의 핵심 원리를 설명하였다. 또한 구매·공급 관리 분야의 미래 패러다임과 구매·공급 관리의 조직·역할·정책, 그리고 구매·공급 관리의 혁신 사례를 통해 간접적인 경험을 제공하고자 하였다.

Chapter 3과 Chapter 4에서는 기업의 구매·공급 조직에 있어 중요한 조달 구매와 개발 구매의 역할과 기능을 조명하였다. 특히, 과거와 다른 관점에서 조달 구매를 살펴보면서 핵심 소재·부품·장비의 지속적인 원활한 공급을 보장하기 위해서 지향해야 하는 전략적 방향과 급변하는 글로벌 시장 환경에 대응하기 위한 구매 기능의 디지털 전환 필요성에 대해 이해를 돕고자 했으며, 공급관리 시스템에 대한 미래 트렌드의 방향성을 제시하였다. 또한, 신제품 개발의 성공 요건을 제시하기 위해 제품 개발 단계에서 효과적인 비용 절감을 위해 적용할 수 있는 공급 전략 및 카테고리 전략을 제시하였다.

Chapter 5 ~ Chapter 9에서는 가치 창출을 위한 전략적 구매 방법론에 관해 설명하였다. 가격 및 비용 모델 분석을 통해서 시장, 원가, 가치에 기반한 전략적 공급사슬 비용 관리 기법과 기업의 사례를 제시함으로써 카테고리에 적합한 가격 분석과 비용 절감 전략을 제시하였고, 협상의 정의, 전술, 법칙을 통한 협상의 원리와 방법론을 제시하고 계약의 의미와 필요성 및 주의점을 짚어보았다. 또한, 협력사와 지속가능한 동반 성장을 위한 공급사 차별화 전략 및 협업 체계 확립 방법을 상술하여 현업 담당자가 업무에 참고할 수 있는 내용을 제시하고자 하였다. 아울러 팬데믹 이후 비즈니스 환경변화에 따라 뜨거운 이슈로 떠오르고 있는 글로벌 소싱과 아웃소싱의 방법론과 주의할 점을 짚어보았으며 글로벌 공급망 리스크의 정의 및 리스크 성과에 대한 내용을 다루면서 새롭게 변화하고 있는 글로벌 공급망 재편 방향을 살펴보았다.

마지막으로 Chapter 10에서는 글로벌 비즈니스 환경 속에서 기업의 지속가능성을 보장하기 위해 강조되고 있는 ESG의 주제를 구매·공급 관점에서 살펴보면서 ESG 경영 트렌드와 지속가능 공급관리 전략 및 추진 과제에 대해 제시하고, 협력사 ESG 방법론의 내용을 제시하였다.

이 책은 급변하는 글로벌 비즈니스 환경의 변화 속에서 제조/서비스 기업이 선진화된 구매·공급 기능을 수행하는 데 참조할 수 있는 선진 구매·공급 관리의 핵심 이슈와 테크닉을 심도 있게 조명하고, 이를 바탕으로 기업의 지속가능한 가치 혁신과 新성장 동력을 창출하기 위해 관심을 가져야 하는 구매·공급 기능의 전략적·기술적·관리적 시사점과 가이드라인을 제시하고 있다.

우리 저자들은 이 책을 집필하기 위해서 차별화된 콘텐츠를 선별하고 현업의 목소리를 반영하여 중요한 이슈를 모아 주제별로 묶어낸 후, 이 분야에서 업무를 수행하거나 공부하려는 학습자에게 실질적·실무적인 이론과 지식을 어떻게 하면 쉽고 생동감 있게 전달하여 구매·공급 관리 분야의 흥미를 높이고 이해를 도울 수 있을지 고민하였다. 이를 위해 여러 번의 집필진 회의와 콘텐츠 내용의 의사결정, 주제별 집필 및 수정 작업을 거치는 등 인고(忍苦)의 시간을 거쳐 이 책을 내게 되었다.

끝으로 이러한 노력과 인고를 함께 했던 집필진의 노고에 무한한 감사를 드리며, 책의 출간을 위해 전적인 지원을 아끼지 않으신 초아출판사 이민영 대표님과 관계자 여러분께 진심으로 감사를 드린다. 나아가 모쪼록 이 책이 독자들에게 많은 도움이 되기를 바란다.

2023년 8월

무더운 여름 청량한 매미 소리가 가득한 안암골 교정에서

저자를 대표하여 김대수

목차

Chapter 01

글로벌 환경 센싱

01. 공급망 관리와 진화

1. 공급망 관리의 정의와 중요성

공급망 관리(Supply Chain Management)는 소싱, 조달, 생산, 물류 및 유통과 관련된 모든 활동의 조정 및 제품/자재, 정보와 재화의 효과적이고 효율적인 관리를 의미한다. 다양한 고객의 니즈를 효율적으로 충족하고 기업의 이윤과 가치를 극대화하기 위하여, 제품이나 서비스를 제공하는 데 필요한 조직, 프로세스, 자원 및 활동의 전체 네트워크를 포함한다.

공급망 관리의 범위(그림 1-1)는 기업 내부의 조직과 자원의 관리에서 그치지 않고, 외부의 이해관계자인 고객 관계 관리(CRM: Customer Relationship

그림 1-1 제조기업의 공급망 관리 범위

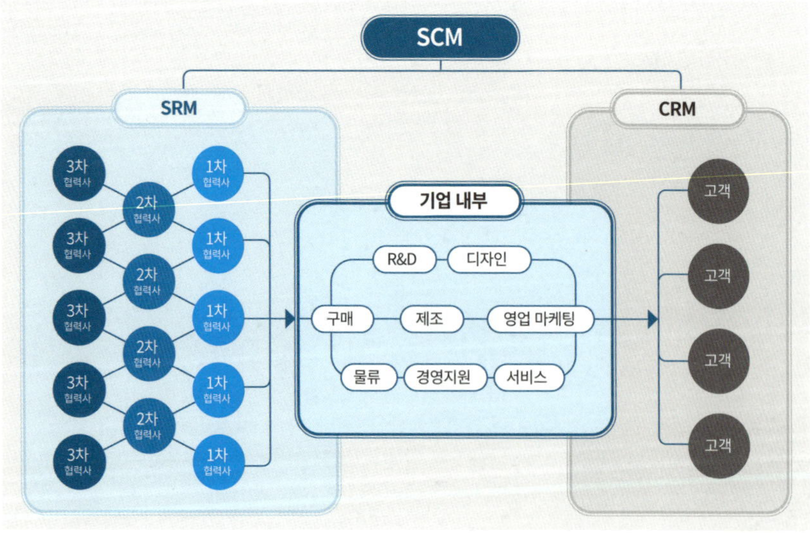

Management)와 공급사 관계 관리(SRM: Supplier Relationship Management)를 모두 포함하고 있다. 최근 미중 무역 갈등의 심화, COVID19 팬데믹 기간의 글로벌 공급 차질과 교란, ESG(Environmental, Social and Governance) 경영의 가속화는 공급망 관리가 1차 협력사를 넘어 2~3차를 포함한 저층(lower-tier) 공급사 관리로까지 확장되어야 함을 시사하고 있다.

오늘날 기업 운영에 있어서 지속가능 공급망 관리의 중요성은 그 어느 때보다 부각되고 있다. 이는 다음과 같은 이유에서 이다. 첫째, 연결된(connected) 지능적(intelligent) 디지털 공급망 관리는 프로세스를 간소화하고 효율성을 높여 비용을 절감할 수 있다. 또한 프로세스를 최적화하고 병목 현상을 제거함으로써, 규모의 경제를 달성하고 각 프로세스와 리드 타임을 단축하여 궁극적으로 기업의 성과를 개선할 수 있다. 둘째, 공급망 관리는 저비용 지역의 소싱, 운송 및 물류 최적화, 재고 유지 비용 최소화와 같은 다양한 비용 절감 노력을 수반한다. 따라서 전략적 공급망 비용 관리는 기업 경쟁력을 강화하고 고객에게 경쟁력 있는 가격으로 제품과 서비스를 제공함으로써 판매를 확대하고 수익성을 높일 수 있다. 셋째, 최적화된 공급망 관리는 적시에 신뢰할 수 있는 조건으로 제품이나 서비스를 고객에게 제공할 수 있다. 적시 납품을 보장하고 재고 부족을 줄이며 제품 품질을 개선함으로써 고객 만족도를 높이고 신뢰를 구축하며 시장에서 강력한 평판을 확립할 수 있다. 넷째, 탄력적인(resilient) 공급망 관리는 지정학적 리스크, 자연재해, 공급사의 공급 중단, 환경 및 무역규제 문제 등을 포함한 다양한 거시적, 미시적 리스크 관리를 수반한다. 즉, 공급사 다변화, 백업(back-up) 계획 수립, 글로벌 공급망 환경 모니터링 강화와 같은 선제적 리스크 완화 전략 및 민첩한(agile) 리스크 대응 전략을 계획하고 실행함으로써 글로벌 공급망 운영에 대한 연속성을 보장할 수 있다. 다섯째, 지속가능(sustainable) 공급망 관리는 공급망 파트너 간의 협업과 혁신을 통해 지속 발전해 나갈 수 있다. 공급사, 제조사, 유통사 및 기타 이해관계자들과의 견고한 사업 네트워크 관계를 조성함으로써, 초점기업은 집단적 전문성을 활용하고 지식을 공유하며 공급망 전체에서 혁신을 주도할 수 있다. 이러한 협력적 접근 방식을 통해 공급망 내의 모든 기업과 이해

관계자의 지속적 경쟁력을 강화하고 변화하는 시장 요구에 효과적으로 대응하게 할 수 있다.

요약하면, 오늘날 공급망 관리의 핵심 키워드는 연결(connectivity), 지능(intelligence), 탄력성(resilience)과 지속가능성(sustainability)을 들 수 있다. 지속가능 공급망 관리는 운영을 최적화하고, 비용을 절감하고, 고객 만족도를 높이고, 새로운 시장으로 확장하고, 리스크를 완화하고, 협업을 촉진하고, 규정 준수 및 지속가능 발전 목표를 달성할 수 있는 핵심 기능이다. 따라서 기업에게 경쟁이 심화된 시장 속에서 차별성을 제공하고, 핵심 경쟁력을 제고하게 함으로써, 오늘날의 상호 연결된 글로벌 시장의 경쟁 속에서 지속가능한 성장을 견인해 갈 수 있게 한다.

2. 공급망 관리의 발전과 진화

오늘날 공급망 관리는 어떻게 발전, 진화해 왔는가? 고대의 자급자족 시대에서는 공급망 관리가 필요 없었다. 부족이나 가족 근거지의 근거리에서 농사와 수렵에 의존하여 식량을 조달하였고, 따라서 날씨나 토양 등 자연환경에 의존하였다. 점차 부족이 커지고 국가의 형태로 인간의 사회구조가 변모하면서 증가하는 인구를 먹여 살릴 새로운 토지와 식량 조달이 필요하였고, 그에 따라 더 많은 노동 인력을 확보하고, 식량을 조달할 더 넓은 국토를 확보하기 위하여 전쟁이 시작되었다. 전쟁이 시작된 초기에는 주로 근거리 부족을 정복하거나, 국경 주변의 땅을 넓히거나 식량을 약탈하는 형태였기 때문에 식량 조달이 문제가 되지 않았다. 그러나 점차 대규모 군대가 장기간 원정길에 나서게 되는 형태의 전쟁이 확대되면서, 대규모 군인을 먹이고 입히고 재울 수 있는 식량을 포함한 군수물자의 원활한 보급이 중요하게 되었다.

먼저 최초의 대규모 원정길에 나선 몽골의 유럽 원정과 알렉산더의 동방 원정길을 살펴보자. 먼저 몽골은 작은 부족에서 시작하여 몽골을 통일하고, 송나라 정복뿐만 아니라 유럽 원정길에 올랐다. 그들의 최전성기인 13세기에 몽골제국의 영토는 현재 전 세계 1위 러시아의 면적을 뛰어넘을 뿐만 아니라,

2위 캐나다와 3위 미국을 합친 면적과 유사한 20억 ㎡에 이르렀다. 유럽 쪽으로는 현재의 우크라이나 키예프를 넘었고, 중동 쪽으로는 바그다드에 이르렀으며, 지중해와 맞닿아 있었다. 인구 80만에 불과했던 몽골이 1.6억 명의 중국과 유라시아 지역을 정복한 원동력이 무엇이었을까? 그들의 뛰어난 기마술과 전쟁 기술도 있었지만, 그들의 빠르고 유연한 전쟁물자의 조달 전략도 한몫을 담당하였다. 몽골군은 스피드를 극대화하기 위하여 기마병 1명당 5마리의 말을 데리고 참전하였고 그로 인해 하루 150㎞까지 이동할 수 있었다. 또한 장거리 원정길에 효과적인 식량 조달을 위하여 보르츠라는 말린 육포 형태의 고기와 분말 형태로 된 마유를 전투식량으로 준비하여 오늘날의 간편식과 같이 이동하면서 식사를 할 수 있었다.

고대 마케도이나의 젊은 왕으로 인류역사상 가장 긴 동방 원정길에 올라 대제국을 건설했던 알렉산더대왕은 보급품 공급을 직접 신경썼던 것으로 유명하다. 먼저 기존의 보급품 공급전략을 획기적으로 바꾸었는데, 기존에는 보급부대가 행렬을 따라가거나 직접 개인 보급품을 운반하는 자급자족 형태였는데 이에 따라 행군 속도가 늦어지고 중간에 탈취되거나 유실되는 경우가 많았는데, 알렉산더대왕은 해상 보급 전용 함선을 최초로 도입함으로써 먼 원정길에도 보급이 원활하였다. 또한 보급선 확보와 효율적 활용을 위해 항상 항만이나 강에서 가까운 곳에서 숙영하여 해상 보급품을 효율적으로 확보하였고, 적이었던 페르시아군의 주요 보급로와 항만을 차단함으로써 적의 사기를 저하시키는 전략을 자주 활용하였다.

이러한 고대 전쟁 속에 발전되어 왔던 공급망 관리는 제1, 2차 세계대전에서 꽃을 피우게 되는데, 유럽, 아시아, 아프리카에 이르는 전 세계에 걸친 대규모 전쟁을 수행하기 위한 보급품 공급은 가장 중요한 전쟁수행 능력 중 하나로 인식되기 시작하였다. 특히 미국은 연합군 측의 핵심 보급국가로서 대규모의 탄약과 전쟁물자를 생산하여 주요 전쟁지역에 전략적으로 보급함으로써 승리를 견인하였다. 전 세계에 걸친 보급품 조달 속에서 복잡한 공급 네트워크를 사용하여 먼 거리와 험난한 지형을 가로질러 군대, 탄약, 연료 등 자원을 수송했기 때문에, 이러한 작업에는 세심한 계획, 조정 및 효율적인 공급

그림 1-2 헬레니즘 제국 (출처 : 위키백과)

경로 설정이 필요했다. 이런 과정들을 통해 공급망 관리가 본격적으로 시작되었다고 볼 수 있다.

그럼 현대의 공급망 관리의 발전은 어떻게 진행되어 왔는가? 제1, 2차 세계대전과 한국전쟁 등 대규모 전쟁이 끝나고, 전쟁에서 발전된 공급망 관리의 기술들이 민간 영역으로 이어지면서 급속히 발전하게 되었다. 현재 우리가 일상적으로 마주대하는 여러 공급망 관리 기법과 도구들이 본격적으로 나타나게 된다. 1950년대에는 미국에서 바코드, 컨테이너 등이 최초로 개발되었으며, 1960후반~1970년대초에는 FedEx, DHL 등이 설립되어 항공화물 비즈니스를 시작하였다. 또한 도요타의 JIT(Just-in-time), 칸반(Kanban), TPS(Toyota Production System)로 시작되어 린(Lean) 생산 등으로 생산관리 프로세스 시스템이 진화되면서 협력사에 이르는 공급망 관리가 더욱 발전하게 되었다.

그럼 공급망 관리(SCM: Supply Chain Management)는 학문적으로 어떻게 발전되어왔는가? SCM이라는 용어가 최초로 등장하게 된 것은 1982년 6월 4일 영국의 컨설턴트인 키이쓰 올리버(Keith Oliver)가 영국 Financial Times와 한 인터뷰에서다. 그는 인터뷰 "High stock Levels - not the answer to volatile demand"에서, 높은 재고 확보를 통하여 변동성이 큰 수요에 대응하는 것이 옳지 않다고 하였다. 여기에서 "SCM이란 고객요구를 최대의 효율로 맞추기 위한 공급망 운영을 계획~실행~피드백하는 전체 프로세스로, 공급망 관리는 원자재로부터 소비자까지 이르는 모든 운송과 저장 활동을 광범위하게 포함한다"고 하였다. 또한 1980년 하버드 대학교의 마이클 포터(Michael Porter) 교수는 조직 내에서 가치를 창출하는 활동을 분석하고 이해하는 데 사용되는 프레임워크인 가치사슬(Value Chain) 모형을 발표했다. 기업의 가치사슬은 제품이나 서비스의 생산, 전달 및 지원에 기여하는 일련의 상호 연관된 활동으로 구성되어 있으며, 각 활동이 최종 제품에 어떻게 가치를 더하는지 식별하고 경쟁우위를 위한 잠재적인 영역에 대한 통찰력을 제공했다. 그는 가치사슬 활동을 기본활동과 지원활동으로 나누어 설명하고 있다. 기본활동(Primary Activities)은 제품/서비스의 생산, 마케팅/영업 및 고객에게 제공하는 서비스와 직접 관련된 활동으로, 구매/입고(Inbound)물류, 생산/운영, 저장/출하(Outbound)물류, 마케팅과 영업, 서비스로 구성되어 있다. 지원활동(Support Activities)은 기본활동의 효율성을 지원하고 향상시키는 활동으로, 기술(정보/엔지니어링), 재무/회계 및 인적자원과 조직 관리를 포함하고 있다. 포터의 가치사슬 모형은 고객과 공급사라는 외부 이해관계자를 제외하고, 기업 내부의 가치사슬 분석에 집중했다는 한계가 있으나, 가지사슬 분석을 통해 공급망 내의 조직은 그들의 가치사슬 내에서 경쟁우위를 확보하거나 고객을 위한 가치를 창출할 수 있는 특정 활동을 식별할 수 있다. 이 분석은 비용 효율성, 차별화, 프로세스 개선 및 자원 할당에 관한 전략적 결정을 내리는 데 도움이 된다. 활동을 최적화하고 경쟁우위를 달성함으로써 조직은 전반적인 성과와 수익성을 향상시킬 수 있다. 가치사슬 개념은 제조, 서비스 및 비영리 부문을 포함하여 다양한 산업 전반에 걸쳐 다양한 유형의 조직에 적용될 수 있다는 점에 유의하는 것이 중요하다.

공급망 관리는 1990년대 중반에 들어서면서 업계에서 본격적인 주목을 받기 시작하였고 현재에 이르기까지 상당한 발전과 진화를 거쳐 왔다. 주요 공급망 관리의 발전에 영향을 준 요소와 트렌드는 다음과 같다.

가. 협업과 가시성 : 경쟁의 양상이 기업 간에서 공급사슬 혹은 공급망 경쟁으로 변화해감에 따라 공급망 파트너와의 협업과 가시성의 제고는 효과적인 공급망 관리의 필수 요소로 대두되었다. 이에 기업은 전략적 공급사를 적극적으로 내부 협업에 참여시키고 그들과 정보를 공유하며 전략적 제휴관계와 파트너십을 구축해 나갔다. 환경의 불확실성과 복잡성이 증가하고 있는 현재 상황에서 다양한 협업 플랫폼과 네트워킹을 통한 공급망의 강건성과 수요-공급 매칭의 제고는 기업 경쟁력을 강화하는데 핵심적인 요소라 할 수 있다.

나. 정보와 데이터 기술의 발전과 디지털화 : 정보와 데이터 기술의 발전과 디지털화: 인터넷, 웹 기반의 EDI(전자 데이터 교환) 및 ERP(전사적 자원 관리) 시스템의 출현으로 공급망 파트너 간의 통신, 데이터 공유 및 조정(coordination)이 개선되었다. 사물인터넷(IoT), 인공지능(AI), 디지털 트윈, 블록체인 및 데이터 애널리틱스 등의 기술의 출현과 발전은 향상된 가시성, 자동화 및 예측 분석을 가능하게 함으로써 공급망 관리의 디지털화와 지능화 혁신을 촉진하고 있으며 데이터, 정보, 지식 경영의 중요성이 증가하고 있다.

다. 세계화와 무역자유화 및 아웃소싱과 오프쇼어링 : 1995년 WTO(세계무역기구)의 출범으로 시장의 세계화와 FTA(자유무역협정)의 체결, 무역장벽의 축소 등 무역자유화 노력은 공급망 관리 범위의 글로벌 확장을 촉진시켰다. 기업은 그들의 전문 기술과 관리영역에 집중하고 특히 비용과 효율성 관점에서 글로벌 공급망 역량을 최적화하기 위해 점점 더 저비용국가의 아웃소싱(Outsourcing)과 오프쇼어링(Offshoring) 전략을 채택해 왔다. 이러한 기회를 활용하여 새로운 시장에 접근하고, 싼 값으로 다른 지역의 재료와 부품을 조달하고, 글로벌 생산 네트워크 구축하며 현지 구매체계를 수립했다. 이러한 추세로 인해 여러 국가에 걸쳐 생산 프로세스가 세분화되고 글로벌 공급망의 복잡성이 증가하였다.

라. 탈글로벌화와 트렌스쇼어링 : 최근 들어 무역자유화 기조는 미-중 분쟁과 COVID19, 러시아-우크라이나 전쟁 등으로 인해 보호무역주의 기조

로 변화하는 양상을 보이며 탈글로벌화와 지역 블록화 현상이 나타나고 있다. 지난 20여년간 역외 제조 무역의 증가와 함께 글로벌 제조의 축이 급격하게 중국으로 쏠리게 되고 또한 다양한 규제 리스크가 증가하면서 리쇼어링(Reshoring), 트렌스쇼어링(Transshoring), 프렌드쇼어링(Friendshoring) 등의 글로벌 공급망 재편이 일어나고 있다. 따라서 과거의 비용, 효율성 중심의 관리를 넘어 공급망 안정성, 신뢰, 지속가능성을 보장하는 탄력적이고 지속가능한 공급망 관리의 중요성이 증대되고 있으며, 더불어 그 복잡성과 역동성 또한 크게 증가하고 있다.

마. 리스크 관리와 탄력성(Resilience) : 최근 지정학적, 경제적, 환경적 불확실성과 특정 국가, 지역의 공급 의존도가 높아지면서 글로벌 공급망 리스크 관리는 기업의 중대한 사안으로 부상하고 있다. 이에 기업은 유동성, 기후변화, 공급망 교란과 중단, 사이버 위협 등의 다양한 리스크를 식별하고 완화(Mitigation)하는 데 더욱 능동적으로 대응하고 있고, 글로벌 거시 환경 변화에 대한 센싱과 리스크를 고려한 공급망 설계 및 민첩성(Agility)에 기반한 적응(Adaptation)이 더욱 중요시되고 있다. 따라서 규제에 대한 컴플라이언스를 넘어 선제적인 리스크 대응과 함께, 리스크가 발생 시에 신속하게 회복하고 향후 재발 가능성에 대비할 수 있는 공급망 복원력 즉 탄력성의 혁신에 노력을 경주해야 할 때이다.

바. 지속가능성(Sustainability)과 윤리적 고려 : 공급망 관리는 사회적 책임 및 윤리적 고려 사항을 통합하도록 발전해왔다. 최근 글로벌 ESG 기조와 함께 규제 또한 빠르게 증가하면서 기업은 책임 있는 소싱, 환경과 자원 관리(탄소 저감, 순환경제 등), 노동 기준, 지속가능 공급망 및 사회적 영향에 점점 더 집중하고 있다. 이러한 추세는 기업이 규정 준수를 넘어 진정성을 가지고 혁신을 통해 윤리적, 친환경적 제품에 대한 소비자 요구 등을 포함한 사회, 환경적 이슈를 장기적인 관점에서 능동적으로 개선해 나가야 할 책무를 더욱 요구하고 있다.

이와 같이 공급망 관리는 시대와 환경 변화에 따른 새로운 트렌드와 규제, 기술 발전, 지정학적 변화, 변화하는 고객 기대치에 대응하여 계속 진화해 오고 있다. 최근 디지털 기술의 고도화, 지속가능성 및 윤리적 관행에 대한 강조, 비정형화된 리스크 속에서 더욱 지능적이고 탄력적이고 민첩한 공급망 관리로 발전해 가고 있다.

3. 한국에서 공급망 관리가 중요한 이유

최근 한국에서 공급망 관리의 중요성에 대한 인식은 그 어느 때보다 높아지고 있는데, 그 이유는 다음과 같다. 먼저 한국은 GDP의 상당 부분이 국제 무역에 의존하는 수출 중심 경제 체제를 가지고 있다. 내수시장 규모가 작은 수출 주도형 국가에서, 글로벌 공급망 환경은 상품, 원자재 및 부품의 국내 및 국경 간 효율적인 흐름을 촉진하는 데 중요한 역할을 한다. 최적화되고 잘 작동하는 공급망은 글로벌 시장에서 한국 산업의 경쟁력을 유지하는 데 필수적 요소라고 할 수 있다.

한국 기업은 특히 전자, 자동차, 조선, 석유화학과 같이 글로벌 공급망 환경에 큰 영향을 받는 산업구조에 특화되어 있다. 우리나라와 같이 원자재, 에너지 등을 해외에 대부분 의존하는 국가에서 이 같은 산업구조를 유지해 가기 위해서는 다국적 기업과의 긴밀한 협력 네트워크와 원자재 등의 경쟁력 있는 조달이 매우 중요하다. 나아가 수출입선의 다변화 및 핵심 소부장(소재, 부품, 장비) 공급 리스크의 완화와 중장기적 내재화를 통한 탄력적 공급망 관리가 요구된다.

잘 관리된 공급망 환경은 한국 기업의 공급망 리스크를 줄이면서 효율성과 경쟁력을 향상시켜 갈 수 있다. 특정 국가, 지역의 공급 의존도를 줄이는 한편 공급망 프로세스를 최적화하고 리드 타임을 단축하며 비용을 최소화함으로써 한국 기업은 경쟁력 있는 가격, 빠른 배송 및 우수한 고객 서비스를 제공할 수 있다. 이를 통해 시장점유율을 확보하고 고객을 유치하며 국내 및 전 세계적으로 입지를 확장할 수 있다.

또한 한국 기업은 빠른 기술 혁신과 발전으로 유명하다. 점점 복잡해지는 공급망 환경 속에서 공급망 관리 시스템의 디지털화, 인공지능(AI), 블록체인(Blockchain), 빅데이터(Big Data) 분석 등을 통한 지능화 및 예측적 데이터 분석과 같은 기술 솔루션을 강화해 간다면, 공급망 관리 혁신을 통해 지속적인 경쟁력을 높여갈 수 있다. 기술적으로 진보된 한국의 글로벌 공급망 환경은 기업의 혁신과 빠르게 변화하는 시장을 선도할 수 있도록 지원할 수 있다.

따라서 한국의 공급망 관리는 수출 중심 경제 체제와 글로벌 공급망 의존도를 고려할 때, 공급망 내 기업들과의 긴밀한 협력과 가시성, 공급망의 탄력성과 효율성 및 기술력과 지능화를 바탕으로 지속적 혁신과 성장을 견인해가야 한다. 이를 통해 양질의 일자리 창출과 지속가능 성장을 보장하기 위해서는 정부 인프라와 규제의 혁신과 지원 및 공급망 내 기업들의 사실과 데이터에 기반한 관리와 혁신이 절실히 요구된다.

02.
공급망 환경 요소와 변화 트렌드

1. 공급망 환경의 요소

글로벌 공급망은 다양한 요인의 영향을 받을 수 있으며, 그러한 영향들의 총합이 공급망 환경의 변화로 나타난다. 특히 공급망 관리 측면에서 중점적으로 살펴봐야 할 주요 요소들은 다음과 같다.

가. 경제 환경 : 글로벌 경제 상황은 글로벌 공급망에 상당한 영향을 미친다. 각 국가의 경기는 소비자의 수요를 결정할 뿐만 아니라, 공급사의 향후 투자 및 설비 가동률, 원자재 조달정책 등에 주요 인자로 활용되어 진다. 이러한 경제 환경은 단기적인 공급가격이나 물량의 변동뿐만 아니라 중장기 생산 공급능력(Capacity)나 기술 등에도 영향을 미친다. 따라서 기업은 단순히 국가나 권역의 경제 성장율, 소비자 심리지수 등을 통한 경기 파악 정도에 그칠 것이 아니라, 금리나 경제 정책 등에도 많은 관심을 가져야 한다.

나. 무역 환경 : 최근 국제 무역의 역학 관계와 각종 법규, 규제 등은 글로벌 공급망 관리에 있어서 더욱 영향력을 확대해 나가고 있다. 국가 및 권역별 무역 정책, 관세, 무역협정 등 직접적 무역환경 요소뿐만 아니라, 미-중 마찰 및 ESG 환경 규제 등과 같은 간접요소가 글로벌 공급 운영에 있어서 매우 중요한 요소가 되고 있다.

다. 기술 발전 : 기술의 급속한 발전은 글로벌 공급망 환경을 지속적으로 변화시키고 있다. 자동화, 전동화, IoT, 블록체인, 인공지능, 데이터 애널리틱스 등과 같은 기술은 공급망의 연결성, 투명성, 가시성, 의사결정력을 향상시킬 수 있다. 이러한 기술은 프로세스를 최적화하고 효율성과 탄력성을 개선하며 글로벌 공급망에서 의사결정을 강화할 수 있는 잠재력을 가지고 있다.

라. 공급망 중단 및 위험 : 공급망 중단 및 위험 가능성은 글로벌 공급망 상태에 상당한 영향을 미칠 수 있다. 자연재해, 정치적 불안정, 공급사의 운영 실패, 사이버 공격 등은 상품과 자재의 흐름을 방해하고 생산 지연을 초래하며 재고와 공급 부족을 초래할 수 있다. 최근의 COVID-19 팬데믹은 예상치 못한 충격에 대한 글로벌 공급망의 취약성과 탄력성의 필요성을 더욱 부각시켰다.

마. 소비자 요구 : 변화하는 소비자 기대치와 선호도는 글로벌 공급망에 막대한 영향을 미치고 있다. 소비자는 점점 더 개인화된 제품, 짧은 리드 타임, 지속가능한 소싱 및 투명한 공급망을 요구하고 있다. 이를 위해서는 진화하는 고객 요구를 충족하고 글로벌 시장에서 경쟁력을 유지하기 위해 민첩하고 유연한 공급망 관행이 필요하다.

바. 지속가능성 및 윤리적 고려 사항 : 최근 팬데믹 이후 지속가능성 및 윤리적 고려는 글로벌 공급망 관리에 있어 중요 요소로 등장하였다. 과거에는 먼 미래와 상위 대기업이나 특화된 집단군에서 관리해야 하는 부가적인 공급망 환경 요소였다면, 팬데믹 이후 미국과 유럽을 중심으로 관련된 많은 규제들이 쏟아지고 있는 것을 볼 수 있다. 기업은 이러한 요소를 정확히 이해하고, 그 영향을 최소화하는 책임 있는 조달 및 노동 관행을 보장하며 환경과 사회적 이슈 및 윤리적 문제를 해결해 가야 한다. 이러한 변화는 규제 요구 사항, 다양한 이해관계자의 기대 및 지속가능한 공급망 관행의 중장기적인 이점에 대한 인식에 의해 주도될 수 있다.

사. 글로벌 공급 네트워크 및 파트너쉽: 글로벌 공급 네트워크 및 파트너십의 구조와 역학은 최근 기업뿐만 아니라 정부 간에서도 중요한 역할을 할 수 있다. 2018년에 촉발된 미-중 간의 경쟁이 심화되면서 미국과 EU 주도의 자유진영과 중국과 러시아 중심의 비자유진영 간의 지역 블록화 현상에서 살펴볼 수 있듯이 글로벌 공급망 내에서 네트워킹과 파트너십 구축은 중요한 역할을 하

■ 그림 1-3 글로벌 공급망의 환경적 요소

경제 환경	경제성장율, 소비자 심리지수, 금리, 경제정책 등
무역 환경	국제무역의 역학관계, 무역 법규 및 규제
기술 발전	AI, IOT, 블럭체인 등 신기술 및 시스템
공급망 중단 및 위험	자연재해, 정치적 불안정, 공급사 파산/적자, 사이버 공격 등
소비자 요구	요구 강도, 개인화된 제품, L/T 단축, 투명성/지속가능성 등
공급 네트워크 및 파트너쉽	국가, 권역간 역학 관계, 원자재 카르텔 등

고 있다. 각 기업은 효율성을 높이고 지원을 공유하며 혁신을 추진하기 위해 공급사, 제조사, 물류사 및 유통사와 전략적 제휴, 협력 네트워크 및 파트너십을 강화해 나가고 있다. 이러한 네트워크의 복잡성과 상호 연결성은 글로벌 공급망의 전반적인 성과에 커다란 영향을 미치게 된다.

위와 같이 글로벌 공급망 환경 요소는 매우 다양하고 역동적이며, 공급망의 안정성과 강건성은 이러한 요인들의 복잡한 상호 작용에 의해 영향을 받는다. 따라서 기업은 공급망 운영을 최적화하고 리스크를 완화하며 변화하는 시장 상황에 민첩하게 적응하기 위해 이러한 요소를 효과적으로 탐색하고 센싱해야 한다.

2. COVID19 팬데믹이 가져온 글로벌 공급망 인식의 변화

지난 팬데믹 기간 우리는 그동안 겪지 못했던 새로운 경험을 하게 되었다. 우리의 일상생활 속에서 당연시 되었던 자유로운 이동이 제한되었을 뿐만 아니라, 중국 등 일부 국가에서는 강력한 통제 정책으로 인해 모든 도시와 무역이 정지되었던 것을 목도하였다. 그에 따라 우리는 겪어보지 못했던 공급 중단

그림 1-4 구글 트렌드 SCM 검색 결과

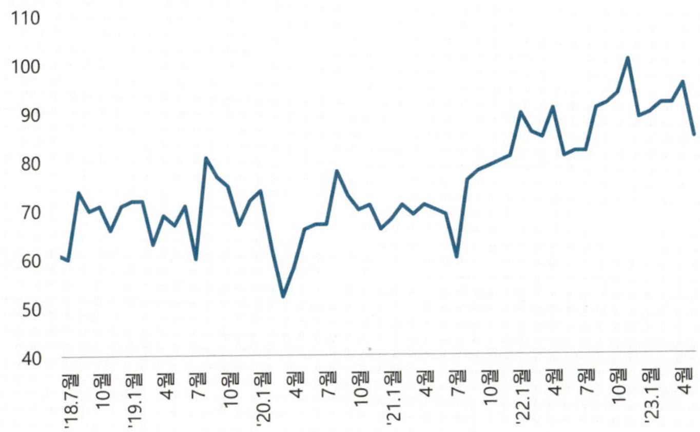

(Supply Disruption) 사태를 겪게 되었다. 그로 인해 일부 대기업이나 공급관리자만 주로 사용하던 공급망, SCM이란 용어를 일상적으로 대하게 되었다. 그림 1-4에서 보듯이 구글 트렌드에서 SCM이라는 키워드를 검색해 본 결과 미국의 공급망 이슈가 본격적으로 영향을 미친 2021년 하반기부터 관심이 큰 폭으로 증가하였으며, 2023년에도 팬데믹 이전보다 매우 높은 수준을 유지하고 있다. 무엇이 일반인들에게까지 이런 용어들을 익숙하게 만들었는가를 되돌아보면 모두를 놀라게 했던 중국, 미국, 유럽의 락다운과 수많은 사람들의 희생, 우리 한국의 일상을 송두리째 바꾸어 놓았던 마스크 착용과 사람과의 단절을 쉽게 떠올릴 수 있을 것이다. 그러나 코로나 팬데믹은 우리 보건, 환경만의 문제가 아니었고, 그로 인한 물자의 수요-공급의 불균형, 그에 기인한 가격상승과 그 후유증으로 글로벌 인플레이션 발생 등을 가져왔다. 또한 지금까지 그를 막기 위한 미국 연준의 금리상승과 그로 인한 은행과 기업의 줄도산 등 그 파장이 2023년 현재까지 연쇄적으로 계속되고 있으며 언제까지 가게 될지 불확실한 상황에 놓여 있다.

그리고 무엇보다도 팬데믹 시기의 공급망 붕괴를 경험한 각 국가와 기업이 글로벌 공급망 관리의 중요성과 파장을 실감하면서 기업을 넘어 국가 및 권역 단위에서도 중장기적인 대응 전략을 수립하게 되었고 향후 그로 인한 변화와 파장은 더욱 커질 것으로 보여진다. 실제로 미국의 Biden 대통령은 특히 경제, 국가 안보 및 전염병 대응과 관련하여 다양한 맥락에서 공급망의 중요성을 인정하면서 행정부 초기 몇 달 동안 공급망 취약성 개선과 탄력성 강화, 미국 제조업 재활성화, 미국 내 인프라 투자 등을 진행하였다. 미국 연준의 제롬 파월 의장도 공급망 붕괴에 따른 글로벌 인플레이션을 예측하지 못했다고 인정하면서, 공급망 관리가 경제에 더 폭넓은 강력한 영향을 미치는 중요 요소라고 인정했다. 공급망 중단은 인플레이션, 생산성 및 전반적인 경제 성과에 영향을 미칠 수 있기 때문에 연방준비은행은 경제 및 의사결정 프로세스 평가의 일환으로 공급망 영향을 포함한 여러 경제 지표를 더욱 세심히 모니터링하게 되었다.

3. COVID19 팬데믹이 증폭시킨 글로벌 공급망 환경의 구조적 변화

우리는 모두 COVID19 팬데믹이 공급망 교란을 가져왔다고 생각하기 쉽다. 그러나 팬데믹은 그동안 예고되었던 공급망 환경의 구조적 문제점들을 한 번에 폭발하게 한 촉매제라 볼 수 있다. 유럽의 EY Global Supply Chain Leader로 있는 Glenn A. Steinberg의 말에 따르면, "팬데믹은 공급망에 새로운 도전을 가져온 것이 아니고, 그저 원래 존재했던 문제들을 증폭시킨 것이다. 우리가 속한 시장에서 성공하려면 배움에 대한 갈증이 지속되어야 하고, 편안한 곳에서 지속으로 탈출해야 한다"고 하였다. 이와 같이 팬데믹 이후의 공급망 환경의 변화는 갑자기 나온 문제가 아니라 그동안 수면 아래 잠재해 있던 변화의 강한 욕구들이 한꺼번에 터져나온 것이라 할 수 있다.

이제 팬데믹 이전 약 10년간의 글로벌 공급망 환경은 어떠하였으며, 팬데믹 기간에 우리는 공급망 환경 변화를 어떤 곳에서 얼마만큼 체감하게 되었는지, 나아가 팬데믹이 지난 향후 공급망 환경은 어떻게 변화할 것인지에 대해서 살펴보자.

가. 팬데믹 이전의 공급망 환경

팬데믹 이전까지 일반인들은 공급망이라는 용어를 들어본 적이 없었고, 알 필요도 없었다. 그저 기업의 구매와 제조 중심의 일부 인력들이 공급망, SCM이라는 단어를 습관적으로 사용하고 있었다. 왜냐하면 WTO 체제하에서 글로벌 자유무역은 계속 확장되어 왔고, FTA 등으로 인해 무역장벽은 더욱 낮아지고 있었다. 또한 탐사 및 채굴 기술의 발달로 인해 천연자원이나 신소재 등이 계속 발굴 및 개발되어 왔고, 중국을 필두로 한 신흥국의 경제발전 촉진책으로 인해 지속적으로 새로운 협력사가 생겨나는 등으로 해서, 사실 일반인과 기업 모두에게는 모든 물자의 가격과 공급이 최장기로 하향 안정화되었던 황금시기, 즉 골디락스 시대라 할 수 있다.

세부적으로 살펴보면, 첫째, 1980년대에 들어 본격적으로 글로벌 고객경제가 시작되고 1990년대 중반에 이르러 SCM의 중요성이 부각되면서, 지속적으로 오프쇼어링(Offshoring)과 글로벌 소싱이 확대되었다. 그 주요 원인 중의 하나는 중국이라는 세계의 공장이 빠르게 경제 성장을 이룬 덕분이라 볼 수 있다. 1979년 1월 1일 미국과 중국은 정식 수교를 한 후, 중국 경제발전은 등소평의 과감한 개혁개방 정책에 힘입어 경제특구가 만들어졌다. 중국의 본격적 경제발전은 미국의 적극적 지원으로 2001년에 이루어진 WTO 가입으로 시작되었다. 중국은 풍부하고 저렴한 노동력을 바탕으로 양적 중심의 수출주도형 경제 성장을 이루게 되는데, 수출로 벌어들인 달러를 다시 경제발전에

■ 그림 1-5 팬데믹전 글로벌 공급망 환경

투자하는 선순환 구조의 경제 체제를 구축할 수 있었다. 초기에는 외자기업 유치를 통해 제조업의 급성장을 이루었고, 점차 자체 내자기업 육성으로 한 단계 더 성장하였다. 그로 인해 중국은 2000년에 글로벌 제조 비율이 미국과 일본 다음인 8.2%에서 2019년에 이르러는 미국과 일본을 합한 수치 보다 높은 28.7%로 급성장하면서 글로벌 제조의 허브로 부상하였다(이코노미 조선, 2021.4.28).[1]

그로 인해 중국에서 값싼 부품과 제품을 전 세계로 공급할 수 있는 역량을 가진 우수한 공급사들이 계속 생겨났고, 신규 소싱업체와 기존 공급업체 간의 경쟁으로 인해 공급망 가격과 관리비용 측면 등에서 공급망 관리자는 높은 협상우위를 점할 수 있었다. 한편 중국의 인건비와 무역 의존도의 상승 및 질적 성장으로의 기조 변화 등은 2018년에 미-중 무역 갈등을 촉발하였고, 기업들은 베트남, 인도네시아 등으로 트렌스쇼어링(Transshoring)을 하며 글로벌 공급망(Global Value Chain)의 재편이 진행되면서 공급망 환경은 더욱 역동적이고 복잡해지게 되었다.

둘째, 우호적 공급망 환경의 요인으로 주요 원자재 비용과 환율의 안정화로 인한 저비용을 들 수 있다. 중국의 급격한 경제 성장이 세계의 원자재를 빨아들이는 블랙홀의 역할을 하며 막대한 원자재를 사용했음에도 아이러니하게 가격은 안정화되었다. 그림 1-6은 금융위기 이후 지난 10년간의 미국 텍사스 원유가격과 구리 가격의 변화를 나타내고 있다. 원유는 기초 원자재로 기초 소재의 원료가 될 뿐만 아니라 모든 부품과 제품을 운송하는 연료가 되기도 한다. 중국이 급격히 성장하면서 원유 사용량은 대폭 증가하였고, 수십년 전부터 원유고갈 시점이 오고 있다는 언론보도가 있었음에도 불구하고, 실제로는 2010년 이후로 1배럴당 80달러 이상에서 60~40달러 수준으로 장기 하향 안정세를 보여 왔다. 이와 같은 추세의 주요 원인으로 원유 탐사 및 추출 비용의 획기적 저감과 그로 인해 과거 오일쇼크 때와 같이 중동산 원유에 의해 공급과 가격이 결정되지 않고 다변화된 것을 들 수 있다. 또한 2008년 리먼 브라더스의 파산으로 촉발된 글로벌 금융위기 시기에 미연준의 무제한 양적완화

1 이코노미 조선 (2021.4.28), 변곡점에 선 글로벌 공급망.

■ 그림 1-6 WTI, 구리 장기가격 추이

로 인해 장기간 금리와 풍부한 유동성을 바탕으로 조달금리가 낮아지게 되었다. 따라서 신흥국의 기업들은 공격적인 투자를 하게 되었고, 이로 인해 기업의 생산공급능력이 증가하고 경쟁이 가열되면서 원소재에서 제품에 이르는 가격이 낮아지고 풍부하고 저렴한 제품에 소비자는 지갑을 열게 되었다. 그에 따라 돈을 벌어들인 기업은 또 투자를 하게 되는 선순환 구조를 만들어 낼 수 있었다. 또한 원-달러 환율도 1,100원/달러로 안정화되었고, 팬데믹전까지는 조달금리도 낮아 제조 비용이 하향 안정화될 수 있었다.

셋째, 글로벌 자유무역 기조의 확산과 무역 인프라가 매우 우호적이었다. 1995년에 국가 간 분쟁이나 마찰을 조정할 수 있는 세계무역기구(WTO)가 출범함에 따라, 글로벌 공급망 환경은 산업·무역의 세계화와 함께 국경 없는 무한 경쟁 시대로 돌입하게 되었고 수출이 주력인 신흥국에게는 우호적 환경이 조성되었다. 중국과 한국, 대만 등 아시아권에서 투자가 활발해지고 새로운 기업이 계속 만들어질 수 있었다. 나아가 국가들 간에 자유무역협정(FTA)이 체결되면서 관세나 무역장벽이 추가적으로 철폐되었다. 따라서 기업은 글로벌 저비용 공급사로부터 부품이나 원자재를 소싱하게 되었고 무역을 위한

■ 그림 1-7 원달러 환율 및 미국기준금리

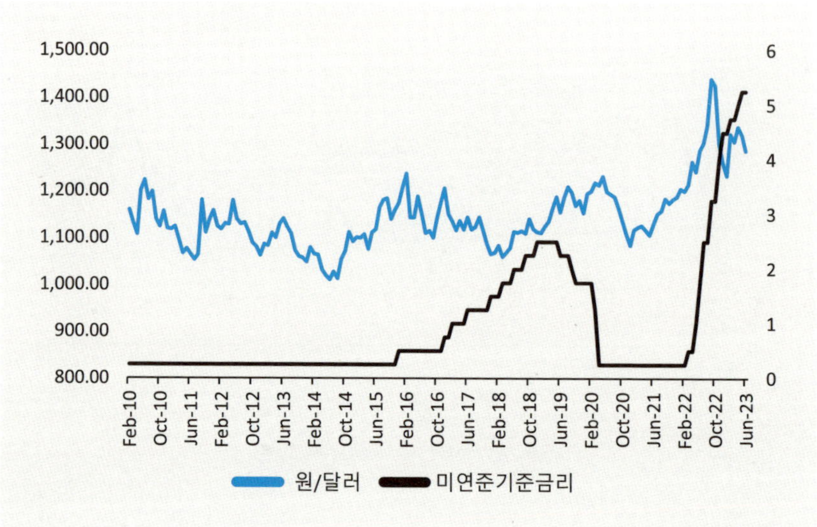

비용도 낮게 유지할 수 있었다. 또한 세계 무역량이 증가됨에도 불구하고 낮은 연료비용과 풍부한 선복량으로 말미암아 세계 운임지수도 안정화되었다.

요약하면, 팬데믹전 지난 수십년간 우리 기업은 지속적인 신규 공급사의 출현과 낮은 원자재 가격에 따른 조달비용 감소, 글로벌 자유무역 확산 기조하에서 매우 우호적인 공급망 환경 속에서 활동할 수 있는 공급망 골디락스를 경험하였다.

나. 팬데믹 기간 공급망 환경의 변화

팬데믹은 글로벌 공급망 관리자에게 지금껏 겪어보지 못했던 많은 경험을 주게 되었다. 수십년간 당연하게 생각해왔던 공급망의 우호적 환경요소가 완전히 돌변하게 되었고, 잠재되어 있던 공급망 리스크 요소들이 팬데믹으로 인해 증폭되면서 모든 것을 바꿔 놓았다. 딜로이트의 공급망 붕괴 관련 설문조사에 따르면, 팬데믹 기간에 기업 CEO와 공급망 리더들은 약 80%가 공급망 붕괴를 경험했고, 90%는 발생빈도가 증가했으며, 50%는 경영실적이 악화되었다고 응답했다.

구체적으로 2019년 말에 시작된 COVID19로 인한 팬데믹은 공급망 환경

■■ **그림 1-8 글로벌 구매리더 공급망 붕괴 설문 결과** (딜로이트, 2022)

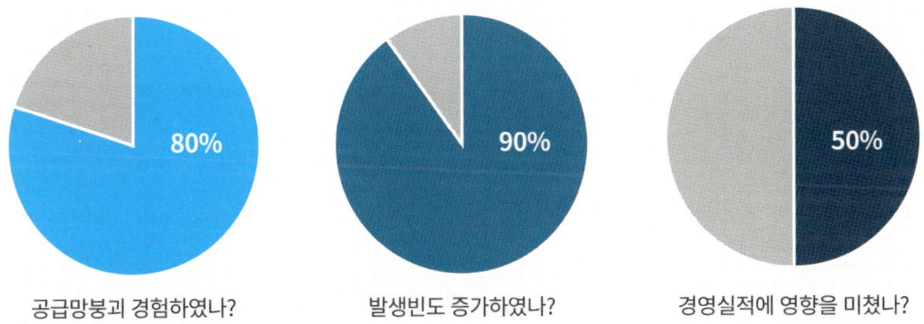

에 어떤 변화를 가져왔을까? 먼저 중국, 베트남 등 주요 생산국들의 정부 주도하의 강력한 방역 정책으로 인한 공장 셧다운과 국가 락다운은 공급사들의 생산과 물류 운송에 막대한 차질을 초래하였고 글로벌 공급망 교란과 붕괴를 초래하였다. 그로 인해 자재 채굴이 제대로 운영되지 않았을 뿐만 아니라 항만 및 트럭 등 물류 관련 인력 부족 등으로 인한 급격한 물류비와 보험료 상승으로 무역관련 비용이 크게 증가하였다. 또한 팬데믹 기간 붕괴 수준의 공급 축소와는 반대로, COVID가 정점을 찍은 후에는 원격 및 재택 근무로 인해 컴퓨터, 가전제품, 가전용 내구재 등의 억눌렸던 수요가 급속도로 살아나는 펜트업 효과가 나타나 수요와 공급의 불균형이 최고점에 다다르게 되었다. 이로 인해 기업들은 원자재와 부품을 선점하고 재고를 확보하는데 총력을 기울이게 되었고 이는 모든 원자재 및 주요 부품과 소재의 가격을 크게 상승시키는 결과를 초래하였다.

나아가 2022년 2월 러시아의 우크라이나 침공으로 시작된 전쟁은 에너지와 곡물 가격 상승을 극심하게 야기하였고 미-중 무역 전쟁이 더욱 심해지면서 그 동안의 세계화와 자유무역 기조는 탈글로벌화와 지역 블록화 및 프렌드쇼어링(Friendshoring) 현상을 보이면서 자유무역 기조는 퇴보하게 되었다. 이로 인해 공급망 환경은 더욱 복잡해졌고 불확실성이 크게 증가하였다.

다. 팬데믹 이후 글로벌 공급망 환경의 변화 물결

전 세계가 COVID19에 대한 자가면역을 가지게 되면서 모든 무역과 경제는 서서히 정상화의 길로 들어서고 있고, 글로벌 공급망에서 그동안 문제가 되었던 부품, 원자재의 공급 부족 현상은 대부분의 지표들이 팬데믹 이전으로 회귀하게 되면서 크게 개선되어 가고 있는 실정이다. 그럼에도 불구하고 여전히 공급망 불확실성과 지속가능성(Sustainability) 및 인플레이션과 경제 저성장의 문제는 상존하고 있다.

구체적으로 살펴보면, 글로벌 무역의 양대 축인 미-중간의 마찰은 대만 문제와 더불어 더욱 악화하고 있다. 희토류나 영구자석 등 주요 원자재나 부품의 중국 공급 비중은 여전히 80%를 상회하고 있으며, 중국과 같은 풍부한 공급사, 전기 및 물류 등 인프라를 갖춘 대체 지역을 단기간에 찾는 것은 어려운 문제로 남아 있다. 따라서 장기간에 걸쳐 공급망 불안 요소는 계속될 것으로 예측되며, 반도체와 배터리 등과 관련된 새로운 규제도 계속 나오고 있는 상황이다. 2008년 이래로 글로벌 무역에 영향을 주는 규제나 투자 등을 모니터링 하고 있는 Global Trade Alert 데이터를 보면, 최근 2~3년간 자유무역에 반한 새로운 규제는 최근 크게 증가하고 있다. 따라서 이러한 규제들이 ESG 가속화와 더불어 지속적으로 공급망의 비용을 증가시키고, 글로벌 공급망의 분절화(Geo-Economic Fragmentation)를 초래할 것으로 보여진다. 따라서 향후 공급망 환경을 바라볼 때, 장기적이고 총체적인 시각으로 현안을 바라볼 필요가 있으며, 공급망 환경에 대한 모니터링과 센싱의 강화 및 이를 통한 선제적, 탄력적 대응 시나리오 구축이 절실히 요구된다.

03.

글로벌 환경 센싱과 공급망 혁신

1. 공급망 환경 변화의 센싱

오늘날 사업을 운영하는 데 있어 새로운 트렌드, 위험 및 기회에 선제적이고 능동적으로 신속하게 대응하기 위해서 기업이 글로벌 공급망 환경의 변화를 빠르고 정확하게 감지하는 것은 필수적이다. 공급망 환경 변화를 센싱하고 이에 대응하기 위한 프로세스는 네 단계로 구성된다.

가. 공급망 환경 센싱 요소 정의

먼저 기업 운영에 직간접적으로 영향을 줄 수 있는 공급망 환경 요소를 전략기획은 물론이고 관련 부서와 함께 정의해야 한다. 직접적으로 관리해야 할 요소들은 부품·원자재 시장, 무역환경 관련 규제, 시장 수요, 핵심 협력사 등을 포함하며, 간접적인 요소들은 기후 변화, 자연재해, 관련 산업의 동향, 경제 지표 등을 포함한다. 또한 거시 환경 요소인 PESTEL(정치, 경제, 사회, 기술, 환경, 법규)과 미시 환경 요소인 공급, 제조, 수요와 인프라(물류, 정보, 자금)로 분류하여 살펴볼 수 있다. 이와 같은 공급망 환경 센싱 요소의 구체적인 항목들은 계속 변화할 수 있음을 인지하는 것이 필요하다.

나. 지속적인 모니터링

기업 환경에 맞는 센싱과 모니터링 항목을 정의하면, 관련 정보를 수집할 수 있는 출처를 파악하여 지속적으로 모니터링하는 시스템을 구축해야 한다. 정보 수집의 출처로는 공급망 및 무역 관련 주제를 다루는 업계 간행물, 시장 보고서, 평판이 좋은 뉴스, 웨비나 등이 포함될 수 있다. 이러한 출처를 정기적으로 검토하고 분석하여 글로벌 공급망에 영향을 미칠 수 있는 새로운 트렌드, 규제 변화 및 기술 동향 등을 지속적으로 모니터링 해야 한다.

- **공급망 파트너와 협력 :** 공급사, 유통사, 물류사 및 고객을 포함한 공급망 파트너와의 강력한 관계를 조성해야 한다. 이러한 파트너와의 정기적인 커뮤니케이션과 협업은 공급 및 판매 시장 동향, 수요 변동, 공급사 문제 및 원자재 동향 등에 대한 실질적이고 잠재적인 공급망 환경 판단을 위한 실시간 정보를 수집하는 데 도움이 될 수 있다. 통찰력을 공유하고 리스크 관리에 대해 협력하면 공급망 변화에 대한 집단적 인식을 높일 수 있다.
- **현장 조사 및 경쟁 분석 수행 :** 시장 동향, 고객 선호도 및 경쟁 상황을 이해하기 위해서는 시장 조사(5-force 분석 등) 및 경쟁관계 분석(SWOT 등)을 수행해야 한다. 여기에는 글로벌 공급망 환경에 영향을 미칠 수 있는 변화하는 수요 패턴, 신흥 시장 및 새로운 비즈니스 모델에 대한 통찰력을 얻기 위한 소비자 행동, 업계 보고서 및 경쟁사 전략 분석이 포함된다.
- **산업 네트워크 및 협회에 참여 :** 산업 네트워크, 전문 협회 및 공급망 포럼에 참여하여 업계 전문가, 동료 및 사고(thought) 리더와 연결되어져야 한다. 이러한 커뮤니티에 참여하면 통찰력을 교환하고 모범 사례를 공유하며 진화하는 공급망 환경요소에 대한 좋은 정보를 얻는 기회를 얻을 수 있다. 업계 컨퍼런스 및 이벤트는 최신 트렌드와 혁신에 대한 정보를 얻는 데에 유용하다.

다. 정보 및 데이터 분석

모니터링을 통해 수집한 정보와 데이터는 기술 및 데이터 분석 도구를 활용하여 분석한다. 재고 수준, 수요 패턴, 운송 물류 및 기타 정보에 대한 실시간 정보를 수집하고 분석을 통해 인사이트와 가시성을 제공하는 공급망 관리 시스템을 구현하는 것이 필요하다. 데이터 분석은 핵심 요소들의 패턴을 식별하고 예측하여 실행 가능한 통찰력을 기반으로 한 사전 예방적인 의사결정을 가능하게 할 수 있다.

라. 시나리오 계획 및 대응전략 수립 : 정보 분석과 평가를 통해 잠재적 공급망 취약성을 식별하고 그에 따른 대응 시나리오와 비상계획(Contingency

그림 1-9 공급망 환경 변화 센싱 프로세스

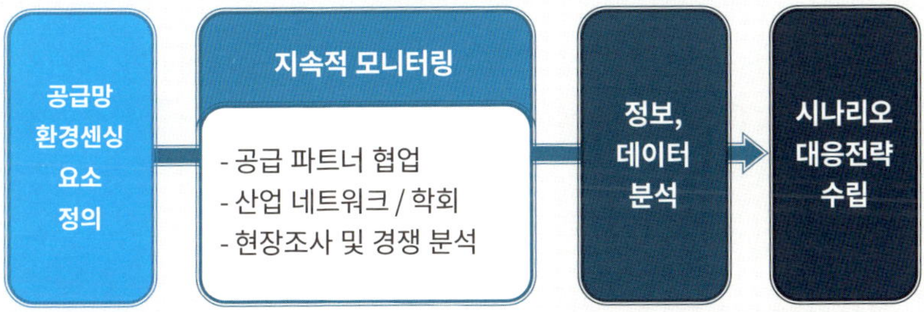

Plan)을 수립해야 한다. 다양한 시나리오와 관련 리스크를 고려함으로써 기업은 공급망 리스크를 완화하는 선제적 전략과 리스크 상황에 대한 탄력적이고 민첩한 대응 전략을 개발할 수 있다.

이와 같은 체계적인 프로세스와 방법론은 글로벌 공급망 환경의 변화를 감지하는 능력을 향상시키고, 선제적 변화 센싱을 통해 민첩한 전략적 의사결정력을 제고하고, 새로운 트렌드에 대한 적응과 효과적인 리스크 관리를 가능하게 할 것이다.

2. 공급망 관리의 핵심 영역

글로벌 공급망 전체에서 원자재 및 부품, 제상품, 서비스 및 정보와 운전자본의 원활하고 효율적인 흐름을 보장하기 위해 기업이 집중해야 하는 공급망 관리의 핵심 영역은 다음과 같다.

가. 공급업체 관리

구매조달에는 공급사 소싱 및 선택, 계약 협상, 관계 관리가 포함된다. 효과적인 공급사 관리는 재료 및 부품의 안정적인 공급을 보장하고 비용을 최적화하며 품질 표준을 유지하는 데 매우 중요하다. 특히 공급망 관리는 전략적 1차 공급사를 넘어 2, 3차를 포함한 핵심 저층 공급사에 대한 조기경보시스템을 가동하는 것이 필요하다.

나. 수요 예측 및 계획 수립

수요 계획에는 과거 데이터, 현재의 시장 동향 및 고객의 기호 등을 분석하여 제품 또는 서비스에 대한 미래 수요를 예측하는 작업이 포함된다. 정확한 수요예측을 통해 기업은 부품의 조달과 부품 및 상품의 재고 수준, 자원 투입 및 생산 일정을 최적화하여 고객 수요를 충족할 수 있다. 공급망 관리자는 고객과 시장의 수요 동향까지 모니터링을 할 필요가 있다.

다. 재고 관리

재고 관리에는 공급망에서 원자재, 재공품 및 완제품의 수준을 모니터링하고 제어하는 작업이 포함된다. 여기에는 JIT(Just-In-Time) 재고, 안전재고 관리, 재고 비용과 고객 서비스 수준의 균형을 맞추기 위한 효율적인 주문 이행과 같은 전략이 모두 포함된다. 변화하는 공급망 환경 속에서 공급-수요의 매칭을 제고하기 위한 재고 관리는 필수 영역이라 할 수 있다.

라. 물류 및 운송

물류는 공급망 전체에서 공급사의 부품에서 상품의 고객 배송까지의 각 단계별 이동 및 보관을 모두 포함하고 있다. 여기에는 운송 관리, 창고 운영, 주문 이행 및 역물류(반품 및 재활용 처리)와 같은 활동이 포함된다. 물류 운영을 최적화하여 부품 및 서비스의 공급 비용과 시간을 단축하고, 제품을 적시에 비용 효율적으로 고객에게 전달할 수 있도록 해야 하며, 비상상황에 대한 실시간 온라인 공급망 이벤트 관리가 중요하다.

마. 정보 및 데이터 분석

효과적인 공급망 관리를 위해 정보, 데이터, DB 관리는 필수적인 영역이다. 글로벌 공급망 관리범위가 세트시장 수요예측부터 부품 및 원자재 조달로 더욱 확대됨에 따라 글로벌 공급망의 복잡도가 증가하면서, 디지털 기술 및 데이터 분석 도구를 통한 데이터 관리의 중요성은 증가하고 있다. 따라서 정보/데이터 지배구조의 확립이 중요하며 체계적이고 지능적인 정보와 데이터 분석을 통해 기업은 공급망 운영에 대한 가시성과 통찰력을 제고해야 하며, 정보 보안에 대한 주의를 기울어야 한다.

바. 위험 관리(Risk Managment)

공급망 리스크 관리는 공급망 리스크의 식별, 평가, 완화 및 모니터링을 포함한다. 예로 자연 재해, 지정학적 사건, 공급 중단, 수요 변동성 및 사이버 보안 위협 등과 관련된 리스크를 파악하고 이를 해결하기 위한 분석 및 전략 개발을 들 수 있다. 탄력성/복원력 및 비상 계획을 구축하는 것은 공급망 중단의 영향을 최소화하는 데 중요한 요소이다.

사. 지속가능성 및 윤리적 관행

지속가능하고 윤리적인 관행을 수용하는 것은 공급망 관리의 중요한 측면이다. 공급망 지속가능성은 규정, 고객 기대치 및 기업의 사회적 책임에 대한 조직의 헌신에 의해 좌우된다. 이것은 단순히 기업의 신뢰성 유지와 법적 이슈에서 벗어나려고 하는 보수적 관리 요소가 아니라, 기업의 성장과 존폐가 결정될 수 있는 중요한 경쟁력 요소가 되어가고 있다.

위와 같은 기업의 공급망 관리 핵심 요소는 산업 및 시장의 성격에 따라 조금 다를 수 있으나, 기업 운영을 최적화하고 고객 기대치를 충족하며 경쟁우위를 확보하기 위해 필수적인 사항이라 할 수 있다.

3. 공급망 관리 혁신의 핵심 요소

기업은 공급망 파트너와 이해관계자 모두가 상생하고 지속가능한 경영을 위하여 지속적으로 공급망 관리에 대한 노력을 진행해야 한다. 이것은 새로운 아이디어, 접근 방식 및 기술을 적용하여 공급망 프로세스의 효율성, 효 과성 및 지속가능성을 개선하는 것이 모두 포함된다. 공급망 관리 혁신을 위한 다양한 원리가 있을 수 있으나, 일반적으로 다음과 같은 핵심 원리가 강조된다.

가. 협업 및 파트너쉽

공급망 관리 혁신은 종종 기업이 공급사, 고객 및 기타 이해관계자, 내부 관련 인력과 협력하는 협업 환경에서 가능하다. 강력한 파트너십을 구축하면 열린 커뮤니케이션과 정보 및 아이디어 공유를 통해 최적의 문제 해결 방법이 만들어질 수 있다. 협력적 접근 방식은 고도로 복잡해지고 있는 글로벌 공급망 전체에서 혁신적인 솔루션, 향상된 효율성과 가시성 및 공유 가치 창출로 이어질 수 있다.

나. 신기술 채택 및 디지털화

신기술의 적극적 수용은 공급망 관리 혁신의 조력자(enabler) 역할을 한다. 기업은 인공지능(AI), 사물 인터넷(IoT), 블록체인 및 N-ERP 등과 같은 기술을 최대한 활용하여 연결성과 가시성을 향상해 가야 하고, 프로세스를 자동화하고, 지능적인 의사결정을 최적화하고, 공급망 관리의 성과를 지속적으로 개선해 나가야 한다. 예로, 최근의 AI기반의 디지털화(Digitalization)는 실시간 데이터 교환, 더 나은 예측, 효율적인 재고 관리 및 공급망 파트너 간의 원활한 조정을 가능하게 하고 있다.

다. 민첩성 및 유연성

최근의 공급망 환경은 시시각각으로 빠르게 변화하고 있다. 따라서 변화하는 시장 조건, 고객 요구 및 새로운 트렌드에 신속하게 적응하는 능력이 필요하다. 민첩한 공급망은 유연하고 대응력이 뛰어나므로 기업이 환경변화에 따라 생산, 유통 및 소싱 전략을 빠르게 조정할 수 있다.

라. 위험 관리 및 탄력성

기업은 항상 공급망 관리의 핵심 요소별로 잠재적인 리스크 빠르게 인지하고, 그에 따라 평가하고 비상계획(Contingency Plan)을 개발할 수 있어야 한다. 그를 통해 공급중단까지 대처할 수 있는 강건하고 탄력적인 공급망을 구축해야 한다.

마. 지속적인 개선 및 학습

공급망의 특징은 각 요소별로 지속적으로 변화한다는 것이다. 따라서 기업은 공급망 프로세스의 지속적인 평가 및 최적화를 위해 노력하고 효율성을 향상하고 비용을 절감하며 고객 만족도를 향상시키는 방법을 끊임없이 모색해야 한다. 그것만이 혁신의 문화를 수용하고 새로운 아이디어와 접근 방식을 탐구하여 기업의 성장을 계속하게 할 수 있다.

이러한 핵심 원리는 공급 관리 혁신을 위한 핵심 역할을 할 수 있다. 협업을 수용하고, 기술을 활용하고, 민첩성을 촉진하고, 지속가능성을 통합하고, 리스크를 관리하고, 지속적인 개선 문화를 조성함으로써 조직은 변화를 주도하고 역동적이고 진화하는 공급망 환경에서 경쟁우위를 달성할 수 있다.

Chapter 02

혁신을 위한 구매공급관리 정책 및 조직

오늘날 구매공급관리 조직의 역할은 매우 중요하다. 일정 규모 이상의 기업들은 구매 조직을 별도로 두고 글로벌 공급망에서 발생하는 다양한 이슈들에 민첩하고 유연하게 대응하며 탄력적(Resilience)으로 운영하고 있다. 공급망의 교란, 변동성과 불확실성이 증가하는 가운데 구매공급관리 정책, 구매관리 조직의 구성과 역할, 그리고 혁신의 필요성이 커지고 있다. 본 장에서는 구매공급관리 기능의 패러다임의 변화와 정책, 조직 설계와 운영 및 혁신 전략의 특성에 대해서 살펴본다.

01. 구매공급관리 패러다임의 변화

구매공급관리는 인류의 제조 및 생산운영관리 역사와 함께 시작되었다. 구매공급관리에 대한 인류의 아주 오래된 기록으로 피라미드 건축 당시의 자재관리 기록이 존재한다. 이집트의 피라미드와 같은 대규모 구조물을 건축하기 위해서는 다양한 품목과 방대한 양의 자재들이 필요하다. B.C. 3000년 이집트인들은 피라미드를 건축하면서 어떻게 수많은 종류의 자재들을 필요한 시점에 그리고 필요한 분량만큼 조달할 수 있었을까? 피라미드의 바닥 면적은 5헥타르(50,000㎡)이고 돌로 만들어진 2.5톤 규모의 석재들이 230만개 이상 사용되었다. 당시 이집트인들이 피라미드 건축 과정에서 필요한 자재들을 구매 및 조달하는 방식들과 주문의 처리 과정들은 오늘날 파피루스(Papyrus)에 기록으로 남아있다.

■■ 그림 2-1 구매공급관리 패러다임의 변화

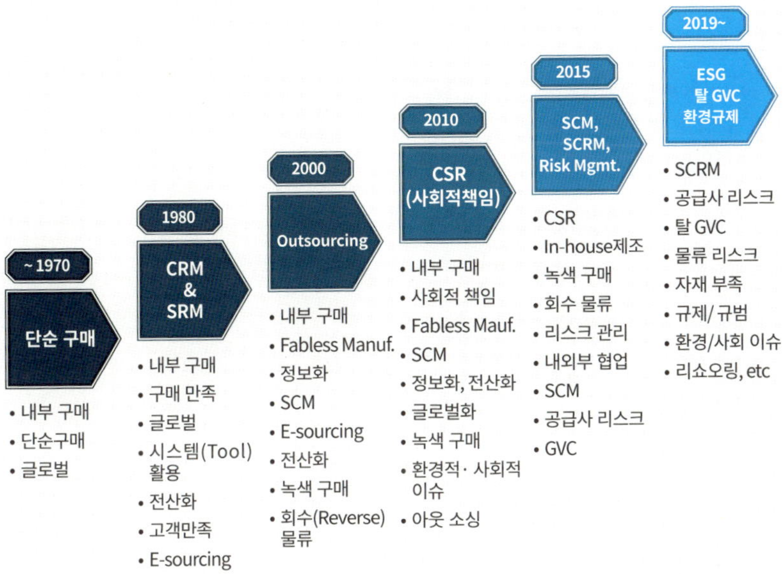

이처럼 구매공급관리는 인류가 생산활동을 시작하면서부터 가치를 창출하기 위해 필요한 주요 기능 중 하나였다. 18세기 영국이 산업혁명을 번서 시작할 수 있었던 주요한 이유 중 하나로 그들이 해외 식민지에서 필요한 자재들과 부품들을 안정적으로 공급받을 수 있었기 때문이라고 보는 견해도 있다. 이처럼 오랜 역사를 지닌 구매공급관리의 패러다임은 기업의 내·외부 경영환경 변화에 따라 지속적으로 진화하고 있다(그림 2-1).

1. 1960년대까지의 구매공급관리 (현대적 구매공급관리 태동)

1900년대 초반까지 구매공급관리 기능이 기업 경영에서 전략적으로 차지하는 비중은 그다지 크지 않았다. 구매공급관리 역량을 기업의 경쟁우위 확보를 위한 전략적 자원으로 생각하지 않았던 것이다. 따라서 일부 철도 화물 기업들을 제외하고 20세기초 대부분의 기업들은 별도로 독립된 구매공급관리 조직을 가지고 있지 않았다. 그러나 1, 2차 세계대전을 겪으면서 전 세계는 부품, 원자재 수급의 중요성을 깨닫게 되었다. 전쟁의 승패를 가를 수 있는 주요 경쟁의 원천이 무기와 식량 등 군수물자의 안정적 구매조달에 있었기 때문이다. 따라서 구매공급관리와 관련한 과학적 기법들과 용어들은 방위산업, 광산업을 중심으로 먼저 발전하게 되었다.

1950년~60년대를 지나가면서 구매공급관리 프로세스들이 체계화되기 시작하였다. 1950년대에는 여러 국제기구들이 창설되면서 국가 간 협력을 통해 공동구매가 활성화되었으며, 1960년대 중반에는 자재소요계획을 위한 MRP(Material Requirement Planning)가 개발되었다. 구조화된 시스템인 MRP의 등장으로 생산과정에서 자재들이 투입될 시점들과 투입되는 양을 컴퓨터 시스템에서 체계적으로 관리할 수 있게 되었다. 이러한 MRP는 Closed-loop MRP 및 MRP II(Manufacturing Resource Planning)를 거쳐서 1990년대 이르러 지금의 ERP(Enterprise Resource Planning)로 발전하였다.

2. 1970년대 이후 구매공급관리 (구매조직의 독립)

1970년대 두 차례 석유파동으로 인해 전 세계 주요 산업들과 기업들은 경영상 상당한 어려움에 직면하게 된다. 중동지역의 원유 감산으로 인해 원유가격이 상승하고 원부자재 가격이 폭등하였다. 당시(1975년, 76년) 한국의 물가 상승률은 연 25%에 이르게 된다. 석유파동을 겪으면서 기업들은 안정적인 원자재 구매의 중요성을 인식하게 되고 주요 원자재와 부품의 구매를 위해 구매부서를 기존 조직 구조에서 분리하여 독립적으로 운영하는 방안을 강구하게 된다[2](Mogre et al., 2017).

초창기 구매부서는 사무적(Clerical) 또는 기능적(Functional) 성격이 강했다 (표2-1). 사무적 구매부서는 일선 부서에서 필요로 하는 자재와 물자의 구매를 대신하여 행정적으로 처리하는 부서라는 인식이 강했다. 기능적 구매부서들은 생산에 필요한 자재들을 생산계획일정에 따라 적시에 공급하는 역할을 주로

2 Mogre, R., Lindgreen, A., and Hingley, M. (2017). "Tracing the Evolution of Purchasing Research: Future Trends and Directions for Purchasing Practices", Journal of Business and Industrial Marketing, 32(2), 251-257.

수행하였다. 일반적으로 사무적/기능적 중심의 구매조직부서장은 직급이 낮은 경우가 일반적이었으며, 구매부서는 구매거래 자체에만 초점을 두었다. 따라서 구매관리의 가장 중요한 목표는 '비용의 최소화'이며, 협력사들과의 관계는 거래적(단기적)인 경우가 대부분이다.

구매조직이 독립하였음에도 글로벌 공급망 전반의 특성을 고려한 공급업체 선정, 공급업체와의 협력을 통한 부품 개선 및 개발에 대한 업무 등의 전략적 구매공급관리 조직에는 미치지 못하였다.

표 2-1 사무적 조직과 기능적 조직의 비교

	사무적 조직	기능적 조직
주요업무	구매관련 행정, 사무, 서류 처리	구매계약 체결 및 관리
업무의 방향성	조직 차원의 행정, 사무편의 제공	구매관련 비용 최소화

3. 공급망 시대의 구매공급관리 (전략적 구매공급관리)

제조업의 구매부서는 전통적으로 생산에 소요되는 원부자재와 필요 설비들을 생산계획에 따라서 따라 적시에 공급하도록 하는 기능을 수행해왔다. 비제조업 분야에서는 구매공급관리 기능을 여러 부서에서 구매하고자 하는 필요 물품들의 구매를 대행하는 사무적이고 단순 행정 보조적인 업무로 인식하였다.

글로벌 시대에 기업들의 사업 규모가 빠른 속도로 성장하면서 구매조달업무의 규모와 필요 인력이 증가하고, 사업 품목이 폭발적으로 증가하고 다양해지는 만큼 구매조달 품목도 다양해지고 많아졌다. 오늘날 대다수 기업들의 산출물 중 절반 이상은 글로벌 공급망 내 협력사들이 공급한 투입물의 결과로 보는 것은 과언이 아니다. 공급망 내 협력사들의 기술경쟁력, 원가경쟁력, 품질경쟁력, 납기경쟁력이 곧 우리 기업의 경쟁력과 직결되고(Handfield et al., 2011), 협력사와 부품의 기술개발에 대한 여러 협력을 통해 공급망 전반의 성과를 향상시킬 수 있다. 따라서 오늘날 기업에서 구매공급관리 기능은 '비용 최적화' 목표를 넘어서서 '전략적' 부문으로 인식되고 있다.

미국 ISM(Institute for supply management)에서는 2002년부터 구매(Purchasing)를 공급관리(Supply Management) 부문으로 명명하고, 기존 구매조직의 사무적/기능적 구매조달 업무에서 전략적 구매공급관리로의 패러다임 변화를 강조해오고 있다. 전략적 구매공급관리 조직에서는 고위층 임원 또는 최고경영자가 부문 책임을 맡는다.

전략적 구매공급관리에서는 구매조직이 다음의 역할들을 수행한다.

1) 부품개발 관여
2) 전략적인 협력사 선정
3) 협력사와의 관계 관리 (협업적 관계)
4) 공급기반 계획수립, 구매공급관리 네트워크 구축
5) 공급망 환경 분석 / 품목별 구매공급관리 전략 다변화
6) 구매공급관리 부문 사회적 책임강화
7) 구매공급 리스크 관리

4. 디지털 공급망관리와 ESG경영 시대의 구매공급관리 (지속가능 구매공급관리)

4차 산업혁명 시대에 구매공급관리 부분에서의 디지털 환경은 매우 중요해졌다. 이에 따라 공급망의 가시성(Visibility) 확보와 협력사들과의 협업 강화를 위해 공급망의 디지털화가 빠른 속도로 진행되고 있다.

디지털 공급망은 새로운 ICT와 분석기술을 활용하여 공급망의 모든 기업들이 실시간으로 공급망 내외부의 정보 취합 및 분석, 능동적 실행 가능한 플랫폼 또는 생태계를 중심으로 하는 공급망(Garay-Rondero et al., 2020)[3], 페이퍼 워크 기반 프로세스와 IT 기반 프로세스를 혼합하여 운영하는 기존의 방법을 뛰어넘어 웹 기반 기능을 기반으로 하는 공급망으로, 연결, 시스템 통

3 Garay-Rondero, C.L., Martinez-Flores, J.L., Smith, N.R., Morales, S.O.C., and Aldrette-Malacara, A.J. (2020). “Digital Supply Chain Model in Industry 4.0. Manufacturing Technology Management, 31, 887–933.

합 및 "스마트" 구성 요소의 정보 생성 기능을 완전히 활용하는 모델(Rouse, 2016)[4], 새로운 형태의 수익 및 비즈니스 가치를 창출하기 위해 기술 및 분석과 함께 새로운 접근 방식을 활용하는 지능형 가치 중심 네트워크(Kinnet, 2016)[5] 등으로 정의할 수 있다. 이러한 디지털 진화에 따라 구매공급관리의 의사결정에 있어 빅데이터와 고도화된 데이터 분석기술 등의 활용 빈도가 증가하고 있다.

ESG 경영시대가 도래함에 따라 구매공급관리에 있어 환경, 사회, 거버넌스 이슈들을 통합하여 관리하는 것이 요구되고 있으며, 공급망에서의 구매공급 관계의 체계적 조정을 통하여 경제적 성과뿐만 아니라 환경 및 사회적 성과를 달성하기 위한 기업의 전략적 활동들이 중요해졌다. 최근 구매공급관리 부문에서 기후변화, 탄소배출, 환경 폐해, 자원 고갈 등의 환경적 이슈들과 안전보건, 공정거래, 동반성장 등의 사회적 이슈들은 그 어느 때 보다 다양한 이해관계자들의 요구를 충족하기 위한 기업의 중대한 사안으로 부상하고 있다.

4 Rouse, M., “Digital Supply Chain”, Search Manufacturing ERP.com, (2016). http://searchmanufacturingerp.techtarget.com/definition/digitalsupply-chain?vgnextfmt=print.

5 Kinnet, J., “Creating a Digital Supply Chain: Monsanto’s Journey”, SlideShare, https://www.slideshare.net/BCTIM/creating-a-digital-supply-chain-monsantos-journey

02. 구매공급관리 정책

구매공급관리와 관련한 다양한 이슈들에 대해서 조직적으로 대응하고 전략적 방향을 설정하기 위해 방침, 운영지침, 문화를 포함하는 구매공급관리 정책을 수립하여야 한다. 기업에서 생산과 판매를 위해 구매하는 품목들은 종류와 성격이 다양하기 때문에 개별 품목별로 구매공급관리자는 다양한 의사결정 상황에 직면할 수밖에 없다. 따라서 구입할 품목, 사양/수량/가격의 결정방법, 계약 방법, 구매 방식, 구매 조건, 구매처의 선택 기준 등에 대해서 명문화하여 운영할 필요가 있다.

1. 구매공급관리 정책 의미

구매공급관리 정책은 조직 문화의 일부로서 조직의 구매공급 활동의 목적, 원칙, 규칙과 규정의 집합체이다. 구매공급관리 정책의 수립을 통해서 일관성 있는 의사결정과 문제 해결 및 행동의 프레임워크를 제공할 수 있다. 조달활동의 기본이 되는 것으로서, 구입할 품목, 사양, 수량, 가격의 결정방법, 계약 방법, 구매 방식, 구매 조건, 구매처의 선택 기준 등이 포함된다.

구매업무 추진 방법은 업무 처리 기준과 메뉴얼 형태로 작성되어 있는 경우가 많다. 효과적인 구매공급관리 정책은 현장에서 바로 적용 가능하도록 행동 지향적이며, 관련성이 깊고, 간결하고 명료하여 구성원들이 쉽게 이해할 수 있으며, 최신 동향을 반영하고 시기 적절해야 한다. 구매공급관리의 정책은 구매계획에서부터 실행과 협력사의 관리에 이르기까지 관리의 일관성과 방향성을 제시하여 기업의 경영정책을 실현하는데 도움을 주지만, 지나치게 엄격한 공식적 정책은 직원의 혁신과 유연성을 제한하여 변화하는 경영환경에 대한 대응을 어렵게 한다.

2. 구매공급관리 정책 범주

가. 구매공급의 역할, 권한과 책임

구매공급관리 정책은 구매 부문의 책임과 권한 및 업무 범위에 대해서 정의를 내려야 한다. 구매 업무의 책임과 권한은 일반적으로 구매 필요성 파악 및 구매계획 수립, 구매품에 대한 납기관리, 구매품에 대한 시장조사, 적정재고 유지 및 확보 등을 포함한다. 또한 기업 내에서의 구매공급관리 부서의 역할과 관련 용어에 대한 정의도 명확히 제시한다(예: 구매란 구입요구서 접수 후 물품을 사외로부터 조달하는 일체의 행위를 말한다. 제조 활동에 필요한 원·부자재, 소모품, 기계장치 및 검사설비 등의 구매업무에 대하여 이 정책을 적용한다).

나. 구매공급전문가의 행동규범(conduct)

구매공급관리 정책은 구매공급관리자의 윤리 지침에 대해서도 명확하게 정의해야 한다. 최근에는 ESG 구매와 공정하고 투명한 거래를 위한 다양한 지침들을 제시하고 있다. 예를 들어 호혜주의(Reciprocity)와 비정상적 거래(뇌물, 킥백, 부적절 관계 등) 회피 등의 내용을 포함한다. 또한 사회적 약자, 소수 집단 비즈니스 목표, 다문화, 소수 집단 거래 지원에 대한 행동규범도 명시할 수 있다. (그림 2-2)와 같이 POSCO에서는 '공정', '윤리', '동반성장' 등의 구매공급관리 행동규범을 제시하고 있다.

다. 구매업체-공급업체 관계

구매공급관리 정책에서는 공급업체 선정과 관계에 대한 지침을 명시한다. 기업들은 자체적으로 공급업체 관리 규정에 따라 공급업체로 등록된 업체 중 유리한 업체를 공급업체로 선정한다. 또한 신규 업체이거나 신규 품목으로 공급업체가 등록되지 않은 경우는 공급업체관리 규정에 따라 적합한 업체를 평가, 선정한다. 공급업체와 거래계약을 체결할 시에 단수/복수 계약, 단기/장기 계

■ 그림 2-2 POSCO 구매전략 일부

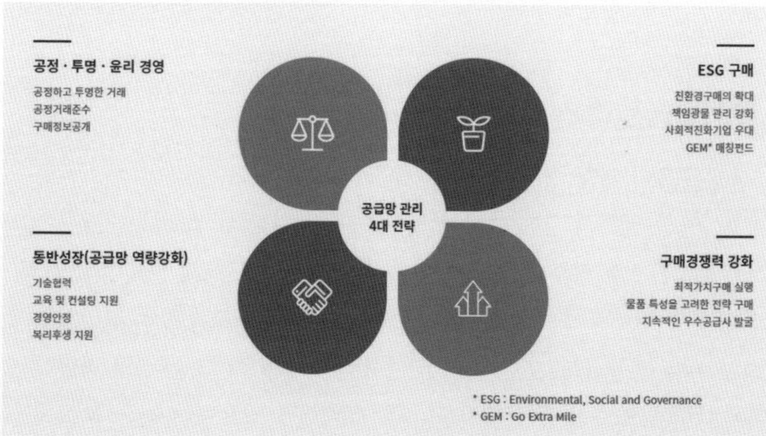

출처: POSCO 홈페이지

약, 특허 사용과 공유, 기밀조항, 공급업체 조기 디자인 참여 등 다양한 사항들을 검토하도록 구매공급관리 정책에서 지침을 제시하고 있다.

라. 기타 운영적 이슈

구매공급관리 정책은 다양한 운영적 이슈에 대해서 명확한 지침을 제시한다. 구매 시에 유해 물질 취급, 불량품에 관한 공급업체 책임, 법규 준수, 독단적(Maverick) 구매 제한, 자산 폐기, 계약 파기, 공급업체가 제시한 계약 변경, 프리미엄 수송비용에 관한 공급업체의 책임 여부, 공급업체의 상표/로고 사용 등에 대해서 고려하도록 하고 있다.

구매관리규정(예시)

제 1조 목적

본 규정은 구매업무의 기본을 분명히 하고 구매활동의 합리적 운영을 도모할 것을 목적으로 한다.

제 2조 정의

구매란 구입요구서 접수후 물품을 사외로부터 조달하는 일체의 행위를 말한다.

제 3조 적용범위

구매는 원칙적으로 다음에 기재하는 것을 제외하고 이 규정을 적용한다.

1) 전력, 도시가스, 수도

2) 건축 및 부대공사

3) 통신 서비스 및 운송 서비스

4) 기타 이 규정을 적용하는 것이 부적당한 것

제 4조 구매구분

구매는 다음 구분에 따라 행한다.

1) 본사구매: 중앙집중적으로 구매하는 것이 유리한 품목의 구매는 본사 구매팀(이하 구매팀이라 칭함)이 행한다.

2) 분산구매: 1)항에서 정한 물품 이외의 구매는 각 지역(지사 , 사업부, 중앙얀구소)의 구매부가 행한다.

제 5조 구매자료의 정리

구매담당과는 관계과(부)와의 연락을 밀접하게 하고 항상 사내외의 동향을 정확히 파악하여 그 자료를 정리해 두도록 한다.

제 6조 유리한 구매의 실행

구매담당부서는 구매요구서를 접수했을 때 그 내용을 상세히 검토하고 최선의 구매방법을 강구해야 한다.

제 7조 견적자의 선택

구매담당 과장은 항상 견적자 선정에 유의해야 한다.

제 8조 견적 및 거래처 선정

1) 시장성이 높은 물품에 대해서는 원칙적으로 3자 이상의 경쟁견적을 행하여 한 업체를 선정함. 단 분할하는 것이 유리한 경우는 두 사람 이상을 선정할 수 있다. 최저 견적가격이 적정치 못한 경우는 가격인하 교섭을 행한다.

2) 시장성이 낮은 물품 또는 시장성은 높지만 경쟁 견적을 행하는 것이 부적당한 물품에 대해서는 단독견적을 행하여 다시 견적 내용을 상세히 검토한다. 이 경우 구매담당 과장은 반복 구매하는 물품에 대한 위험 분산에 유의해야 한다.

03.

구매공급관리 조직 디자인

구매공급관리 기능의 중요성이 증대하면서 사업 및 산업의 특성에 따라 기업별로 경쟁력 확보를 위해 구매공급관리 조직의 디자인을 달리하고 있다. 또한 같은 기업 내에서도 품목의 특성과 수량에 따라서 상이한 구매관리조직 하에서 구매가 이루어지기도 한다.

구매공급관리 조직 디자인에 영향을 미치는 요인은 다음과 같다.

1) 조직의 비즈니스 전략: 효율성 대 대응성
2) 총구매지출: 요구되는 비용 절감, 지역적 분산
3) 전사적 경영 철학

1. 분권화(Decentralized) 조직

분권화 조직은 구매 업무를 사업부(장) 단위로 구매업무 관련 권한을 위임하여 구매업무를 수행하도록 하는 형태이다(그림 2-3). 분권화 구매 조직 운영의 장점은 다음과 같다. 첫째, 사업부 특성에 따라서 구매공급관리 전략을 유연하게 운영할 수 있다(스피드, 대응성). 분권화 조직에서는 구매부서가 사업부 내의 타부서들과 유기적으로 신속하게 업무 연계를 할 수 있기 때문에 사업별 특성과 현황에 따라 구매전략을 최적화할 수 있다. 둘째, 사업부의 전문성과 권한을 강화할 수 있다. 구매자가 곧 사용자이기 때문에 필요 품목들을 구매함에 있어서 불필요한 낭비적 요소들을 제거할 수 있다. 또한 사업부는 속해 있는 지역의 특성을 잘 이해하고 있어서 지역 공급사들을 전략적으로 활용할 수 있다 (고유의 운영 요건 이해, 제품개발 지원).

■■ 그림2-3 분권화 조직

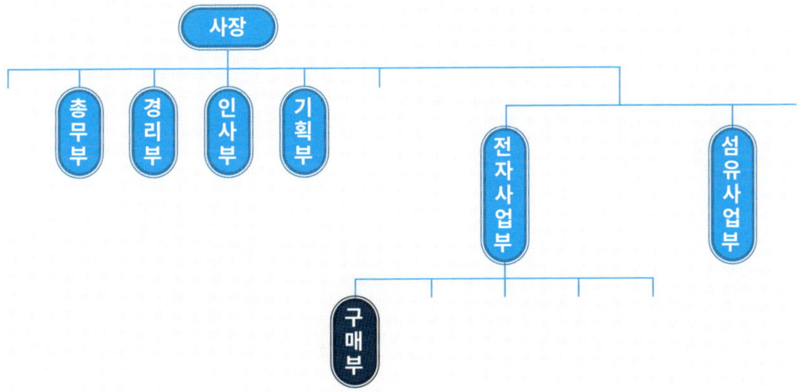

2. 통합형(Centralized) 조직

통합형 또는 중앙집중형 조직은 구매에 관한 업무들을 한 조직에서 통합하여 실행하는 형태이다(그림 2-4). 대부분의 구매 업무를 본사 구매부서에서 실행하게 된다. 통합형 조직의 장점은 다음과 같다. 첫째, 집중화된 통합 구매 방식을 통해서 효율성을 증대시키고 운영비용을 절감할 수 있다. 소수 공급사로부터 많은 구매 물량에 대한 구매 조건의 우위를 점할 수 있다. 재료비와 서비스 비용의 통합 컨트롤, 공급사슬 총비용의 상충관계에 대한 분석, 운영적 효율성 개선, 중복구매 방지, 수송비 절감, 규모의 경제에 따른 구매비용 절감 등이 이에 해당한다. 둘째, 공급사슬관리 측면에서 구매공급관리에 대한 전사적 차원의 지원과 대응이 가능하다. 기업은 구매 인력 및 기능의 집중화를 통해서 구매 업무의 전문성을 증대시킬 수 있다. 공급사슬의 단절 및 교란 등과 같은 위험 상황에서 대체 수급처를 탐색하거나 새로운 공급사의 발굴, 새로운 계약체결 등 공급사슬 전반의 전략적 관리에 있어서 분권화 조직보다 유리하다.

3. 하이브리드(Hybrid) 조직

하이브리드 조직은 분권화 조직과 통합형 조직을 혼합한 형태이다(그림 2-5).

그림2-4 통합형 조직

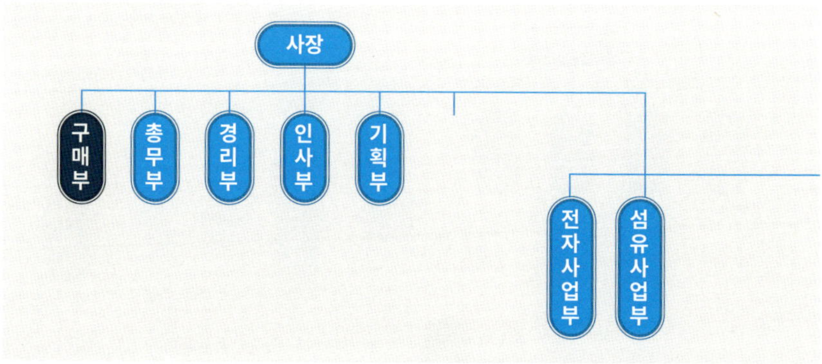

구매 품목의 특성과 중요도에 따라서 일부 품목은 본사 중앙구매부서(통합형)에서 구매하고 나머지 품목들은 사업부의 구매조직(분권형)에서 구매를 실행한다. 일반적으로 사업부 간 구매 품목 특성의 차이가 크고 기술과 품질에 대한 전문적인 판단이 필요할수록 사업부 별로 구매를 진행하는 것이 유리하며, 사업부 간의 지리적 거리가 가깝고 품목의 유사성이 클수록 중앙구매를 진행하는 것이 유리하다.

그림2-5 하이브리드 조직

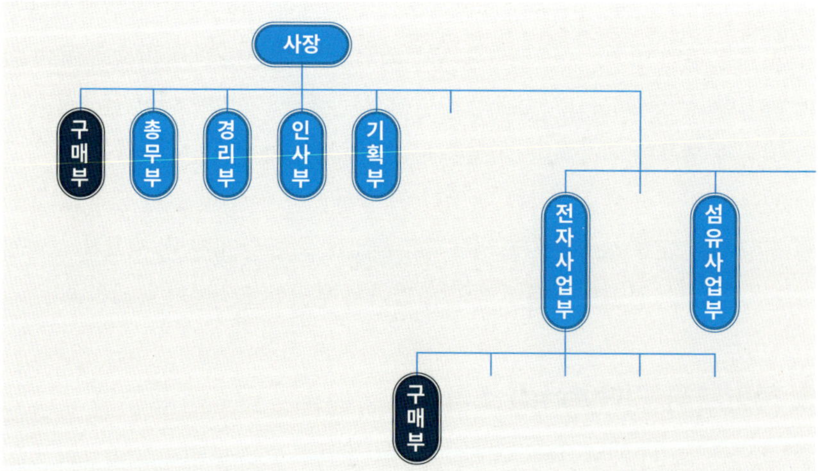

04.

구매공급관리 조직 운영

구매공급관리 조직의 운영은 공급업체의 평가와 선정, 신제품 개발, 주문생성, 스케줄링 및 충족, 통합적 로지스틱스에 이르기까지 타부서들과의 협업을 통한 신속한 의사결정을 하도록 한다. (그림 2-6)처럼 가치사슬 프로세스 조직을 구성하여 수평적인 프로세스를 통해 업무 현안에 대해서 부서 간 자유로운 의사소통과 협력이 가능하다.

그림 2-6 가치사슬 관점 조직 구성

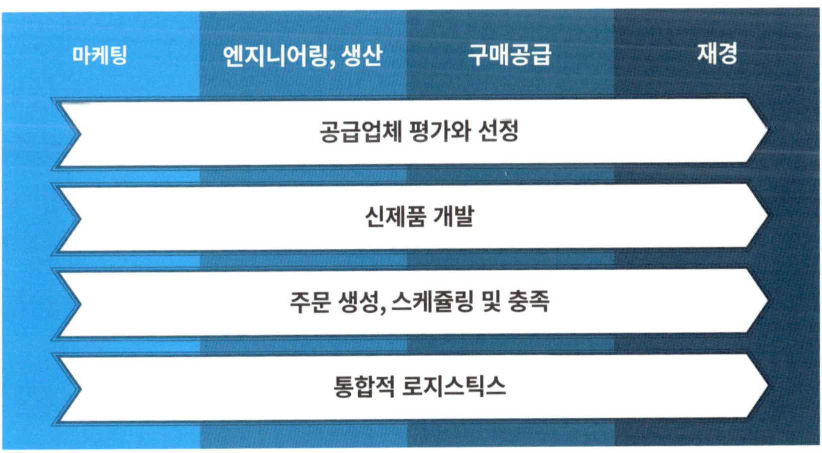

1. CPO와 컨트롤 타워(Control Tower)의 역할

최고구매책임자 CPO(Chief Procurement Officer)는 단순 조달 업무가 아니라 제품 생산에 필요한 원부자재들과 기업 내 소모성 물품까지 총괄하며 원가

그림 2-7 CPO의 역할 출처: Accenture, 2008 (일부 수정)

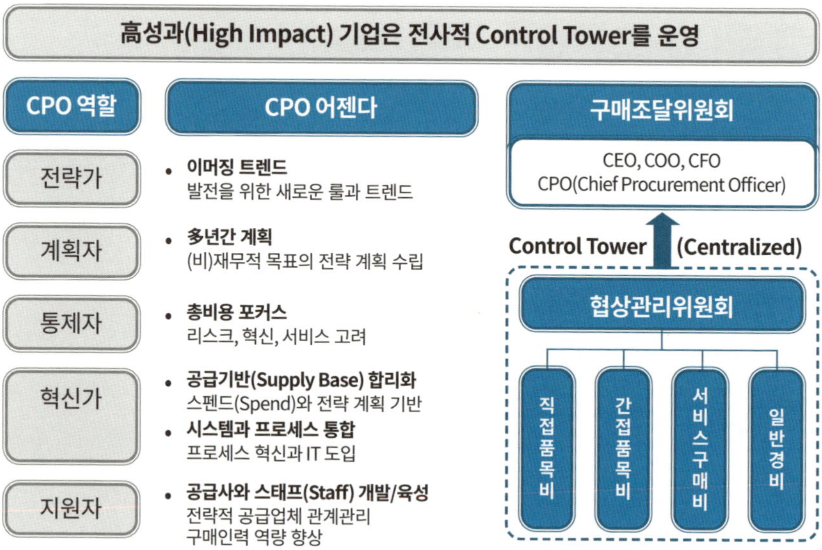

절감과 품질개선의 중추적 역할을 담당하고 있다. (그림 2-7)처럼 CPO는 전략사, 계획자, 통제자, 혁신가, 지원자로서 구매관련 주요 경영 이슈들을 정의하고, 컨트롤 타워로서 기업 내 구매관련 업무들을 총괄한다. 특히, 최근에는 공급사에 대한 평가가 중요해진만큼 통합구매부서 내에 상생협력실, 협력업체운영팀 등을 상설조직으로 신설하여 이를 관리하고 있다.

2. 구매공급관리 기능의 조직화

구매공급관리 조직의 기능은 다음과 같다. 첫째, 소싱과 협상을 담당한다. 잠재적 공급업체들을 파악하고, 선정된 공급업체와의 협상을 진행한다. 협상을 통해 계약을 맺고 제품과 서비스의 구매조달을 운영관리한다. 둘째, 구매와 관련한 다양한 리서치 활동을 진행한다. 구매 물자들의 장기적인 가격과 공급/수급 상황에 대한 예측, 가치분석 프로그램 수행, 공급업체 역량평가와 비용구조 분석 등이 이에 해당한다. 셋째, 운영적 지원과 구매주문 후속조치를 담당한다. 구매와 관련한 모든 일상적 운영지원을 포함하고 전략적 소싱과 운영적 소싱에 대한 관리도 수행한다. 넷째, 기업 전사적으로 구매 관련 정책들과 절차들을 관리한다. 구매 정보시스템과 DB 관리 및 유지, 측정시스템 구축, 스태핑(Staffing)수준 결정, 부서 계획 수립, 구매공급전문가 트레이닝과 육성 등이 이에 해당한다.

3. 구매공급관리 전략적/운영적 업무

구매공급관리 부서의 업무는 특성에 따라 경영환경을 고려한 다양한 의사결정이 가능한 전략적 소싱과 업무 프로세스가 정형화되어 있는 운영적 업무로 구분할 수 있다.

가. 전략적 소싱 업무

원자재 가격의 급상승과 제품의 복잡성 증가에 따른 재료비 및 외주비 증가 등으로 전략적 소싱의 중요성이 증대되고 있다. 구매공급관리 부서의 전략적 소싱 업무는 다음과 같다. 첫째, 핵심 공급업체와의 관계 관리 및 핵심 품목의 관리이다. 이는 기존 제품의 품질관리 및 신제품의 개발에 있어서도 매우 중요하다. 또한 코로나19 팬데믹과 같은 이벤트로 인해 글로벌 공급망의 불안정성이 커지면서 공급사슬 리스크 관리 차원에서 기존 공급사와의 관계 관리가 매우 중요해졌다. 핵심품목 조달에 있어서 일정 기간의 리드타임이 필요하고 공급사가 제한적이고 전문성을 가지고 있는 경우 공급사와의 전략적 협업을 위해 더욱 노력할 필요가 있다. 또한 적절한 수의 공급사가 존재하지만 독과점에 가까운 경우에도 안정적인 조달을 위해 구매공급관리 부서가 전략적으로 관리해야 한다. 둘째, 공급계약 협상 관리이다. 전사적으로 협상하기 위해서 가격, 인도조건, 사양, 작업명세서, 거래조건 등에 대해서 전략적으로 고려해야 한다. 셋째, 전자구매 시스템 구축, 전사적 베스트 프랙티스 실행이다. 이를 위해 업무에 관련된 정책이나 기준에 대한 매뉴얼을 작성하고, 각종 현황을 보고서로 취합하기 위해서도 업체, 품목, 구매담당자 등 각종 정보의 코드화 작업이 필요하다.

나. 운영적 소싱 업무

운영적 소싱업무는 기업의 구매공급관리 절차의 정형화된 프로세스들을 주로 포함하고 있다. 운영적 소싱 업무는 공급업체와의 거래관리, 구매서류 보관, 공급업체 자격관리, 주문가격 및 비용 분석, 부적합 구매자재 처분, 공급업체 성과 피드백 제공, 사업부 특유의 목표 관리 등을 포함한다.

4. 구매공급관리 전문가의 의무와 권한

구매공급관리자는 기업으로부터 구매계약에 대한 여러 가지 권한들을 부여받아 대리인으로서 업무를 수행한다. (그림 2-8)처럼 대리인(구매공급전문가), 고용주(회사), 제3자(공급사) 사이의 관계가 형성된다.

대리인(구매공급전문가)과 고용주(회사) 간에는 계약에 의한 법적 합의(Consensus) 관계 및 대리인이 고용주의 관심사와 편익을 위해 행동하는 신탁(Fiduciary)관계가 존재한다. 따라서 대리인은 충성심, 책임, 순종, 근면 등과 같은 신탁의무를, 고용주는 보상, 변제와 배상, 계정 유지와 같은 신탁의무를 갖는다.

대리인은 고용주가 허락한 권한의 범위 내에서 행동해야 하는 대리인으로서의 한계를 가지며 다음과 같은 권한을 행사할 수 있다. 구매공급관리자가 대리인으로서 가지는 실제적(Actual) 권한에는 명시적(Express) 권한과 묵시적(Implied) 권한이 있다. 명시적 권한은 공식적 서면에 기술된 업무 권한이고, 묵시적 권한은 명시적 권한 수행을 위해 법에 내포된 부수적 권한이다. 구매공급관리자가 가지는 표면적(Apparent) 권한은 제3자와의 거래를 위해 고용주가 허락할 때 생기는 권한이다. 재가/추인(Ratification)은 대리인이 고용주로부터 받은 사후 승인으로, 대리인의 행위는 법적이어야 한다.

■ 그림 2-8 대리인, 고용주, 제3자 관계

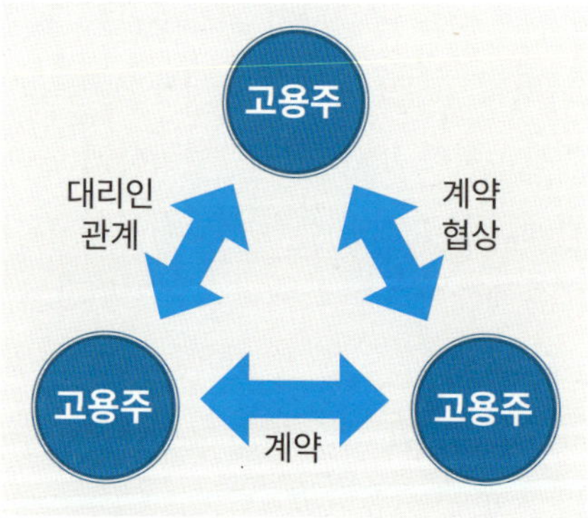

출처: ISM,CPSM StudyGuide, 2018(수정 보완)

5. 부서 간 내부 협업

구매공급부서는 일반적으로 구매 – 인소싱 대 아웃소싱 (가치 분석, 구매 리서치, 물자 예측), 공급관리, 촉진(Expediting)관리, 재고 컨트롤, 운송, 대응무역방식(Countertrade Arrangements) 관리 등의 업무를 진행한다. 구매업무를 원활하게 수행하기 위해서는 입고와 창고 저장, 경제 예측, 원자재 선물거래(Commodity Futures Trading), 생산 계획 수립과 컨트롤, 하도급–글로벌 운송과 물자 관리, 출장경비 관리 등과 같이 연관부서들과의 업무들이 매우 중요하다. (그림 2-9)는 구매공급관리 부서의 타부서들과 협력 관계도를 보여주고 있다. 내부협력을 위해서는 전폭적 팀 활동, 적극적 신제품개발 참여, 지원 구매공급부서와 내부 고객부서들과의 동일장소배치(Co-location) 등이 필요하다.

그림 2-9 구매부서 협업

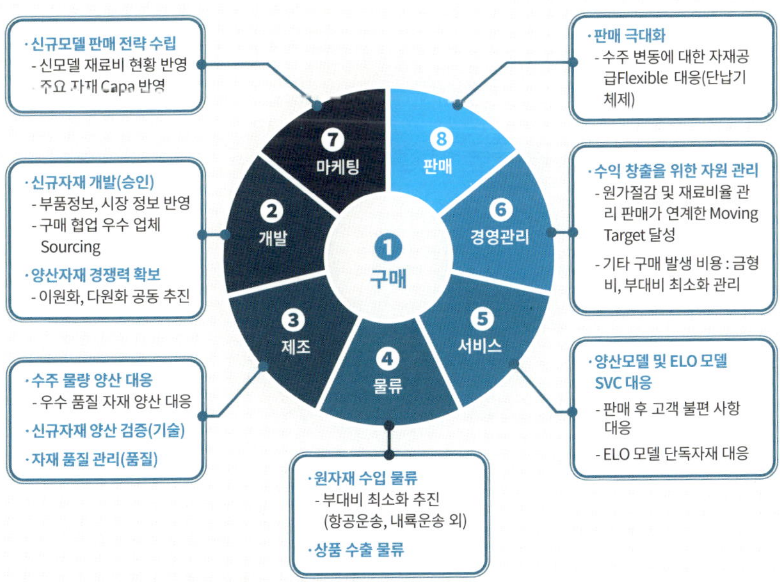

05.
구매공급관리 전략과 혁신

구매공급관리는 경영환경의 변화에 따라 끊임없이 진화해오고 있다. 구매공급관리는 생산기능을 보조하는 단순 사무적 서비스에서부터 기업의 원가절감과 공급사슬관리의 영역의 주요한 역할을 담당하게 되면서 전략적 중요성과 혁신이 중요하게 되었다.

평균적으로 제조업 기업의 매출원가의 60% 이상을 구매비용이 차지하고 있고 추가적으로 물류와 R&D까지 포함하면 원가의 90%를 구매조달 관련 비용이 차지하기도 한다. 따라서 오늘날 다수의 기업들은 전사적으로 원가목표관리를 하기 위해 구매공급관리 부문의 혁신을 강조하고 있다. 이제 구매공급관리 이슈는 단순히 관리자 수준의 의사결정이 아닌 이사회의 주요 안건 중 하나가 되었다. 따라서 선진기업을 중심으로 구매공급관리의 전략적 비중을 강화하면서 혁신하기 위해서 지속적으로 노력하고 있다.

1. 전략적 구매공급관리를 위한 핵심원리

전략적 구매공급관리의 핵심원리로 1) 변화에 대한 선제적 관리, 2) 선진 조직문화 구축, 3) 조기경보 시스템을 통한 선제적 관리, 4) 민첩한 대응, 5) 엄격한 구매공급 성과관리를 들 수 있다 (그림 2-10).

2. 구매공급관리 혁신위한 핵심요소

구매공급관리 혁신의 핵심요소는 Triple-VPA+ 모형으로 정리할 수 있다. 첫째, Triple-P(내부요소)는 People(인적자원), Performance(성과), Process(프로세스)로 초연결 초지능 시대의 구매공급관리 혁신을 위한 기본 프레임을 형성한다. 둘째, Triple-A(공급망요소)는 Alignment(정합성),

그림 2-10 선진 구매공급관리 핵심원리

1. 구매공급관리 인식의 변화: 대응적 관리 → 선제적 관리 (窮則變)

- 총비용 최소화 + 수익창출기회 극대화
- 전략적, 선제적, 운영적 사업성과 창출

2. 구매공급관리 조직 문화 구축 (내성; Tolerance)

- 공급망 관점의 통합적 GPO(Global Procurement Office)
- 인적 자원과 조직 역량: 하이브리드 의사결정, 다양성 수용

3. 조기경보(Early Warning)시스템을 통한 선제적 관리 (變則通)

- 감지, 분석, 경영/관리 역량의 제고: 초연결, 초지능, 애널리틱스
- 전사적 정보 공유와 지식 관리: 역할과 책임, 프로세스 혁신

4. 핵심부서/전사적/공급망의 민첩한(Agile) 대응 (탄성; Resilience)

- 비즈니스생태계 관점의 리스크 요인 분석과 맵핑
- 현장 경영과 정보 경영 강화: 소통과 공감, 공급망 협력과 가시성

5. 엄격한 구매공급 성과 관리 (通則久)

- 전략(KPI 타겟) – 실행 – 성과 – 인센티브의 연계
- 운전자본관리(WCM); 단기성과를 넘어 지속가능경영

Agility(민첩성), Adaptability(적응성)를 의미하며 공급망 전반의 민첩성, 적응력을 강조하고 공급망 참여 기업들이 정보 및 공동의 성과를 추구할 수 있도록 돕는다. 마지막으로 Triple-V(외부요소)는 Value(가치), Velocity(속도), Volatility(변동성)으로 고객들의 기대와 선호, 제품수명주기와 기술, 빠르게 변화하는 경영환경의 불확실성에 대한 리스크 관리를 포함한다.

그림 2-11 구매공급관리 혁신 핵심 요소

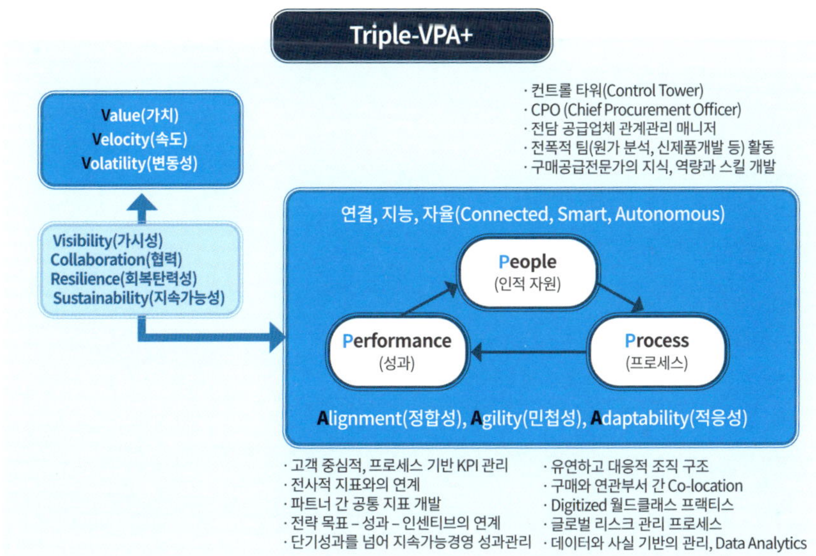

Chapter 03

전략구매와 디지털 구매공급 관리 시스템

본 장에서는 조달 및 전략구매의 특성과 디지털 구매공급관리 시스템의 트렌드에 대해서 기업 사례와 더불어 자세히 고찰한다.

01. 전략구매란 무엇인가?

1. 전략구매의 정의와 프로세스 개요

조달구매란 고객의 요구사항을 효과적으로 충족시키기 위해 외부의 이해관계자로부터 제품, 부품, 서비스 및 작업 등을 획득하는 모든 프로세스와 업무를 말한다. 제조업의 경우 외부의 이해관계자란 주로 원자재 및 부품공급사를 말하며, 아웃소싱일 경우 완제품 또는 반제품 생산자도 포함된다.

구매 프로세스를 좁은 의미에서 살펴보자. 조달구매는 1) 고객의 수요에 효과적으로 대응하기 위해 조달해야 할 부품/원자재, 상품, 서비스 등에 대한 필요량을 계산하여, 이를 각 공급사별로 필요 일정과 물량을 산출하여 배분한다. 2) 각 공급사에게 수요예측 정보(Forecast)를 사전에 전달하여 미리 원자재 준비와 생산계획에 반영하게 한다. 3) 실제 필요시기에 맞춰 발주서(PO; Purchase Order)를 발행하여, 공급사가 적기, 적량의 물량을 공급하여 물류를 통하여 구매사의 목적지에 도달하는데 필요한 자재, 정보, 자금의 흐름을 관리하는 일련의 활동을 포함한다.

좀 더 나아가 전략구매는 최적의 조달구매가 실행될 수 있도록 전략적으로 조달계획을 세우고, 공급사를 소싱하여 평가하여 선정하고, 구매 가격과 프로세스 상의 비용을 최적화하고, 정보와 데이터를 효율적으로 관리하도록 프로세스

■ 그림 3-1 구매업무 프로세스의 이해

와 시스템을 개선하는 활동을 모두 포함하고 있으며, 최근에는 조달 프로세스 내에서 지속가능성과 사회적 책임 등을 준수하고 있는지 모니터링하는 것도 매우 중요하다. 즉, 전략구매는 기업활동의 시작점 역할을 전략적으로 수행하여 공급사부터 고객까지 기업 경영의 혈류가 끊기지 않고 원활하게 흘러갈 수 있도록 촉진하는 역할을 한다. 따라서 최근에는 기존의 조달구매의 좁은 프로세스와 역할에서 전략구매로 업무의 범위나 책임이 강화되고 있어 중요성이 더해지고 있다. 한편 기업에 따라 구매를 조달구매와 전략구매로 분류해 관리하기도 하며, 전략구매에서도 개발구매를 분리해서 관리하기도 한다.

2. 조달구매의 유형

조달구매는 업무의 성격, 부품/제품의 형태, 공급거점에 따라 다양하게 구분될 수 있다. 첫째, 조달구매의 유형에 따라 구매 운영 정책이나 경영에 미치는 영향이 달라질 수 있으므로 먼저 구매업무의 성격에 따라 직접(Direct)구매, 간접(Indirect)구매로 구분될 수 있다. 직접구매는 고객 판매용 세트(Set) 생산이나 서비스에 직접 사용되는 물품이나 자재, 서비스를 구매하는 것을 말한다. 이들은 일반적으로 원자재, 부품 또는 기계류와 같이 완제품의 일부가 되는 상품이거나 서비스를 말한다. 간접구매는 최종 제품이나 서비스에 직접 포함되지는 않지만 기업 운영에 필수적인 상품 및 서비스의 취득을 말한다. 예를 들면 사무용품, 유지보수 서비스, 마케팅 서비스, IT 서비스 및 유틸리티가 있다. 과거에는 총무나 인사, 경영혁신 등 직접 사용부서에서 각각의 프로세스와 시스템을 활용하여 자체 구매해 왔다면, 현재는 구매에서 프로세스, 시스템을 통합하여 직접 운영하거나, 관련 업무를 통합 지원하는 형태로 운영되고 있다.

둘째, 구매하는 물품의 형태에 따라 원자재/부품, 반제품, 완제품 구매로 구분될 수 있다. 원자재/부품 구매는 기업에서 완제품 조립을 진행하는 경우에 해당 세트 조립에 필요한 원자재나 부품을 구매하여 제조공장에 조달해 주는 것이고, 반제품 구매는 복수의 부품이나 원자재를 모듈화(Assembly) 공정을 거쳐 최종 완제품의 중간 형태로 구매하는 경우를 뜻한다. 완제품 구매는 최종 소비자에게 별도의 조립공정을 거치지 않고 공급하기 위한 것으로 보통 아웃소싱의 형태로 완제품을 구매하여 자체 품질검사 등을 거치거나 해당 공급사로부터 고객에게 직공급할 수 있게 하는 것이다. 미국의 Apple사가 폭스콘을 통해 iPhone 조립품을 받아 직공급하는 것이 대표적 사례이다. 이와 같은 분류 형태는 기업의 운영(Operations) 전략, 운영비용 효과, 기업의 내재된 경쟁력과 기업 소재 국가의 문화 및 경제적 인프라 등에 따라 크게 달라질 수 있다. 예를 들어 중국에 제조공장을 갖는 기업의 경우에는 풍부한 원자재/부품 공급사를 활용할 수 있으나, 제조 인프라가 부족한 지역에 소규모 제조공장을 갖는 경우 반제품 구매나 완제품 아웃소싱이 유리할 수 있다. 이는 서비스 구매에서도 마찬가지이다.

셋째, 구매의 조달거점에 따라 내자구매와 외자구매로 구분될 수 있다. 내자구매는 해당 기업의 제조공장이 있는 해당 국가의 공급사로부터 공급을 받는 것이고, 외자구매는 국외의 수입 형태로 부품/완제품 등을 공급받는 것을 말한다. 현재와 같은 글로벌 공급망 하에서는 내, 외자 구분이 크게 의미가 없을 수 있으나, 한국 기업과 같이 국내 하도급 규제에 영향을 크게 받는 기업인 경우에는 내자, 외자구매에 따른 법규 적용이 크게 달라 구매정책 등에 크게 영향을 미칠 수 있어서 구분해서 운용할 필요가 있다. 또한 수입 관세 등도 제조비용에 영향을 미칠 수 있으므로 고려가 되어야 한다.

3. 구매의 역할과 책임

이제 협의의 조달 중심 구매와 광의의 전략구매 프로세스를 각 항목별로 그 역할과 책임에 대해서 구체적으로 살펴보자.

가. 조달중심의 구매의 역할과 책임

1) 고객이나 시장의 수요로부터, 영업의 판매계획 및 제조의 생산계획과 연계하여 부품, 제품, 서비스 등에 대한 요구사항(물량, 시기, 장소 등)을 식별하고 평가한다.
2) 공급업체를 소싱하기 위하여 주요 공급거점과 해당 산업에 대한 시장 조사 및 발굴된 잠재업체에 대한 평가를 수행한다. 그 평가 결과를 바탕으로 거래할 공급업체를 선정하고 그들과의 협상을 통해 상호 이익이 될 수 있는 계약을 체결한다.
3) 기업의 실제 판매 및 생산 계획에 근거하여 부품, 세트, 서비스 등에 대한 발주를 내어 투입될 제조공장이나 서비스될 목적지까지 효율적인 운송과 입고가 될 수 있게 하고, 대금을 지불한다.

또한 구매의 각 단계별로 성과 모니터링, 문제 해결 및 협업 촉진을 하고, 공급업체와의 관계 관리 등도 진행한다. 성과 평가는 기업에 따라 핵심성과지표(KPI)가 차이가 있다. 일반적으로는 TQRDC 평가로 대변될 수 있다. T(echnology)는 해당 조달 부품/상품이나 서비스에 요구되는 기술 사양(Spec)을 충족하고 지속적 기술경쟁력을 가질

■ 그림 3-2 조달 프로세스

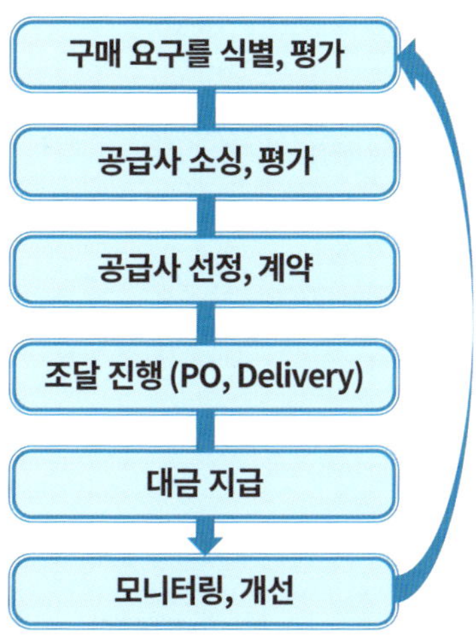

수 있느냐를 평가하는 것이고, Q(uality)는 고객의 품질 요구수준을 충족하고 안정적인 신뢰성을 확보할 수 있는지를 확인하는 것이다. R(esponsiveness)는 고객의 요구나 시장의 변화에 얼마나 신속하게 대응이 가능한지 여부로 평가하고, D(elivery)는 원하는 목적지에 정시에 조달하는 것이며, C(ost)는 구매가의 경쟁력과 전체 조달과정에서 비용을 최소화할 수 있느냐를 평가하는 것이다.

나. 전략구매의 역할과 책임

선진 기업들인 경우, 구매공급관리의 패러다임은 전통적으로 요구 받았던 기업에게 필요한 자원을 효율적으로 조달하는 대응적 관점에서 다양한 이해관계자의 니즈를 충족하고 더 복잡하고 넓어진 전체 공급망을 보다 전략적이고 지속가능하도록 책임있게 관리해 나가는 선제적이고 미래지향적 관점으로 바뀌어가고 있다. 이 과정에서 횡적인 역할 부분에서는 N차에 이르는 협력사부터 고객단까지 확장되고 있고, 종적인 책임 부분에서는 TQRDC로부터 기업의 지속가능성에 영향을 주는 ESG와 리스크 관리로까지 확대되고 있다. 전략구매의 광범위한 역할은 다음과 같다.

1) **전략적 시장조사와 수요 예측** : 구매는 영업이나 제조의 정보에 100% 의존하지 말고, 이해관계자와 협업하여 고객의 요구, 시장 상황을 능동적으로 조사하여 변화될 수요에 대한 예측을 할 수 있어야 한다. 특히 지난 팬데믹 기간 동안에는 수요 변동폭이 극심해지면서 황소채찍효과(Bullwhip Effect)로 인해 수요-공급의 균형이 무너져 공급망 관리에 큰 곤란을 겪었다. 실제로 팬데믹이 시작된 약 6개월후부터 WFH(Working From Home)으로 인한 미국/유럽 등에서 IT가전 수요가 급증하여 극심한 공급부족 현상을 경험했고, 2023년에 들어 엔데믹 효과에 따른 수요급감으로 일부 세트 및 부품의 높은 재고로 가동율 하락과 부품가격 하락이 진행되는 등 관련 부서와의 협력을 통해 수요 예측을 높이는 활동이 매우 중요해졌다.

2) **전략적 공급업체 관계 관리** : 구매는 공급망의 혁신을 촉진하고 리스크를 관리하며 가치 창출을 추진하기 위해 공급업체와 전략적 파트너십을

구축하고 유지해 가야 한다. 특히 공급업체 관리가 기존에는 1차 공급사에 그쳤으나, 팬데믹을 거치면서 하위의 2~3차 공급사를 포함하여 크게 확대될 필요성이 대두되었다. 전략적 공급사 관계 관리의 범위가 확대되었을 뿐만 아니라, 핵심 공급사들과의 지속적인 개선 이니셔티브, 공동 혁신 프로젝트 및 성과 향상을 위한 정보 공유에 이르기까지 공급업체와의 긴밀한 협력 관계 구축이 더욱 중요해졌다.

3) 글로벌 공급망 분석 및 최적화 : 전략구매는 기업의 글로벌 공급망을 수시로 분석하여 공급망의 대한 리스크와 기회요인을 평가하고, 그에 대한 대응책을 마련하여 개선을 위한 구체적 실행을 주도적으로 추진해야 한다. 최근 글로벌 공급망은 과거 비용과 효율을 중요시했던 글로벌 공급망 및 오프쇼어링 전략에서 리쇼어링(Re-shoring), 트렌스쇼어링, 프렌드쇼어링 전략으로의 전반적인 변화를 겪고 있으며, 그들의 관리범위가 1차 협력사에 그치지 않고 하위 N차 공급사로 확장 중에 있다. 공급망 최적화는 공급 중단을 사전예방 및 피해를 최소화하고, 공급망 이슈에 대한 빠른 대응을 가능케 하며, 전체 공급망 효율성, 안정성, 투명성 및 가시성을 보장하는 방향으로 초점이 옮겨지고 있다.

4) 지속 가능성 및 사회적 책임 : 구매는 공급망에서 지속가능성과 사회적 책임을 촉진하는 역할을 해야 한다. 여기에는 공급업체 선택 시 환경적, 사회적 및 윤리적 요소를 고려할 뿐만 아니라, 지속가능한 프로세스와 시스템 구축을 위한 지원, 공급업체의 관련 표준 및 규정 준수 모니터링이 포함된다.

5) 데이터 분석 및 기술 채택 : 최신 인공지능, 빅데이터, IoT 등 최신의 데이터 분석 및 기술 솔루션을 활용하여 분석과 함께, 깊은 통찰력을 얻고 최적의 의사 결정을 진행하도록 노력해야 한다. 여기에는 스펜드(Spend) 분석, 공급업체 성과 관리, 조달 자동화와 지능화를 위한 도구로 활용되는 프로세스와 시스템 모두가 포함된다.

이처럼 최근 구매의 역할과 책임이 날로 커지고 있는 상황에서 구매는 기업의 내부 이해관계자들(마케팅/영업, 제조, 재무, 법률 및 품질 보증 등)과의 긴밀한 협력뿐만 아니라 외부로는 N차 협력사까지 관리범위를 확대하면서 핵심 업체와의 파트너십을 강화해야 한다. 이를 통해 구매의 의사결정이 다른 기능과 잘 통합되고 전반적인 비즈니스 성과를 높여갈 수 있는 핵심기능이 되도록 노력해 가야 한다. 나아가 전략구매의 주요 KPI는 전통적인 TQRDC 평가에서 리스크, 지속가능성, ESG, 공급망의 투명성/가시성/민첩성 등 정성적인 요소로 확대 발전되어져 가야 한다.

4. 팬데믹 이후 전략구매의 변화 방향

팬데믹을 거치고 난 후, 글로벌 공급망 리스크의 심화와 더불어 소싱 환경이 대폭 변화함에 따라 전략적 대응을 위해 기업의 전략구매는 아래와 같은 방향으로 그 업무가 중점적으로 변화하고 있다.

가. 공급 네트워크 구조의 변화

미-중 분쟁과 코로나로 인한 중국/베트남 락다운으로 인해 기존의 저비용국가(LCC; Low Cost Country) 중심의 생산지 운영 전략은 리스크가 너무 크

그림 3-3 공급망 리스크에 대응한 4대 변화 방향성

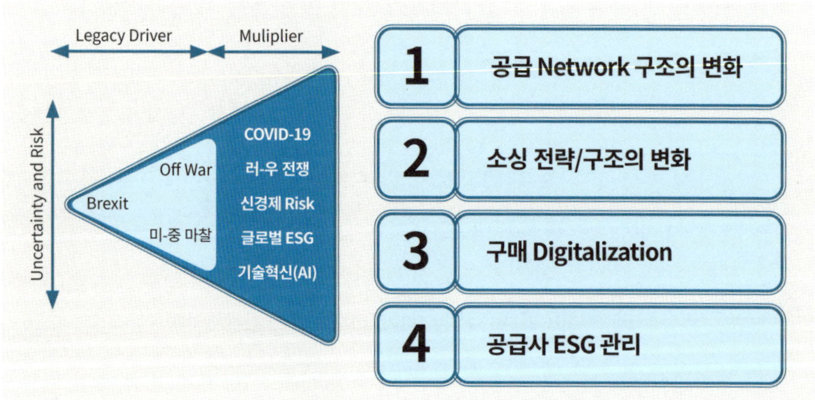

고, 그 장점은 크게 감소하였음을 절감한 기업들은 고비용국가(HCC; High Cost Country)로의 생산거점 이동도 적극 고려하게 되었다. 또한 지정학적, 경제적 고려도 포함하여 리쇼어링, 트렌스쇼어링, 프렌드쇼어링 등 전략이 다 변화되고 있다.

또한 공급 네트워크 구조의 변화는 기업의 자생적 노력도 있지만, 제조업을 되살리려는 미-유럽 각국의 제도적 변화에서도 그 원인을 찾아볼 수 있다. 팬데믹 기간 미국정부는 반도체/배터리 등에 대한 제조업 유치를 위한 다양한 정책을 발표하였고, 그에 따라 글로벌 제조기업은 미국 현지공장을 세우기 위한 계획을 지속적으로 발표하고 있다. 또한 유럽에서도 2021년 유럽 내 민간 반도체 산업 진흥을 위한 반도체 산업 동맹이 만들어졌고, 2022년에는 유럽반도체법안(European Chips Act)으로 구체화 되었다 (표 3-1). 따라서 글로벌 기업은 공급망의 안전성과 탄력성 강화의 방향으로 각국의 공급망 관련 규제와 주요 정책들을 참고하여, 네트워크 구조를 원점(Zero Base)에서 점검하고 장기적 시각으로 재편해 나가야 한다.

표 3-1 유럽 반도체 산업 관련 정책

발표시기	정책	주요내용
2018.12	IPCEI on Microelectronics	• 프랑스, 독일, 이탈리아, 영국은 첨단 반도체 기술 개발을 위한 연구 증진을 목적으로 정부 지원 및 민간 투자 촉진 기대
2020. 12	반도체 기술 발전을 위한 공동 결의안	• EU 22개국은 반도체 공급망 내 공동투자 및 협력을 위해 결의안 발표 • 최대 1,450억 유로 규모의 자금 투입
2021.3	2030 Digital Compass	• EU 집행위에서 유럽의 디지털 전환을 위한 2030 비전과 목표 제안 • 디지털 전환을 위한 인프라 구축 요소 중 하나로 반도체 산업 육성 지목
2021.7	유럽 반도체 산업 동맹	• 민간 반도체 산업 진흥 정책 • 다양한 이해관계자들간 정보교류를 통해 역내 기술격차 극복
2022.2	유럽반도체법안 (European Chips Act)	• EU 집행위에서 유럽 내 반도체 생태계 강화를 위한 체계 형성 • EU산 반도체의 글로벌 시장 점유율을 20%로 확대 목표

출처: KIEP, 2022, 바이든 행정부의 글로벌 공급망 재편 정책과 시사점

나. 소싱 전략/구조의 변화

최근까지도 글로벌 공급은 비용 절감과 효율성에 초점을 맞추며 중국, 베트남과 같은 저비용국가에서 제조와 소싱이 이루어졌고 운영도 주로 JIT(Just-in-Time) 철학에 기반하였다. 하지만 2018년 미-중 무역전쟁이 심화되고 코로나 19 팬데믹 기간에 중국과 베트남의 공장들의 락다운으로 인해 글로벌 기업들은 생산/소싱/물류의 큰 차질로 막대한 매출과 영업이익 감소를 경험하였다.

따라서 글로벌 공급 네트워크의 구조 변화와 불확실성의 증가로 글로벌 기업들은 공급처 다변화, 대체품 개발 등 구매공급 중심의 빠른 개선을 이루어가고 있다. 예로 Apple은 2021~22년에 중국 폭스콘 공장의 장기간 셧다운으로 인해 현재 "Tiger Team"을 구성하여 "Exit China" 전략을 CEO 팀쿡 주관으로 강하게 추진하고 있다 (그림 3-4). 그 주요 과제는 탈중국 제조/공급망 거점 구축, 볼트부터 사출물에 이르기까지 전 부품에 대한 백업(Back-up) 공급사 확보(Multi Vendor) 및 중국 정부/소비자 반발의 최소화이다. 또한 오랜기간 글로벌 자동차 기업들은 장기간에 걸쳐 JIT 생산체제와 더불어 주요 부품에 대한 외부 조달을 원칙으로 하였으나, 팬데믹 기간 차량용 반도체 대란으로 수백만대의 차량 생산 차질을 경험했다. 따라서 현재 반도체를 중심으로 핵심부품에 대한 소싱전략을 전면적으로 재편하고 있다. 도요타의 경우, 공급망 리스크 대응을 위해 3개월 이상의 반도체 부품 재고를 확보하고 비상 공급망 운영체계(Rescue) 시스템을 도입하였다.

■ 그림 3-4 Apple Tiger팀 운영

출처: 블룸버그 비즈니스 위크, Apple's Complex, Secretive Gamble to Move Beyond China

다. 공급망 관리의 Digitalization

최근 기업은 공급망 리스크가 증가하면서 보다 효율적인 공급망 관리를 위해 AI, 클라우드, Big Data 등 최신 디지털 기술을 빠르게 도입하고 있다. 예로, 독일의 자동차그룹 폭스바겐은 2019년부터 아마존 웹서비스(AWS)와 함께 고도로 집적화된 산업용 클라우드 서비스를 개발하였고, 점차 확대 및 개선작업을 진행하고 있다. 전 세계 공장과 설비, 시스템의 데이터를 통합 관리하며, 장기적으로는 전 세계에 걸친 약 1,500개 공급사의 3,000여개의 거점과도 투명하게 연결하고, 이를 통해 생산성 향상과 유연성을 확보해 나가고자 한다. 또한 개방형 산업 플랫폼으로 확장성과 협업에 강한 공급망 관리의 진화를 추진하고 있다.

■ 그림 3-5 폭스바겐 산업용 Cloud 서비스 구축 방향

- › Volkswagen Industrial Cloud will combine data of all machines, plants and systems from all the facilities of the Volkswagen Group
- › Integration of the global Volkswagen supply chain in Industrial Cloud in the long-term – more than 30,000 locations of over 1,500 suppliers and partners throughout the world
- › Significant productivity improvements at the plants are the objective
- › Open industry platform: possibly to be used by other partners in the future

출처: 블룸버그 비즈니스 위크, Apple's Complex, Secretive Gamble to Move Beyond China, 폭스바겐 그룹 뉴스

라. 공급사 ESG 관리 강화

ESG는 기존 법적 구속력이 없는 가이드라인에 의한 기업의 자발적 참여 중심이었으나, 최근 기존의 권고사항들이 법제화 되면서 사업에 직간접적으로 큰 영향을 미치는 중요 경영요소가 되었다. 따라서 기업은 그들의 공급망까지 관리범위를 확대하여 공급사에게도 ESG 개선을 요구하면서 교육이나 컨설팅 등의 지원도 하고 있다.

예로, Apple은 250개 이상의 협력사로부터 2030년까지 100% 재생에너지를 사용하겠다는 약속을 받아내는 등 클린에너지 프로그램을 만들어 협력사와 공동으로 개선 중에 있고, 테슬라도 2019년 피소를 당한 후 "코발트

그림 3-6 Apple협력사 클린에너지 프로그램

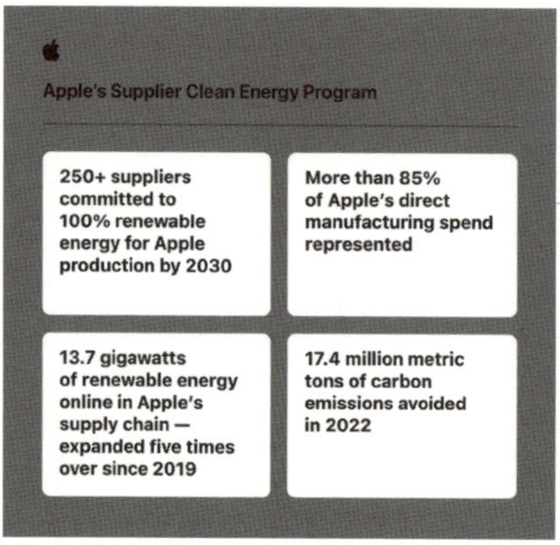

애플 뉴스룸

그림 3-7 테슬라 코발트 프리 선언

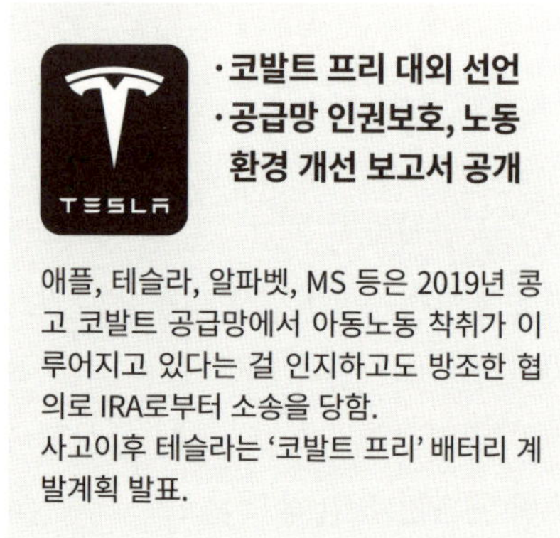

(뉴스모음)

Free" 배터리를 사용하겠다는 대외선언을 하는 등 공급망에 대한 ESG 관리를 강화하고 있다.

02.
디지털 구매공급관리 시스템의 트렌드

1. 구매공급관리 시스템이란 무엇인가?

구매공급관리 시스템은 주로 구매 발주서(Purchase Order) 발행, 송장(Invoice) 입수 및 등록, 입고(Goods Issue) 처리, 대금지불(Payment)의 실무업무 수행과 그를 관리 지원하는 도구들로, 기업의 구매공급 활동 관리를 지원하는 디지털 통합 시스템 또는 플랫폼이다. 구매공급관리 시스템은 조달업무를 체계화 및 자동화하고, 공급업체 관계를 관리하며 공급망 가시성을 향상하는 데 도움이 된다. 주요 기능은 다음과 같다.

가. 구매의 기본 프로세스를 담당하는 기능

- **발주 업무** : 공급사에게 구매 주문을 디지털 방식으로 생성, 처리, 배송 일정 피드백 및 추적을 지원한다.
- **송장 처리** : 협력사는 주문받은 배송 물품과 날짜, 가격 등의 정보가 포함된 송장을 생성하고, 이를 구매사의 구매공급관리 시스템에 직접 전송하거나 포워더 또는 기업의 구매담당자가 시스템에 입력하여 등록한다. 송장 정보는 구매발주서 및 입고 정보와 매칭이 되어야 하고, 대금지불의 기초 서류 및 정보가 된다.
- **입고 및 대금지불** : 공급사로부터 제공된 부품, 제품, 서비스 등이 실제 기

업의 창고나 목적지에 도착하게 되면 입고 처리를 하게 된다. 입고가 정상적으로 이루어지면 발주 정보와 연결된 송장 정보를 바탕으로 대금을 공급사에게 지불한다.

나. 구매 관리를 담당하는 기능

- 공급업체 관리 : 공급업체 성과 관리 및 평가, 공급업체 DB 유지 관리, 계약 관리, 기타 개발 및 예측정보 공유 등이 포함되며, 궁극적으로 공급업체와의 관계 구축과 관리를 지원한다.

- 재고 관리 : 공급사로부터 재화나 서비스가 입고 처리를 통해 기업의 소유로 변경이 되는 순간부터, 고객에게 최종 산출물이 전달될 때까지 모든 단계와 물류 루트에서 재고는 관리되어야 한다. 기업은 보유 재고 수준을 추적하여 정확한 예측 및 계획을 용이하게 함으로써, 과잉 또는 부족 재고의 위험을 줄여 최적의 재고 수준을 유지하여야 한다.

- 구매 데이터 분석 및 리스크 관리 : 조달 프로세스에서 생성되고 통합 관리되는 데이터나 정보를 수집, 분석하여 구매는 통찰력과 의사 결정을 강화하고, 비용을 절감하고, 병목 현상을 식별하고, 효율성을 개선하는 데 사용한다.

- 통합 기능 : 구매공급관리 시스템은 마케팅, 개발, 생산, 서비스 등 기업의 관련 부문과 강하게 연결되어 있어야 한다. 이러한 시스템은 ERP, 회계 및 창고 관리 시스템 등과 통합되어 서로 다른 비즈니스 프로세스 간에 원활한 데이터 흐름을 보장해야 한다.

구매공급관리 시스템의 효과적인 구현은 기업의 운영 효율성을 개선하고, 직원들의 단순 오류나 부정을 예방할 수 있으며, 더 나은 비용 제어를 통해 회사의 경영성과를 향상시키게 된다. 또한 업무 통합 및 효율화를 통해 임직원의 사기를 올릴 수 있을 뿐만 아니라, 더욱 강력한 공급업체 관계를 조성할 수 있어 기업의 지속 성장에 도움이 될 수 있다.

2. 디지털화(Digitalization)는 왜 중요한가?

최근 미국의 기술 연구 및 컨설팅 업체인 Gartner사에 따르면, 오늘날과 같은 불안정한 환경을 감안할 때 공급망 조직은 더욱 유연해져야 하며, 해결책은 디지털화를 통해 얻어질 수 있다고 했다. 특히 향후 3~5년내 디지털 공급망 기술과 의사결정을 개선하는 기술의 채택이 증가할 것이라고 했다. 구체적으로 살펴보면 아래 그림 3-8과 같이 75%의 대기업이 물류업무 등에 스마트 로봇 등을 사용할 것이고, 그만큼의 기업이 AI와 데이터 과학 기술을 기반으로 공급망 관리 솔루션을 도입할 것이며, 극히 소수의 기업만이 공급망 시스템을 성공적으로 구현함에 그쳐, 80%의 대부분 기업이 제대로 된 공급망 통합 관리를 구현하지 못하여 피해를 입을 것이라고 전망하였다. 이처럼 복잡하고 불확실한 글로벌 공급망 관리에 있어 최신의 기술을 활용한 디지털화는 기업의 성공을 보장할 수 있게 필수 요건이 되어 가고 있다. 또한 디지털 기술의 발달은 조달업무의 효율성을 강화하여 전략적 활동에 집중할 수 있는 환경을 제공

그림 3-8 Gartner의 디지털화 전망

1	"By 2026, 75% of large enterprises will have adopted some form of intralogistics smart robots in their warehouse operations"
2	"By 2026, more than 75% of commercial supply chain management application vendors will deliver embedded advanced analytics (AA), artificial intelligence (AI) and data science."
3	"By 2026, 25% of supply chain execution (SCE) vendors will have rewritten their core application to a microservices architecture, but only 5% of supply chain organizations will have adapted to true composability"
4	"Through 2026, 80% of companies will suffer significant value loss due to a failure to merge their digital supply chain twin and control tower initiatives."

해 줄뿐만 아니라, 구매비용의 절감을 통해 기업의 이익을 향상시키고, 강력한 공급업체 관계를 구축할 수 있도록 도움을 줄 수 있다.

3. 최근의 디지털 공급망 관리 Trend 및 기업의 사례

최근 공급망 관리의 디지털화에 있어서 앞서 살펴본 폭스바겐 그룹과 같이 기업의 내부 공장과 프로세스뿐만 아니라, 협력사와 그들의 주요 거점 네트워크까지 통합하려는 움직임이 크다. 또한 클라우드 서비스를 적극 도입하여 오픈 이노베이션을 지향하고, Any Where, Any Device를 구현함으로써 편리성을 향상시키고 있다. 나아가 이러한 통합 네트워크화된 디지털 시스템에 AI, Big Data, Data Science 등의 최신 기법을 접목하면서 좀 더 고도로 지능화된 산출물들을 얻어내기를 기대하고 있다. 이러한 산출물들은 팬데믹 기간 경험했던 공급망의 리스크를 사전에 센싱할 수 있게 하고, 관련된 데이터와 정보를 통합 관리하여 효과적인 대응 시나리오를 실행해 갈 수 있는 무기가 될 수 있다. 또한 최근의 화두가 되고 있는 ESG 관련 정보 관리 및 대응도 통합 시스템을 통해 효과적으로 진행될 수 있도록 하여 기업의 미래 리스크를 사전 예방할 수 있게 한다.

글로벌 기업은 최근 5가지의 테마를 중점적으로 디지털화를 추진하고 있다. 첫째, "장기수요 계획"의 정확도 향상과 더불어 관련 부문의 업무 연결성 강화를 추진하는 것이다. 둘째, 공급망 변화를 일으키는 인자를 빨리 센싱하고, 그에 대응하는 시나리오 대응을 가능케 하는 것이다. 셋째, 공급망 관리와 분석을 좀 더 스마트하게 함으로써 구매 비용 절감과 공급업체 관리 등 성과를 높이는 것이다. 넷째, 최종 수요에서 N차 공급사까지의 확장된 공급망 전체에 대한 가시성을 높이는 것이다. 다섯째, 협력사의 ESG 관련 정보와 성과를 체계적이고 효율적으로 관리하게 하는 것이다.

가. 장기 수요예측 계획 수립

기업은 내부 공급망과 관련된 많은 실적 인자와 데이터(Micro Factor) 및 거시 요인(Macro Factor) 등을 집계, 분석함으로써 장기 수요 예측에 대한 정확도를 높일뿐만 아니라, 그와 연계된 제조 생산계획, 구매 조달계획 등을 연계 운영하여야 한다. 예로, Apple사는 2011년 일본 대지진부터 2022년 중국 정저우 공장 생산 중단 사태까지 공급망 이슈가 지속적으로 발발하고 있는 환경 속에서, 구매/영업/제조 등이 각자의 예측을 통해 운영 계획을 수립하여 비효율이 증가하고 정보의 정확도가 크게 떨어지는 단점을 보완하기 위해, 2019년부터 장기 수요계획을 수립하고 있다. COO 직속 기능 하에 미시, 거시 정보의 통합 다각화된 분석 및 전 부서가 조율하고 합의된 예측을 함으로써 신속하고 효율적인 시장 대응을 강화하고 있다. Lenovo사는 머신러닝 기반 수요 예측값을 부품 발주에 활용하고 있으며, 수요 변동에 대비한 공급사와의 계약을 통해 부품공급의 리드타임을 단축하고 부품 부족을 최소화하고 있다.

나. 공급망 센싱을 통한 대응 시나리오 체제 구축

과거에는 내부적인 요인에 의해 발생되는 통제가능한 불확실성 요소가 많았다면, 최근에 와서는 내부적 요인보다 통제하기가 어려운 거시(Macro) 요인에 의한 불확실성이 크게 증가하고 있는 추세이다. 따라서 현재 기업이 미래를 예측하는 것은 더욱 어려워지고 있고, 그에 따라 기업에서는 정확도가 떨어지는 예측에만 집중하기 보다는 여러 리스크에 빠르게 대응할 수 있는 역량을 갖추는 방향으로 개선 활동을 전개해 나가고 있다. 따라서 글로벌 기업은 공급망에 영향을 미칠 수 있는 각종 요인들을 정의하고 각 요인별로 실시간으로 빠르게 데이터를 수집하고 분석하여 인사이트를 발굴하는 시스템을 구현하고 있다. 이와 같이 발굴된 인사이트에 따라 대응 가능한 시나리오를 짜고 최적의 의사결정을 하고 빠르게 실행하는 것은 기업의 성과를 향상시키는데 필수 요건이 되어 가고 있다. 예로, Dell사는 각 인자의 변화를 센싱하여 리스크를 예측하고, 시뮬레이션을 기반으로 공급과 수요 시나리오 계획을 수립하고, 빠르게 실행하고 있다. 이는 수요예측 정보, 재고운영 계획, 글로벌 조달계획 등에 직접적 영향을 미친다.

다. 데이터 분석 기반의 카테고리 전략 실행

구매는 디지털 기술을 활용하여 반복적 일상 업무의 부담을 줄이고 전략적 활동에 더욱 집중할 수 있는 환경을 만들고 있으며, 시스템 분석 기능을 활용하여 구매비용을 절감하고 공급사와의 전략적 관계를 강화하는 방향으로 추진하고 있다. 프랑스 다국적 기업인 Schneider사는 그들의 데이터 분석 엔진을 통해 얻은 다양한 인사이트를 활용하여 협력사와의 관계 강화와 구매비용 절감을 실행하고 있다.

라. 조기 공급망 리스크 센싱 체계 구축

기업은 다양한 공급망 리스크를 조기에 감지하고 대응하도록 전체 공급망의 E2E(End to End) 프로세스에 대한 투명성과 가시성 확보를 강하게 추진하고 있다. 이를 위해 최초 협력사로부터 최종 고객에 이르는 공급사슬맵(Map)을 시스템에 구현하고, 다양한 리스크 요인들을 정의하여 관련 정보와 데이터

표 3-2 글로벌 기업의 공급망 Risk 시스템 관리 사례

회사	적용 솔루션	내용 및 효과
Intel	BI/Reporting (재고 관리)	- 재고 소요 및 공급관련 실시간, 과거, 미래정보 제공 - 제품 하위까지 포함한 요약 알림 발송 (Drill-down 가능) - 재고 부족 발생시 대체 공급선 추천
	Platform Certificates (공급망보안)	- Supply Chain간 이력 추적 및 투명성 제공 - 위/변조, 무단 생산, 이상 하드웨어 감지 등 보안 향상
	Enhanced Visibility & Collaboration Tools (시각화,협업)	- Multi-tier 공급망모든 과정의 가시화 - 협력사공동목표 및 핵심결과 수립, 공동 비상활동 계획 - 멀티소싱, 자체 모니터링 시스템 및 의사결정 지원
	ConnectedLogistics (물류 관리)	- Sensor tag와 Gateway Communication을 통한 모바일통신 - 배송 위치와 상태에 대한 실시간 추적
	자체 구축 솔루션 (공급망 관리)	- 공급사리스크프로파일 제공 - 360 View를 통해 다양한 조건에 따른 공급사정보 제공 - 대체 공급망선정 및 리스크대응 활동 지원
TSMC	Supply Online 360 (공급망 관리)	- 외부 잠재 협력사를전방위적으로센싱하여시스템상 관리 - 세부 공급업체 지속가능성 기준 및 시행지침을 관리 - 공급사를위한 온라인 학습 플랫폼 제공
Pfizer	자체 구축 솔루션 (데이터 분석)	- 기업내Digital Operation Center(DOC)를 설립 - 공급사협업, 이슈예측, 실시간 물류 트래킹관리

■■ 그림 3-9 국내 S사의 공급망 통합관리 플랫폼 구현 범위

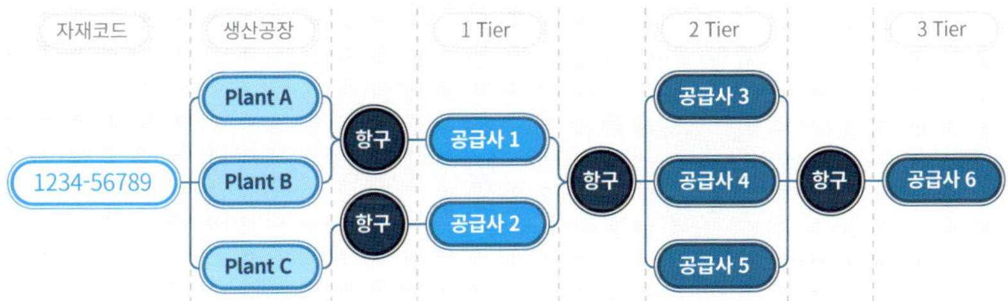

가 실시간으로 연계될 수 있도록 외부 기관이나 협력사와 협력하고 있다. 미국의 반도체 기업인 Intel은 5개의 공급망 관리 및 정보 추적 솔루션을 운영하여 실시간으로 리스크를 모니터링 하고 있으며, 대만의 TSMC도 Supply Online 360이라는 공급사 관리 솔루션을 운영 중에 있다 (표 3-2). 삼성전자도 구매 중심으로 하위 N차사까지 공급망 관리를 확대하고, 공급망 리스크 정보 관리와 협업을 할 수 있는 플랫폼을 진화 발전해 나가고 있다.

마. 협력사 ESG 강화 (탄소중립, 노동인권)

최근 강화되고 있는 ESG 규제와 관련하여 각 기업은 그들의 공급망 내에 있는 공급사의 ESG 관리에도 집중하고 있다. 개선된 플랫폼 기능을 활용하여 공급사의 ESG 관련 정보의 취합과 관리, 성과 평가 및 리스크의 사전 모니터링 체계를 구축해 나가고 있다. 또한 이를 위해 외부 기관의 데이터 소스를 활용할뿐만 아니라 소셜미디어, 뉴스 등을 대상으로 핵심 키워드를 선별하여 모니터링을 강화하고 있다.

Chapter 04

공급 및 카테고리 전략의 수립과 개발구매

충무공 이순신은 우리나라 역사 상 가장 존경받는 구국의 영웅이자 28전 28승 무패로 세계 해전사에서도 추앙받는 해군 제독이다. 그는 용맹한 장군이기도 하였지만, 전투가 벌어졌던 장소를 충분히 이해하고 그에 맞춰 싸우는 방법을 모색했던 탁월한 지략가였다. 적과 대등한 전력을 갖추고 학익진(鶴翼陣)으로 싸웠던 한산대첩과 아군의 절대적인 열세를 극복하고자 일자진(一字陣)으로 싸워 승리한 명량대첩이 이를 뒷받침하는 명백한 근거라고 할 수 있을 것이다. 이렇듯 전장정보분석(Intelligence Preparation of the Battlefield)을 통한 전략(Strategy)의 수립은 적과 맞서 싸우기 전 필수불가결한 활동이다. 이러한 개념은 기업의 운영에도 동일하게 적용될 수 있는데, 본 장에서는 기업의 전략과 기능의 연관성을 바탕으로 구매·공급의 전략적인 의미와 수행 기능에 대해 살펴보고자 한다.

01. 전략은 위계성과 정합성이 요구된다.

1. 경쟁, 공급, 생산 전략의 연관성

기업의 모든 기능은 시장의 여러 가지 상황과 요소를 고려하여 수립된 전략에 따라 전개된다. 기업은 일반적으로 최상위 단계에 있는 기업 전략(Corporate Strategy)을 토대로 사업 전략(Business Strategy)[6]을 수립하고 이 사업 전략

6 사업부 전략이라고도 하며, 이는 기업의 경쟁전략으로 해석할 수 있다.

에 기반하여 기업 내의 부서들이 기능 전략(Functional Strategy)을 수립한 후, 기능 부서별로 다양한 활동을 계획하여 전개한다. 이처럼 기능 전략은 상위 개념의 전략인 기업 전략과 사업 전략을 바탕으로 도출되므로 기능 전략을 수립할 때는 이해·상충 관계를 고려하여 부서 간의 지원과 협조는 최대화하고 갈등은 최소화될 수 있도록 조정이 요구되기도 한다. 이처럼 기업의 전략은 수직적인 위계성을 유지함과 동시에 수평적인 정합성도 확보하여 체계적으로 수립·유지하는 것이 매우 중요하다. 다시 말하면, 기업이 확보할 수 있는 자원(Input)을 활용하여 산출물(Output)로 변환시키기 위해 경쟁 기업과는 차별화되는 창의적이면서 독특한 '조직 내 변환 프로세스들 간의 일관된 의사결정 패턴'[7]으로 해석할 수 있다.

기업 전략은 기업이 사회의 구성원으로서 어떠한 사업을 영위하고 그들의 사업을 통해 어떻게 이윤을 추구하면서 사회에 이바지할지를 포괄적으로 제시한다. 전략의 위계성을 감안할 때, 사업 전략은 기업 전략에 기인하여 도출되고 특정 사업 영역에서 경쟁할 방법을 제시한다. 사업 전략을 언급할 때 가장 유명한 내용은 Porter(1980)[8]의 이론이다. 다섯 가지 요인(5-Force; 기존 경쟁자와의 경쟁, 새롭게 진입할 경쟁자의 위협, 대체제의 위협, 공급자의 교섭력, 구매자의 교섭력)에 대한 분석을 통해 경쟁의 정도가 결정되며, 이를 바탕으로 해당 기업이 경쟁에서 전략적으로 우위를 점하기 위해서는 전략의 유형(원가우위 또는 차별화)을 결정하고 이에 맞도록 일관성 있는 기업의 경쟁전략을 도출한다. 이는 기업의 중장기적 목표와 시장 상황, 경쟁 기업 및 고객에 대한 분석 등을 반영하여 기업에게 필요한 역량을 원가(Cost), 품질(Quality), 납기(Delivery)와 같은 요인에 대해 계량화된 목표로 측정 가능하도록 재해석하는 것이 일반적이다. 최근에는 공급망의 단절과 교란의 문제로 인해 기업의 민첩성(Agility)[9]과 회복 탄력성(Resilience)이 중요한 요인으로 등장하면서 이를 반영한 목표가 중요한 관리요인으로 제시되고 있다.

7 Operations Management 5th Ed., (Schroeder, Goldstein, Rungtusanatham, 2011)

8 The Competitive Strategy, (Porter, M., 1980)

9 민첩성은 속도(Speed), 유연성(Flexibility), 대응성(Responsiveness), 탄력성(Resilience) 등과 같은 요인으로 구체화 되기도 한다.

이렇게 구체화된 기업의 전략은 기업이 추구하려는 목표를 달성하기 위해 기능 전략을 통해 좀 더 구체화 되며, 각 기능부서는 다양한 활동을 계획하고 실행으로 옮기는 과정에서 전문적인 영역의 프로세스를 독립적으로 수행하거나 다른 기능부서와 유기적으로 연계된 프로세스를 수행한다. 이러한 개념을 공급관리 기능에 투영하면 다음과 같이 설명할 수 있다. 우선 공급전략(기능전략)은 제품 생산에 필요한 제반 요소(원자재, 부품, 장비, 반제품, 서비스 등)가 원활하고 끊김 없이 공급될 수 있도록 구체적인 계획이 제시되어야 한다. 이를

그림 4-1 구매전략과 기업의 연관성

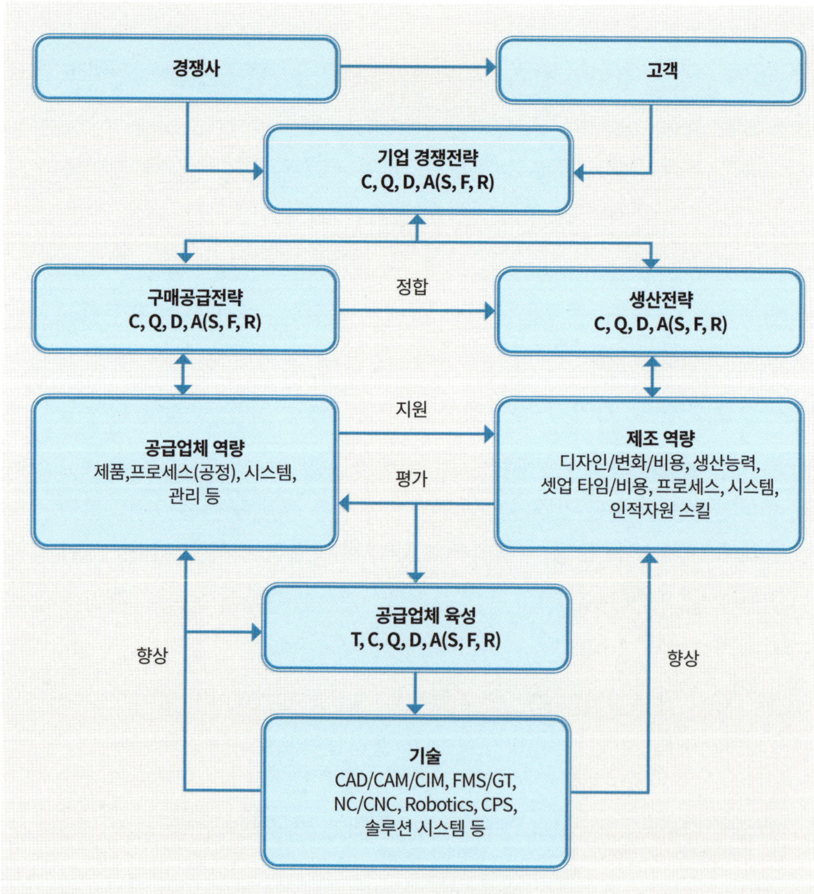

위해 공급업체의 생산 역량을 관리·육성하여 적절한 품질 수준을 갖춘 제반 요소를 적정한 원가에 확보할 수 있도록 관리하고, 이를 필요로 하는 부서의 요청에 따라 적시에 적량을 적소에 공급하여 기업의 생산 기능이 원활하게 전개될 수 있도록 보장한다. 또한, 신제품을 개발하는 과정에서 요구되는 새로운 제반 요소가 적시에 공급되어야 하는데 이는 신제품의 출시 시점과 양산에 적잖은 영향을 미친다. 따라서 새로운 제반 요소를 공급할 수 있는 우수한 신규 공급업체를 발굴하고 이들과의 긴밀한 협업을 통해 신제품의 원활한 개발과 생산이 보장될 수 있도록 공급전략 상에 제시되어야 한다. 즉, 제품의 생산에 필요한 제반 요소의 확보와 원활한 공급을 위해 앞서 설명한 원가, 품질, 납기, 민첩성, 회복 탄력성 등의 요인에 대해 구체적인 정량지표를 제시하여 이를 통제·관리함으로써 공급업체와의 유기적인 관계를 유지하는 것이 필요하고, 필요한 경우에는 공급업체의 역량을 높일 수 있는 다양한 프로그램(생산능력 향상, 생산 기술 및 인프라 지원, 셋업/리드 타임 단축, ICT 시스템 연동, 인적자원 스킬 등)을 개발하여 실행하는 것도 요구된다. 이러한 구매전략 상의 통제와 관리에는 생산 부서의 기능 전략인 생산전략에서 제시되는 목표가 기준이 되어 공급전략과 생산전략 간의 정합성이 확보될 수 있도록 해야 한다. (그림 4-1)은 이러한 연관성을 보여준다.

2. 통합적 공급전략의 수립

앞서 살펴본 바와 같이 공급전략은 상위 단계의 전략과의 위계적 관계를 만족하면서 동시에 생산전략과의 정합성이 요구된다. 조직의 판매 및 매출액 목표를 달성하기 위해 시장의 상황을 관찰하여 공급망 역량을 기획하고, 고객의 니즈에 부합한 제품을 시장에 공급하고자 결정한 기업의 운영 규모에 따라 공급업체와의 협업을 통해 공급망의 공급능력 균형을 유지하면서 총 시스템비용이 저렴하도록 유지되어야 한다. 또한, 선정한 목표시장에 대해 수익을 창출하기 위해 공급업체로부터 신제품 개발이 수익성이 높은지 아니면 기존 제품을 활용한 수익성이 높은지를 분석하고 결정해야 한다. 이를 위해서는 사내 혹은 공급업체와의 연구개발 역량의 가용성을 감안하여 제품·서비스의 특성과 기술을 선택하는 것이 중요하고, 공급업체와 계획 정보를 공유하여 고객 서비스 수준과 재고 및 인력 수준의 정합성이 종합적으로 고려되어야 한다.

그러므로 공급관리 전문가는 고객 계층화 전략의 이해를 바탕으로 조직의 판매 계획과 실제 판매 차이를 지속적으로 모니터링하여 공급기반을 관리해야 하며, 공급망의 역동성(Dynamic)을 반영하여 적절한 공급능력과 역량을 조정하는 매커니즘을 이해하고 있어야 한다. 또한, 목표 판매가, 마진 및 시장점유율 목표를 달성하기 위해 공급업체와의 커뮤니티 능력과 협업 수행 능력이 필요하고, 공급업체 혹은 고객과의 바람직한 관계를 유지할 수 있는 시스템의 범위를 정하는 과정을 이해하고 이와 관련한 이슈를 파악하는 것도 중요하다. 이 밖에 조직이 기대하는 품질, 고객 서비스, 로지스틱스, IT 인프라, 제품 디자인 조정 등의 핵심 서비스 요인을 이해하여 통합된 판매-공급 계획수립 프로세스를 구축하여 공급의 지속성을 보장하는 것이 주된 역할이라고 할 수 있다.

02.

전략구매의 목표는 비용절감과 수익창출이다!!

1. 전략구매의 프로세스와 핵심 이슈

공급전략의 기본은 필요한 제반 요소를 전략적으로 구매하는 것이다. 여기서 '전략적'이라는 의미는 공급시장을 이해하고 이를 바탕으로 적정한 비용을 투입하여 공급업체와 상호 이득을 볼 수 있는 거래 관계를 형성하고 이러한 관계를 지속적으로 발전시키는 것으로 해석할 수 있다. 한편 최근 들어 공급망의 불안정성이 가속화되고 가중됨에 따라 선제적이면서 어떠한 문제 발생 시 즉각 대응할 수 있는 공급 기능의 회복 탄력성이 중요한 이슈로 주목받고 있다.

전략구매의 전통적인 프로세스는 (그림 4-2)와 같다. 우선 해당 프로세스

그림 4-2 전략구매 프로세스

팀 빌딩	시장 조사	전략 수립	계약 협상	SRM
SOW와 카테고리 전략 계획 수립	공급시장 분석/이해	공급업체 분류와 구매 전략 수립	Win-Win 계약 협상	지속적 성과 향상
· 복합기능팀 · 업무 계획 · 업무기술서 (SOW; Statement of Work) · 프로젝트 차터 (승인서, charter)	· 공급시장 동향분석: 변화, 가격, 공급능력 (capacity) 등 · 스펜드(Spend) 예측 · 포트폴리오 분석 · 인(In)소싱(Make) vs 아웃(Out)소싱(Buy)	· 단일 vs 다수 소싱 · 국내 vs 글로벌, 고비용 vs 저비용국가 소싱 · 低價 vs 최적가 구매, 총소유비용 (TCO) · 협상 계획	· 공급업체 평가 · 단기 vs 장기 계약 · 공급업체조기참여 (ESI)	· 커뮤니케이션 · 공급업체 성과 평가 · 공급업체 모니터링 · 타겟코스팅 · 대체 공급업체 발굴 · 공급업체 육성 · 공급기반 최적화

구매공급 리스크 관리 – 선제적(proactive) vs 대응적/회복탄력적(responsive, resilient), 先구매, 헤징
운전자본관리, 공급사슬 파이낸싱

를 수행하는 복합기능팀(Cross-functional Team)이 구성되고, 이 팀이 수행해야 하는 업무기술서와 프로젝트 차터를 수립하여 수행할 업무를 정의한다. 이렇게 팀이 구성되고 업무가 정의된 후에는 공급시장을 분석하고 이해하는 과정이 진행된다. 이를 위해 공급시장의 가격 변동성과 공급능력(Capacity)을 파악하여 비용(Spend)을 예측하고 이를 토대로 인소싱(In-sourcing) 또는 아웃소싱(Out-sourcing)의 의사결정을 내리게 된다. 인소싱은 회사가 자체적으로 확보하는 활동이고 아웃소싱은 외부 공급업체를 통해 확보하는 활동으로, 이러한 의사결정을 Make or Buy 의사결정이라고도 한다. 제품에 수용해야 하는 기술의 빠른 진화, 사양의 다양성과 복잡성 등 여러 가지 문제로 많은 기업은 아웃소싱의 비중이 늘어나는 추세이다. 따라서 공급업체와의 유기적인 관계를 통해 생산에 필요한 요소를 확보하는 것이 중요하게 되었고 이를 전략적인 관점에서 접근해야 할 필요성이 제기된다. 여기서 고려되는 기본적인 사항은 소싱의 형태(단일 소싱, 다수 소싱), 소싱 기업의 지리적 위치(국내 기업, 글로벌 기업), 경제성과 차별성(저비용, 고비용; 최저가, 최적가 또는 총소유비용(Total Cost of Ownership)) 등에 따라 다양한 협상 계획이 수립될 필요성이 있다. 이후 절차는 필요한 요소를 공급하는 공급업체의 역량을 평가하고 이를 바탕으로 계약 기간과 공급업체와의 거래 형태를 결정한다. 우수한 역량을 갖고 있고 거래 관계에 있어 신뢰할 수 있는 공급업체라고 한다면 공급업체 조기참여(Early Supplier Involvement)를 통해 신제품을 개발하는 과정에 공급업체를 참여시켜 신제품의 개발 기간 단축과 기대 품질 수준을 높이는 활동이 전개되기도 한다. 전략구매 프로세스의 마지막은 공급업체와의 성과를 지속적으로 향상시키기 위한 노력이다. 이를 공급사 관계관리(Supplier Relationship Management)라고 하는데, 이 과정에서는 공급업체의 성과 평가를 통한 육성, 역량의 모니터링, 커뮤니케이션을 기반으로 하는 신뢰 관계 형성, 원가절감을 위한 타겟코스팅(Target Costing) 등을 통해 최적의 공급기반이 조성될 수 있도록 관리한다. 현재 거래 관계에 있는 공급업체의 역량이 기대 수준에 미치지 못하거나 새로운 생산 요소가 필요한 경우에는 대체 공급업체의 발굴이 수반되기도 한다.

2. 전략적 소싱 프로세스

전략적 소싱은 기업의 내·외부 환경을 분석하여 제품 생산에 필요한 구매 요소를 특성에 따라 카테고리로 구분하고, 구분한 카테고리별로 공급전략을 구체화하여 공급업체의 선정과 협상 절차를 거쳐 생산에 필요한 요소를 확보하는 과정이다. 전략적 소싱은 크게 환경 분석, 전략 수립, 공급업체 선정과 협상의 절차로 세분화할 수 있고, 이 프로세스를 구체적으로 도식화하면 (그림 4-3)과 같다.

첫 번째 절차는 타겟 품목을 선정하고 이 품목이 공급되는 시장 외부 환경과 기업의 내부환경을 분석하는 것이다. 구매하려는 타겟 품목이 많으면 실행 능력과 효과를 고려해서 우선순위를 결정하고 품목의 공급시장을 분석한다. 내부환경을 분석할 때는 구매하려는 품목의 물량, 가격, 사양의 기초 정보 외에 소싱 프로세스와 제약조건을 고려한다. 외부환경을 분석할 때는 Porter 교수의 5-Force 모델의 확장 모형을 적용하여 경쟁 상황을 분석한다.

그림 4-3 전략적 소싱 프로세스

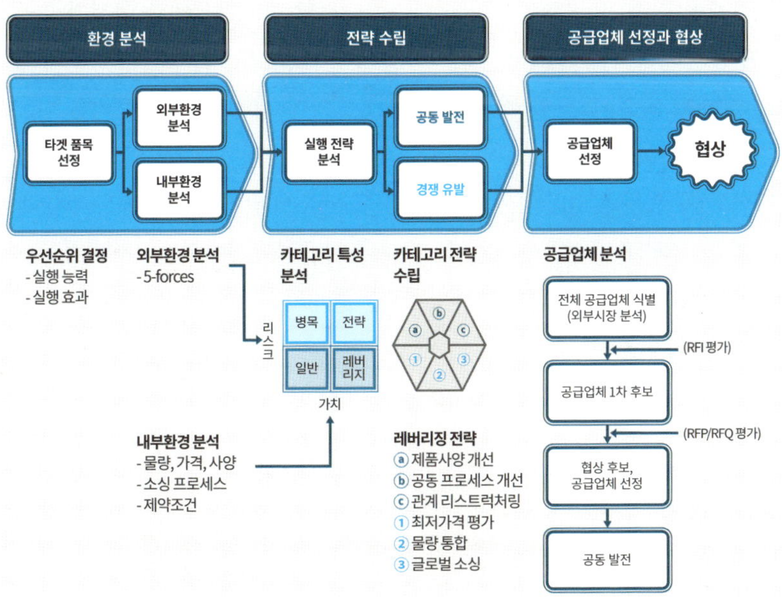

두 번째 절차는 실행 전략을 수립하는 과정으로, 환경을 분석한 결과를 바탕으로 품목의 특성을 구분하게 된다. 품목의 특성은 어느 한 카테고리로 분류하게 되는데, (그림 4-3)에서 볼 수 있듯이 카테고리는 '리스크'와 '가치'를 축으로 이들 요인의 높고 낮음으로 총 4개의 품목 카테고리(전략, 병목, 레버리지, 일반)로 구분할 수 있다. 품목 구매를 위한 실행 전략은 크게 공급업체와 공동 발전을 모색하여 구매하는 전략과 공급업체의 경쟁을 유발시켜 구매하는 전략으로 나눌 수 있다. 전략이나 병목으로 분류되는 품목은 제품 사양 개선, 공동 프로세스 개선, 관계 구조화 등을 통해 품질 수준이나 사양을 충족할 수 있도록 공급업체와의 공동발전을 모색하는 협력 구매가 바람직하다. 반면, 레버리지나 일반으로 분류되는 품목은 최저가격 평가, 물량 통합, 글로벌 소싱 등 공급업체 간에 경쟁을 유도해서 저비용으로 구매하는 경쟁 구매가 바람직하다.

세 번째 절차는 품목을 공급하는 적합한 공급업체를 선정하여 거래 관계를 형성하는 일이다. 기존 거래 관계에서 선호(Preferred) 공급업체가 있을 때는 이러한 절차를 생략할 수 있다. 일반적으로, 공급업체를 선정하기 위해서는 공급업체의 성과 또는 역량을 분석하고 평가하여 적절한 대상을 선정하게 된다. 이 과정에서 RFI[10], RFP[11], RFQ[12] 등의 문서를 공급업체에 요청하여 평가를 진행하게 되고, 필요한 경우 실사도 병행하여 거래를 위한 준비를 마치게 된다. 거래는 협상이나 경쟁 입찰을 통해 이루어지게 되는데, 앞서 제시한 전략이나 병목 품목의 경우에는 주로 협상을, 레버리지나 일반 품목은 주로 경쟁 입찰을 통해 거래 관계를 형성한다. 거래 관계가 형성된 후에는 구매기업과 공급업체가 공동으로 발전할 수 있는 다양한 형태의 프로그램이 전개된다.

---

10 RFI (Request for Information): 잠재 공급업체의 제품/서비스에 관한 정보를 요청하는 문서로 단순한 정보를 요청하는 것이다.

11 RFP (Request for Proposal): 품목을 구매하려는 기업의 요구사항이 명확히 설정되어 있지 않아 충족 방법이 공급업체마다 다를 수 있을 때 사용하며, 공급업체는 가격 및 요구사항의 충족 방법을 제시한다.

12 RFQ (Request for Quotation): 품목을 구매하려는 기업의 요구사항이 명확하고 표준화되어 있을 때 사용하며, 공급업체는 가격 및 공급 조건을 제시하도록 요청을 받는다.

03.
취급 품목을 카테고리별로 차별화하여 관리하라!!

1. 스펜드(Spend) 분석

스펜드 분석은 구매하려는 품목의 공급 관련 비즈니스 활동으로 발생한 총비용을 파악 및 검토하는 과정으로, 비용 측면의 요소, 공급업체와의 관계, 시장 환경 등을 일반적으로 고려하여 구매 품목의 물량 통합과 표준화의 기회를 제공한다.

비용 측면의 요소에서 고려하는 사항은 지난해 비즈니스의 총 스펜드 및 사업부별 스펜드, 스펜드에 따른 입고 물량의 적절성, 사업부 구매예산 실행의 정확성 등이다. 즉, 구매하는 품목에 대해 전체 금액 및 주문 부서별 금액을 파악하고 투입된 금액에 따른 적절한 수량이 공급되었는지 검토해야 하며 사업부별로 할당된 구매예산에 맞춰 비용이 집행되었는지를 점검하게 된다. 다시 말해 다음과 같은 물음에 대해 검토하는 과정이다.

- 지난 1년 동안의 사업에서 필요한 품목을 구매하기 위해 사용한 비용은 얼마인가?
- 사용한 금액으로 자사가 필요한 제품/서비스의 적정량을 확보했는가?
- 부서별로 책정된 예산의 범위 내에서 제품/서비스를 구매했는가?

스펜드 분석 프로세스의 시작은 구매 품목에 대한 매입채무(Account Payable) 데이터, ERP/MRP 시스템 상의 비용 데이터, 운송과 구매카드 시스템 데이터 등 전사적 스펜드 데이터를 취합하여 스펜드 데이터베이스를 생성하는 것이다. 그런 다음 취급 품목과 관련하여 카테고리 코드를 생성해 물품 코딩시스템(카테고리 트리)을 설계함으로써 품목 카테고리, 공급사 정보, 비용센터(Cost Center)[13]를 데이터베이스에 통합한다. 이를 활용해 취급 품목에 대한 품목별 총비용, 품목별 공급업체의 수, 품목별 결과를 토대로 한 공급업체별 평균 비용, 공급업체 정보 등을 효율적으로 관리할 수 있고, 파레토 분석이나 ABC 분석을 통해 비용 절감, 물량의 통합이나 재분배, 발주 방법의 변경 등 개선의 기회를 모색하게 된다.

공급업체와의 관계 측면에서는 구매 품목의 전략적 중요도, 구매 품목을 공급하는 공급업체와의 관계 매력도 및 의존도를 점검한다. 특히, 구매 품목의 전략적 중요도를 분석할 때 활용하는 중요한 정보 중 하나가 바로 스펜드 분석이다. 관계 매력도는 거래 관계에서 구매사와 공급사가 상대적 관점에서 얻게 되는 이익 정도를 파악하게 된다. 이 밖에 구매하려는 품목을 공급하는 공급업체에 대해 의존도가 높다면 이를 낮추기 위한 대책을 모색할 필요가 있다. 해당 요인을 분석할 때는 다음과 같은 물음에 대해 점검이 필요하다.

- 거래의 대부분을 차지하고 있는 공급업체는 어떤 공급업체인가?
- PO, 요구량, 거래 및 SOW 등과 비교해 볼 때, 공급업체는 사용 부서가 제시한 적정 가격을 청구했는가?
- 물량을 통합하거나 표준화된 구매를 할 기회가 있는가?
- 현재 구매하는 제품/서비스의 공급업체의 수를 줄일 기회가 있는가?

최근에는 코로나19 팬데믹으로 인해 전 세계적으로 공급망의 단절이나 교란 현상이 빈번하게 발생하게 되었고 그 기간이 장기화됨에 따라 생산과 소비 활동이 매우 불안정한 상황이 되면서 경제 상황이 매우 나빠진 상태이다. 이로 인해 수요와 공급의 불균형 문제가 악화되었고 세계 각국은 고물가·고금리·고환율의 경제 여파로 어려움을 겪고 있다. 이를 극복하기 위해 각국 정부는 경기 부양을 위한 재정적 지원책을 선택하였지만 이러한 정책은 오히려 인

13 비용을 예산 범위 내에서 유지하는 기능을 수행하여 기업의 수익성에 간접적으로 기여하는 조직 내의 부서 또는 기능을 의미한다. 여기에는 비용 추적에 필요한 모든 기능 또는 사업부를 포함할 수 있다.

플레이션이라는 부정적인 결과도 초래하게 되었다. 코로나19로 인한 경기침체와 이를 극복하기 위한 재정 지원으로 인해 화폐가치의 하락이 복합적으로 나타나면서 이른바 스태그플레이션(고물가 경기침체) 현상이 세계 경제 상황의 호전을 불투명하게 만들고 있다. 설상가상으로, 크림반도의 지정학적 패권과 이익 다툼이 근본 원인으로 발생한 러시아와 우크라이나의 전쟁은 이러한 부정적인 상황을 더욱 악화시키고 있다. 이렇듯 여러 문제가 동시다발적으로 나타나면서 공급 시장의 복잡성과 불확실성이 증가하였고 그 어느 때보다 시장 환경 분석의 중요성이 증대되었다. 따라서 시장 환경을 분석할 때는 품목이 공급되는 지역적 의존도, 환율 및 시장 동향, 지정학적 이슈 등을 종합적으로 고려해야 할 필요성이 제기된다.

2. 카테고리 전략과 레버리징 전략

스펜드 분석과 함께 카테고리 전략을 수립하는 데 중요하게 고려되어야 하는 요소는 구매 품목이 자사의 사업에 미치는 중요도(영향)와 공급과 관련된 리스크다. 이는 원활한 생산 프로세스를 운영하기 위해 제조사가 선결해야 하는 과제로, 이를 파악하기 위해서는 공급 중단 발생 시 사업에 미치는 영향, 구매 품목의 디자인이나 사양, 제조의 복잡성, 해당 품목의 구매 경험, 시장의 공급 능력, 경쟁관계, 진입장벽, 공급시장의 접근성, 공급망의 복잡성 등을 복합적으로 고려해야 한다.

카테고리 전략은 구매 품목에 대한 전략적 중요도(SI; Strategic Importance)를 분석하여 품목별로 차별화된 전략을 수립하고 관리 포인트를 규정하는 것으로, Kraljic(1983)이 제시한 포트폴리오에 기반한다. (그림 4-4)와 같이 구매 품목에 대한 스펜드(가치) 중요도와 사업 중요도(공급리스크 포함)를 두 축으로 하여 4개의 카테고리로 분류한다. 전략/핵심 품목은 회사의 사업 운영에 중대한 영향을 미치는 품목으로, 공급사와의 협력을 통한 구매 활동을 전개하는 것이 핵심이다. 원가/총소유비용을 분석하고 구매에 드는 총비용을 절감하기 위해 공급사와 함께 가치분석(VA)/가치공학(VE) 실시하거나 비용의

그림 4-4 가치-리스크 매트릭스

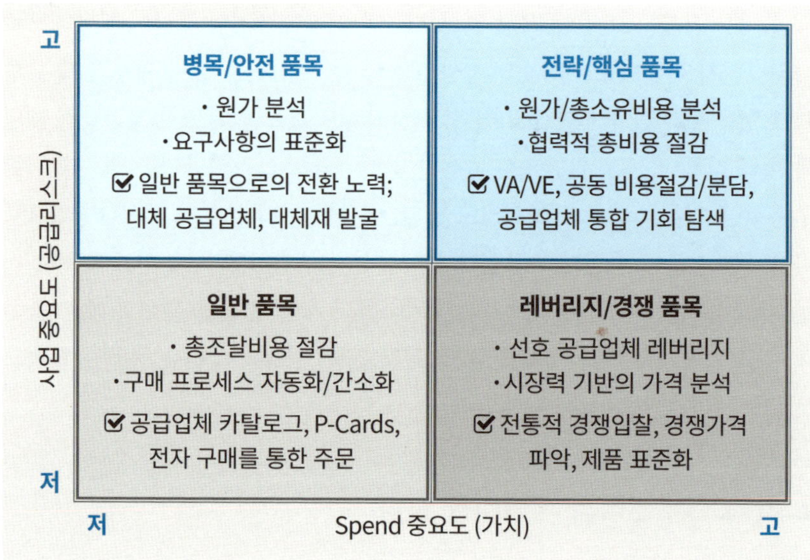

절감(또는 분담)하여 협력적 총비용을 절감하는 것이 중요하다. 구매 품목의 중요도에 따라 공급업체를 통합하는 기회를 모색하는 것도 고려할 수 있다. 병목/안전 품목은 스펜드 중요도는 낮지만 공급이 원활하지 않으면 피해가 예상되는 품목이다. 이러한 품목은 제품의 사양을 개선하여 표준화 또는 단순화하여 일반 품목으로 전환하는 노력을 기울여야 하고, 이를 대체할 수 있는 공급업체나 대체재를 발굴하는 데 관리의 초점을 두어야 한다. 레버리지/경쟁 품목은 사업의 중요도에 비해 구매 비용이 많이 발생하는 품목으로, 시장 주도의 가격 분석을 통해 품목을 관리해야 한다. 전통적인 경쟁 입찰이나 선호하는 공급업체에 물량을 집중하여 비용을 낮추기 위한 노력이 수반되어야 한다. 제품 표준화나 경쟁가격을 제시할 수 있는 새로운 공급사를 개발하는 것도 이러한 품목을 취급하는데 적용할 수 있는 대안이다. 일반 품목은 철저하게 총조달비용을 절감하는 데 목적을 두고 관리해야 하는 품목으로, 구매 절차와 과정을 전산화/자동화하여 품목 관리에 투입되는 비용과 시간을 줄이고 구매 프로세스 업무를 간소화시켜 관리의 효율성을 극대화하는 것이 관리의 핵심이다.

일반적으로, 구매사 입장에서 전략/핵심 품목이나 병목/안전 품목은 공급사의 협상력(Bargaining Power)이 상대적으로 우월한 경우가 많으므로 구매 과정에 있어 공급사와 공동으로 발전을 도모할 수 있도록 전략적 협력 구매의 전략을 취하는 것이 필요하다. 이를 위해서는 우선 정예의 핵심 공급업체를 선별하여 이들을 육성하기 위한 전략적 제휴와 파트너십을 구축하는 것이 필요하다. 필요시 공급사와 공동 투자를 통해 물류 및 자재 흐름 개선을 위한 공동 프로세스의 통합이나 리엔지니어링(Reengineering)을 모색하고, 제품의 개발 및 생산과 관련한 수명주기 비용 최적화, 공급업체 조기참여(ESI; Early Supplier Involvement), 동시공학(Concurrent Engineering), 대체 사양 개발 및 대체제 분석 등의 활동을 긴밀한 협력 관계에서 전개하여야 한다. 또한, 구매사는 자사의 핵심역량 분석을 바탕으로 Make-Buy(또는 아웃소싱)에 대한 의사를 전략적으로 결정해야 하고 핵심역량이라고 판단되는 기능을 불가피하게 공급사로부터 공급받아야 할 때는 합작투자(JV; Joint Venture) 형태를 취하거나 수직적 통합을 고려하는 것이 바람직하다.

반면, 레버리지/경쟁 품목이나 일반 품목은 충분한 시장 공급량을 확보할 수 있기에 구매사의 협상력이 상대적으로 우월한 경우가 많아 공급사 간에 공정한 경쟁을 유발하여 품목의 구매 원가를 낮추는 경쟁 구매 전략 정립이 바람직하다. 품목의 가격, 총비용 및 Should-Cost(실제로 발생해야 할 원가)를 분석할 수 있는 추정 모델을 만들어 최저가격 확보를 위한 지속적인 모니터링이 필요하고 장기 계약을 통한 가격 재협상, 가격 분리(Unbundle), 경쟁입찰, 원재료 헤징(Hedging) 등의 활동을 통해 비용 절감의 기회를 모색해야 한다. 이와 더불어 전체 공정의 아웃소싱 비율과는 무관하게 거래 공급사의 수를 정리/축소하고 업체 간 물량을 재분배하거나 사업부/카테고리 간 물량 통합, 유사 품목에 대해서는 타 기업과 중앙집중식 구매 방식 등을 통한 물량 통합의 방법도 고려해야 한다. 이밖에 성능품질 대비 가격 경쟁력이 있는 신규 공급사를 해외에서 발굴하여 글로벌 수요-공급 불균형을 이용한 이윤 창출의 기회를 모색하는 것도 필요하다.

이처럼 생산에 필요한 품목을 취급/관리하기 위해서는 구매하고자 하는 품목의 특성에 따라 다른 전략을 취하는 것이 좋다. 이른바 양손잡이(Ambidexterity) 전략이라고 하는 이러한 기업의 운영 방향은 구매사의 협상력이 상대적으로 우월할 때는 경쟁 구매 전략을, 공급사의 협상력이 상대적으로 우월할 때는 협력 구매 전략을 취하는 것이 일반적이다. 이러한 전략은 구매 품목에 대해 자사의 사업 중요도와 스펜드 중요도의 변동에 따라 재정립되어야 한다.

04.
개발구매, 신제품 개발 성공의 전제 조건

1. 개발구매 프로세스

개발구매는 제품 개발을 위한 아이디어 및 컨셉 도출에서 시작하여 제품이 양산되고 판매되어 단종될 때까지 발생하는 제품의 수명주기 비용을 파악하고 제품 판매를 통해 창출되는 수익을 관리하게 된다. (그림 4-5)에 제시한 바와 같이 일반적으로 제품의 수명주기는 아이디어/컨셉 도출, 제품의 디자인 및 개발, 시제품(또는 파일럿) 출시, 양산, 판매, 단종의 과정을 거치게 되는데, 개발구매는 시제품 출시 및 검토 과정까지를 중점 관리한다.

그림 4-5 개발구매 프로세스

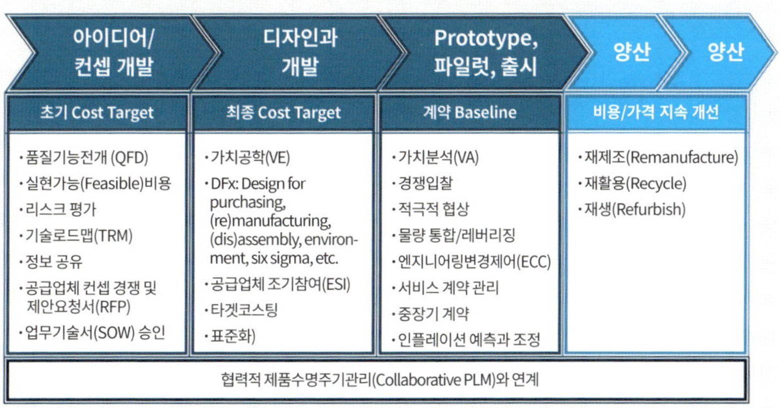

* QFD: Quality Function Deployment / TRM: Technology Roadmap / VE/VA: Value Engineering/Analysis / ECC: Engineering Change Control
* Monczka et al. (2016), Handfield et al. (2011)의 내용을 취합하여 수정 및 보완함.

개발구매 초기에는 신제품 개발을 위한 아이디어 및 컨셉을 개발하는데, 이 과정에서 수행되는 주요 활동으로는 목표원가와 실현가능 비용의 검토 및 판단, 기술로드맵 및 리스크 평가, 품질기능전개(QFD; Quality Function Deployment), 공급업체를 활용한 컨셉 경쟁이나 제안요청서(RFP) 요청, 업무기술서(SOW)의 승인 등이다. 초기 단계가 마무리되면 제품의 디자인과 개발이 이루어지게 되는데, 이 과정에서는 목표원가의 확정(타겟코스팅), 가치공학(달성 가능한 제품 기능을 최적의 총비용으로 실현 가능한지를 분석), 구매/3R[14]/조립/분해/6시그마/공정/공급망 등을 고려한 설계, 공급업체 조기참여(ESI)등과 같은 제품의 생산을 위한 자재/부품 확보, 생산과정, 공급망 설계를 고려한 활동들이 전개되면서 시제품 생산을 위해 준비한다. 시제품 생산 단계에서는 가치분석(실제 제품을 생산하기 위해 제조 과정에서 소요되는 원가를 분석하고 이를 절감하기 위한 노력), 경쟁입찰/협상(자재나 부품 등을 공급받기 위한 공급사와의 거래 관계 정립), 물량 통합이나 레버리징(Leveraging)[15], 엔지니어링 변경 제어 등 실제 제품의 양산에 들어가기 전까지 내부적으로는 비용 및 기술적인 문제를 정비·통제하고, 외부적으로는 공급사와 함께 양산에 필요한 자재나 부품 등의 공급 환경을 구축한다.

2. 제품수명주기관리(Product Lifecycle Management)

이처럼 개발구매는 매우 광범위하면서도 다양한 활동이 수반되므로 개발구매 부서뿐만 아니라 R&D, 영업, 마케팅, 생산, 엔지니어링 등 관련 부서가 모두 모여 협의를 통해 활동의 전개와 일정을 관리하게 되며, 이 결과는 제품수명주기관리(PLM)에 많은 영향을 미치게 된다. 개발구매 과정이 종료되어 가는 시점에, 상품기획 부서는 개발구매 부서로부터 현재 개발 중인 제품이 언제 시제품이 완성되어 양산에 들어가고 그 후 어떻게 영업/마케팅까지 활동이 전개되어야 하는지 전체적인 프로세스를 전달받게 되며 상품기획 부서는

14 3R은 재제조(Remanufacture), 재활용(Recycle), 재생(Refurbish)을 의미

15 공급사의 자본이나 역량을 이용하여 구매사의 자본이나 역량의 상승효과를 얻는 것(이러한 효과는 역으로도 발생하기도 함.)

마케팅 부서와 협업을 통해 해당 완제품의 수명주기를 결정한다.

한편, 개발구매 부서는 조달구매 부서에게 실제로 제품을 생산하는데 필요한 준비 사항을 전달하고 후속 조치를 병행해야 한다. 예를 들어, 자재나 부품을 공급하는 협력사의 최근의 이슈라던가 자사 및 협력사에서 보유하고 있는 자재나 부품의 보유재고, 재공품(WIP; Work-in-Process), 입고예정 재고(Scheduled Receipt) 등의 정보가 점검되어야 한다. 그러나 개발구매 부서는 이러한 내용을 공유하는 것으로 끝내는 것이 아니라 1~2개월 정도 후속 조치 업무를 지원하여 조달구매 부서가 원활하게 업무를 수행할 수 있도록 조력할 필요가 있다.

Chapter 05

시장, 원가, 가치에 기반한 전략적 비용 관리

구매공급관리자의 주된 업무 중 하나는 기업에 필요한 기계, 설비, 원부자재, 간접(서비스 구매 포함) 구매비용을 전략적으로 관리하는 것이다. 예를 들어 동일한 품목의 원부자재들을 경쟁업체 대비하여 비싸게 구매하면 시장에서 기업의 제품 가격 경쟁력 강화에 도움이 되지 않는다. 또한 구매 당시 단가를 최소화하더라도 획득비용 또는 유지비용과 같이 숨겨진 구매공급관리 관련 비용들을 총체적으로 파악하지 못하고 관리하지 못하면 실질적 효익을 반영한 가치 기반의 전략적 의사결정이 어렵다. 본 장은 시장, 원가, 가치에 기반한 전략적 비용관리에 대해서 살펴보고자 한다.

01. 가격 및 비용 모델 분석

구매공급관리자는 공급기업에서 제시(또는 협의)한 가격이 적정한지 판단할 필요가 있다. 이를 위해서 시장의 상황과 특성을 파악하거나, 품목의 원가를 다각도로 고려하여 제시한 구매가격의 적정성을 분석할 수 있다. 또한 구매를 진행하면서 그리고 취득비용 이외 유지관리 비용을 포함하고 미래의 효익을 고려하여 구매의 실질적 가치를 추정할 수 있다. 따라서 구매공급관리자들은 다음과 같이 시장상황, 원가, 총소유비용(Total Cost of Ownership, 이하 TCO)을 고려하여 구매가격과 비용을 분석하여 전략적으로 관리하여야 한다(그림 5-1).

그림 5-1 가격모델과 가격/비용 동인

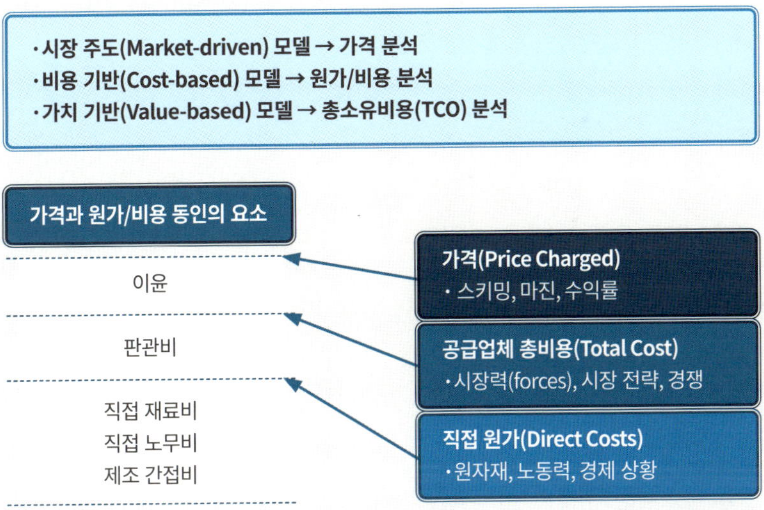

- 1) 시장상황을 고려한 적정 구매가격 분석(시장주도모델, Market-driven)
- 2) 품목의 가격에 대한 적정성이나 합낭성 확인이 어려운 경우 제조원가/비용 분석(비용기반모델, Cost-based)
- 3) 가치기반의 총소유비용(획득비용, 소유비용, 사후비용 등 포함) 분석(가치기반모델, Value-based)

1. 시장 주도의 가격 분석 모델

시장 주도 가격모델은 구매 상황의 가격 영향력, 상황 변화, 물량으로 인한 가격 변동, 경쟁 상황 및 구매전략을 시장의 특성을 고려하여 분석하는 것이다(Handfield 등, 2011 (수정 보완)).

가. 가격 볼륨 모델: 저가 대량판매

가격 볼륨 모델에서는 일반적으로 품목의 거래가격을 낮출수록 거래량이 증가하고, 거래량이 증가할수록 간접비용을 분산시켜서 이윤이 증가하게 된다. 따라서 대량으로 구매하는 경우 가격을 할인하는 '수량할인모델(Quantity Discount Model): 로트(lot)크기나 볼륨 기반' 운영이 가능해진다. 기업 내 사업부 또는 부서에서 동일한 품목을 여러 부서에서 구매를 희망하는 경우 대량으로 한 번에 구매하는 것을 고려할 수 있고, 가능한 품목에 대해서는 구매부서 수를 최소화(또는 단일)하여 운영하면 저가로 대량구매가 가능해진다. 저가 대량구매를 하는 경우 부수적으로 발생할 수 있는 보관, 유지 비용 등을 고려하여야 한다.

나. 시장 점유(침투가격) 모델: 시장점유율 확보를 위해 마진 축소

구매기업의 제품이 시장성이 있다고 판단하는 경우 공급기업은 단기간의 손실을 감수하더라도 향후 시장점유율 증가로 인한 판매량의 증가와 장기간의 이윤 증대를 기대하면서 가격을 인하할 수 있다. 즉, 시장점유율 확보를 위해 마진을 축소하는 경우가 이에 해당한다. 구매기업에서는 공급기업이 이러한 시장점유(침투가격) 전략을 얼마나 지속할 수 있는지 파악하여야 한다.

다. 시장 스키밍(skimming) 모델: 높은 마진의 단위 가격, 초기 고가정책

시장 스키밍 모델은 특정 품목의 공급 부족 또는 독점이 예상되는 경우에 공급기업이 제시하는 높은 마진의 고가정책을 구매기업이 받아들이는 현상을 의미한다. 이러한 경우 구매관리자는 고가 구매로 인한 부작용과 편익을 고려하여야 한다.

라. 매출가격 모델: 시장침체 時 변동비 커버, 매출 확보

매출가격 모델은 시장이 침체되는 경우에 공급기업이 매출 유지와 운영비용 충당을 위해 가격을 인하하는 경우에 사용된다. 구매기업은 이러한 가격인하 기조가 언제까지 유지될 수 있는지 그리고 비용절감으로 인해 품질과 서비스가 저하되는지 확인하여야 한다.

마. 프로모션 가격 모델: 전체 라인의 수익성을 제고

프로모션 가격 모델은 전체 제품라인의 수익성을 고려하여 가격이 결정되는 경우에 사용된다. 예를 들어 공급기업에서는 고가의 장비를 저가로 판매하여 유지보수를 위한 제품 및 서비스를 고가에 제공하여 수익을 낼 수 있다. 이는 총소유비용 분석과 관련이 있다. 구매관리자는 구매단가만을 고려하는 것이 아니라 구매와 관련된 전반적인 총비용을 분석할 필요가 있다.

바. 경쟁가격 모델

경쟁가격 모델은 역(易)경매 방식으로, 구매가격이 결정되는 경우에 사용된다. 일반적으로 동일 품목에 대해서 가장 낮은 구매단가를 제시한 공급기업을 선정하게 된다.

사. 현금할인 모델: 신속한 대금지불목적

일반적으로 공급기업들은 구매기업들이 대금결제(Pay Invoice)를 신속히 진행하기를 희망한다. 따라서 구매기업이 설정한 기간 내 대금결제를 하는 경우에 가격을 할인할 수 있다(예: “2-10/net 30”, “10일 내 지불, 2% 할인; 30일 내 전체 지불”).

아. 가격 비교분석

가격 비교분석은 동일 품목에 대한 적격 공급기업들의 제안 가격, 여러 경로로 제시된 공시 가격, 과거 가격들의 비교를 통해 이루어진다(표 5-1).

표 5-1 가격 분석 기법

가격 분석 기법	주요내용
공급기업 간 경쟁가격 제안 비교 (최저 견적가격은 합당한가?)	구매업체요건을 만족하는 둘 이상의 적격공급업체들이 독자적으로 경쟁하며 합리적인 저가로 평가된 경우
공시 가격 비교 (공시가격 간 차이는 없는가?)	규제 가격(유틸리티, 수송), 시장 가격, 카탈로그 공시 가격, 광고 가격
역사적(과거) 가격 비교 (가격이 변화하고 있는가?)	상황 변화, 일시적 엔지니어링/셋업/툴링(tooling) 요금, 인플레이션/디플레이션 효과, 공급업체의 학습효과 등 분석

2. 비용 기반의 가격 분석

신제품 또는 가격의 변화의 폭이 비교적 큰 품목(비표준화 제품)의 경우에는 시장 주도의 가격 분석이 비현실적인 경우가 많아서 가격에 대한 적정성이나 합당성 확인이 어렵다. 이러한 경우에는 제조원가와 공급기업과의 거래 총비용을 고려하여 가격을 분석할 수 있다.

가. 원가분석

원가분석은 구매기업과 공급기업이 모두 동의할 수 있는 공정하고 합리적인 수준의 가격을 도출하는 것을 목적으로 한다. 원가분석을 위해서는 잠재적 공급사의 견적서, 협력 또는 전략적 제휴 공급사의 원가지표, 원가 모델 등을 필요로 한다. 그 외에 과거의 경험, 지식, 주관적 판단 등을 활용하여 합리적인 구매원가를 도출할 수 있다.

표 5-2 원가항목

<table>
<tr><th></th><th></th><th></th><th colspan="2">원가항목</th><th>주요내용</th></tr>
<tr><td rowspan="6">총원가</td><td rowspan="5">제조원가</td><td rowspan="4">매출원가</td><td rowspan="3">직접비</td><td>재료비</td><td>주요 원재료비, 매입부품비 등</td></tr>
<tr><td>노무비</td><td>직접공임금 및 부대비용</td></tr>
<tr><td>경비</td><td>외주가공비, 특허권사용료</td></tr>
<tr><td colspan="2">간접비</td><td>원가대상에 대해서 직접적으로 연계할 수 없는 원가 (예: 공장관리직 인원에 대한 인건비, 공장임차료, 공장시설관리비, 공장생산용 기계장치에 대한 감가상각비, 공장사무용품비, 소모품비, 도서인쇄비, 회의비 등)</td></tr>
<tr><td colspan="3">스크랩 비용</td><td>부산물 처리비용</td></tr>
<tr><td colspan="4">판관비용</td><td>영업비용</td></tr>
</table>

(표 5-2)는 원가분석에 필요한 원가 항목들을 설명하고 있다. (표 5-3)은 원가 기반 가격 결정 예시를 보여주고 있으며, 분석을 통해서 실제(또는 예상) 원가의 적정성을 평가하고 검토 가능하도록 한다. 구매관리자는 일반적으로 총원가에서 직접비가 차지하는 비중이 높고 직접비 항목의 확인 및 추적이 용

이하기 때문에 직접비 분석에 더욱 신중할 필요가 있다. 직접비의 인하로 인해 상대적으로 더욱 큰 가격인하 효과가 있을 수 있다.

표 5-3 원가 기반 가격 결정 예시 (출처: Handfield 등, 2011 (수정 보완))

Year1 목표가격= $61.00	
협상된/분석된 비용 구조	• 재료비= $20/unit; 노무비 = $8.50/unit; 간접비율 = 노무비의 200% • 스크랩율= 10%; 판관비율 = 제조원가의 10% • 실효적(Effective)물량 범위= 125,000 units/year ± 10% • 예상제품수명= 2년; 합의된 투자수익률(ROI)= 30%
공급업체 투자	Year 1 - $3,000,000, Year 2 - $2,000,000; 즉, 2년간 $5M
비용절감 공유: 50/50	• 노무비: 년간 10% 절감 • 스크랩율: 년간 50% 절감

	Year 1	Year 2	Year2 산출 근거
재료비	$20.00	$19.24	재료비 절감 $1.50, 총재료비 인상 4%; 즉, ($20.00 – $1.50) x 1.04
노무비	8.50	7.88	계약상 개선 목표 10% 절감 및 총노무비 인상 3%
간접비(노무비의 200%)	17.00	15.76	
매출원가	$45.50	$42.88	
스크랩@ 10%	4.55	2.14	스크랩율 10%에서 5%로 감소
제조원가	$50.05	$45.02	
판관비 @ 10%	5.01	4.50	
총원가	$55.06	$49.53	
이윤**	6.00	6.75	공동 재료비 절감 공유(share)$0.75, 즉$6.00 + ($1.50 / 2)
판매가격	$61.06	$56.28	개선 후 新판매가격

** 이윤: 협상 합의된 30% ROI 기반: (2년간 투자 $5M x 0.3) / 250,000 units = $6.00/unit

나. 역가격 분석 (Reverse Price Analysis)

원가분석 자료를 활용하여 제시(또는 예상)된 가격을 기점으로 공급기업 원가의 적정성을 분석하는 방법이다. 즉, 공급기업의 원가와 이윤이 적절하게 책정되어 실제 발생해야 할 비용(Should Cost)이 결정되었는지 평가하는 것이다. (표 5-4)는 역가격 분석의 예시이다.

표 5-4 역가격 분석 예시

가상가격(Hypotheticalprice)	$20
이윤/판관비 허용액@ 15%	- 3
소계	**$17**
직접 재료비	- 4
소계	**$13**
직접 노무비	- 3
제조 간접비(Manufacturing burden)	$10

출처: Handfield 등, 2011 (수정 보완)

다. 비용 기반 시스템 분석

비용 기반 시스템 분석에서는 대기업이나 공급기반이 큰 기업이 사용하는 가장 정밀하고 가장 덜 주관적인 방식으로 공급기업과의 비즈니스 총비용을 산출한다. 구매단가와 공급업체 성과지표(Supplier Performance Index, 이하 SPI)를 활용하여 가격의 적정성과 품목별 최저 총비용 공급기업을 파악할 수 있다. (표 5-5)와 (표 5-6)은 비용 기반 시스템 분석 예시 자료이다

표 5-5 비용 기반 시스템 분석 예시1

공급업체: Advanced Systems			
품목(카테고리): Integrated Circuit			
품목 내 총 부품 수: 2			
A. 현 분기 총구매비 불이행(Nonperformance) 비용:			$5,231.67
이벤트	발생건수	건당 평균비용	발생비용
늦은 배송(Late delivery)	5	$150.00	$750.00
공급업체 반송	2	45.00	90.00
스크랩 노무비	3	30.00	90.00
물품 재작업 비용	1	100.00	100.00
B. 총불이행 비용			$1,000.00
C. 총구매비 + 불이행비용(A + B)			$6,231.67
D. 공급업체 성과지표(SPI) (C / A)			1.20
E. 서비스 요인 등급			78%

(정성적 혹은 서비스 요인의 총 가능 점수 대비 실 획득 점수 비율)
출처: Handfield 등, 2011 (수정 보완)

표 5-6 비용 기반 시스템 분석 예시2

품목: Integrated Circuit					
파트 넘버	공급업체	단가	SPI	총비용	
04279884	Advanced Systems	$3.12	1.20	$3.74	**
	BC Techtronics	$3.01	1.45	$4.36	
	Micro Circuit	$3.10	1.30	$4.03	
04341998	Advanced Systems	$5.75	1.20	$6.90	**
	BC Techtronics	$5.40	1.45	$7.83	
	Micro Circuit	$5.55	1.30	$7.22	
Service Factor Ratings:					
	Advanced Systems	78%			
	BC Techtronics	76%			
	Micro Circuit	87%			

** 품목별 최저 총비용 공급업체 (총비용 = 단가 x SPI)
출처: Handfield 등, 2011 (수정 보완)

3. 가치 기반 총소유비용(TCO) 분석

가치 기반 총소유비용 분석은 구매가격과 비용을 분석하는데 있어서 단순히 구매단가만을 고려하는 것이 아니라, 구매단가 이면에 숨겨진 기업이 제품/서비스를 생산하고 판매하는데 들어가는 전체 비용 또는 특정 제조/서비스 공급기업과 거래하는데 드는 전체 공급망 비용을 함께 고려한다(그림 5-2).

그림5-2 총소유비용 분석의 고려 항목

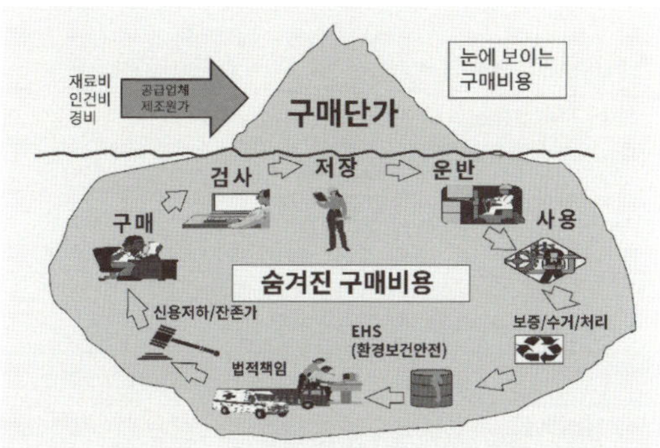

가. 가치기반 분석

총소유비용을 통해서 특정 품목의 비용 대비 편익, 즉 구매품목의 가치(가치(Value) = 편익(Benefit) / 총소유비용(TCO))를 평가할 수 있다. 총소유비용 분석에서는 가치를 평가하기 위해서 순현재가치(Net Present Value, NPV) 분석을 주로 활용한다. 순현재가치는 구매품목으로 인해 발생하는 총편익(미래발생 편익의 현재가치 총합)에서 총비용(현시점 총소유비용 + 미래발생 소유비용의 현재가치)을 차감하여 계산한다. 순현재가치가 '0' 보다 크면 구매가치가 있으며, '0' 미만이면 구매에 대해서 재고할 필요가 있다. (표 5-7)은 총소유비용 분석의 예시이다.

표 5-7 총소유비용 분석 예시

비용 (1,000 PCs)

비용 요소	현재	Year 1	Year 2	Year 3
구매가격:				
- 하드웨어($1,200/PC)	$1,200,000			
- 소프트웨어($450/PC)	450,000			
취득원가:				
- 소싱(2 FTE 직원(1 FTE @ $85,000/년, 1 FTE @$170,000/년– 각 2 개월)	42,500			
- 관리(1 PO @ $150, 12 송장/년)	150	480	480	480
사용비용:				
- 기회비용: 생산성(다운타임: 15 시간/PC/년@ $30/시간)		450,000	450,000	450,000
- 설치비($700/PC)	700,000			
- 장비 지원 ($120/월/PC)		1,440,000	1,440,000	1,440,000
- 네트워크 지원($100/월– 공급업체 견적)		1,200,000	1,200,000	1,200,000
- 품질보증($120/PC, 3년보증)	120,000			
수명만료비용:				
잔존가액(Salvage Value) ($36/PC)				(36,000)
총비용	$2,512,650	$3,090,480	$3,090,480	$3,054,480
현재 가치(present value) @ 12%	$2,512,650	$2,759,799	$2,463,113	$2,174,790

출처: Handfield 등, 2011 (수정 보완)

나. 총소유비용 범주 분류

총소유비용 분석은 구매기업이 공급기업으로부터 구매를 계획하고, 구매실행하고, 사후관리에 이르기까지 물품의 사용 기간 동안에 발생하는 모든 형태의 직·간접비용을 고려하여 계산한 것이다. 다음은 총소유비용의 범주 분류이다.

1) TCO 범주 분류#1

– 구매/취득(Acquisition) 원가: 구매가격 + 기타 취득비용(계획수립, 세금, 파이낸싱)

– 사용(Usage) 비용: 변환/지원(유지보수, 에너지), 기회 비용(차선 물품 사용 비용; 예, 유실판매, 생산성 저하, 다운타임, 품질, 리스크, 공급사슬 등)

– 수명만료(End-of-life) 비용: 잔존가치(Salvage Value)

그림 5-3 총소유비용의 이해 (출처: 노먼그룹)

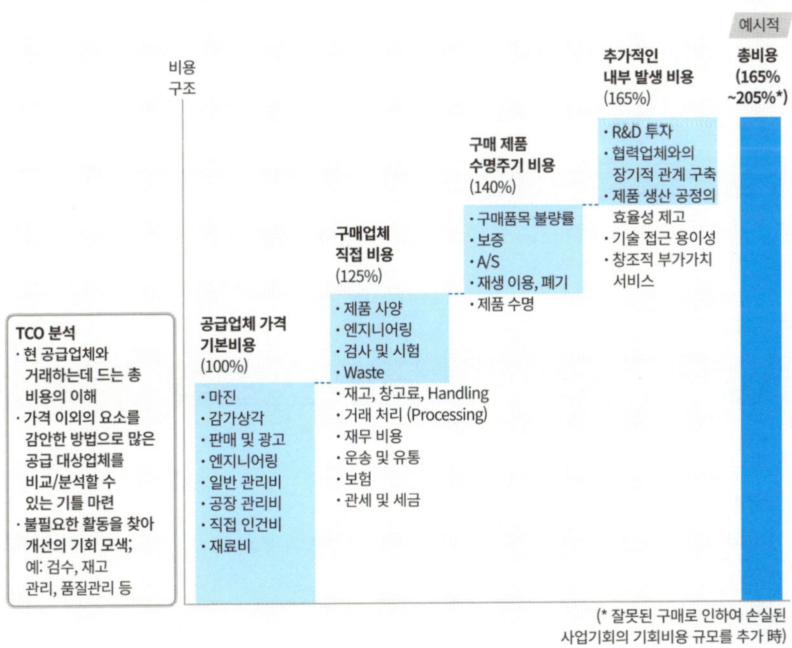

2) TCO 범주분류 #2

– 사전 거래비용: 니즈 인식, 공급업체 조사/적격 심사, 시스템에 공급업체 입력, 공급업체 교육 비용

– 거래비용: 가격, 발주, 관세, 대금 청구, 검사, 반품, 후속 조치 및 정정 비용

– 사후 거래비용: 라인 폴아웃(Line Fallout), 판매 전 불합격품, 현장 실패 및 보수/대체, 품질보증, 고객 불만족/굿윌(Goodwill), 생산물 배상책임, 유지보수, 환경비용

(그림 5-3)처럼 다수의 경우에 취득비용(기본비용)은 총소유비용의 일부분에 불과하다. 따라서 총소유비용에 포함되는 다양한 비용 항목들을 파악하는 것이 매우 중요하다.

다. TCO 기반의 비용 혁신

총소유비용 구성요소는 (표 5-8)처럼 정리할 수 있다. 총소유비용 구성요소 중 상당수는 공급망 내 협력사들과의 공동 개선을 통해 각 비용을 최소화할 수 있다. 공동 개선 활동으로는 생산 계획 공유, 품질 개선 활동, 공정 개선 지원, 기술 지원, 위기관리 능력 지원, 제품 개발에 공급업체 조기 참여, 물류 거점 최적화, 성과 공유 등이 있다. 이러한 개선 활동은 주로 전략 품목에 초점을 두고 1~2개의 일부 협력 공급기업들과 실행하게 된다.

표 5-8 총소유비용 구성요소

구성요소	세부 구성요소
이익	이익
물류비	보관비, 수송비
상각비	공구 상각비, 설비 상각비
관리비	판매 관리비, 본사 관리 부문비
가공비	사외 가공비, 직접 노무비, 설비 가공비
직접 재료비	부문품비, 원재료비, 구입 물류비

출처: Accenture, 2008 (수정 보완)

TCO 기반의 분석을 위해서는 현 공급기업과 거래하는데 드는 총비용의 이해 외에도 가격을 제외한 다양한 요소들을 고려하여 다수의 협력(공급)업체들을 비교/분석 할 수 있는 기준 마련, 불필요한 활동을 찾아 개선기회 모색(예: 검수, 재고 관리, 품질관리 등) 등이 필요하다.

TCO 분석사례

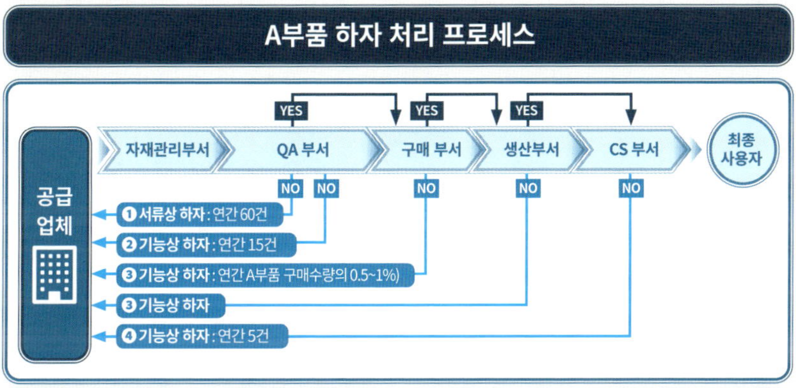

❶ 서류상 하자 비용

■ QA
- 행정서류비용 500만원
  - 성적서 리뷰
  - NCR* 작성

■ 설계
- 행정서류비용 350만원
  - 도면 검토 등

계 약 850만원

❷ 기능상 하자 비용 (QA 단계)

■ QA
- 재검사 비용 480만원
  - 출장검사
  - 상차검사 등
- 행정서류비용 130만원
  - 성적서 리뷰
  - NCR 작성
  - QIP 작성 등

■ 설계
- 행정서류비용 80만원

계 약 690만원

❸ 기능상 하자 비용 (구매, 생산단계)

■ DM
- 행정서류비용 300만원

■ 생산 12,000만원
- 교체비용 400만원

■ 설계
- 행정서류비용 1,200만원
  - 원도면 검토 등

계 약 13,900만원

❹ 기능상 하자 비용 (CS 단계)

■ CS
- 검사 비용 260만원
- 행정서류 비용 230만원
- 재구매/교체비용 750만원

계 약 1,240만원

- 상당 부분을 차지할 것으로 추정되는 서류상 누락된 하자 건수와 최종사용자에서 발생하는 비용을 포함한 총체적 비용에 대한 접근이 요구됨.
- 총체적 비용의 관점에서 A부품 납품 후 발생되는 하자로 인해 추가되는 비용은 B기업 내부 인건비로 한정하여도 연간 최소 약 16,700만원에 달함.

* NCR = Non-Conformity Requirements (불부합사항 시정요구); QIP = Quality Improvement Plan

출처: 노먼그룹

02.
비용관리

구매공급관리자들은 가격/원가/총소유 비용분석과 함께 전략적으로 구매비용을 관리하기 위해서 다음의 사항들을 고려하여야 한다.

- 공급망 내 협력사들과 함께 긴밀하게 관리해야 하는 품목은 무엇이며, 비용절감과 품질 개선을 위해 어떻게 협력해야 하는가?
- 총구매비의 50% 이상을 차지하고 있는 간접구매 비용 관리를 어떻게 해야 하는가?
- 최근 증가하고 있는 서비스 구매 관리를 위한 전략적 방안은 무엇인가?

1. 전략적 공급망 비용 관리

공급망 관리는 원자재를 최종 고객에게 완제품으로 전달하는 과정에서 거래관계로 연관되어 있는 기업의 네트워크와, 여기에 포함되어 있는 자재, 인적자원, 정보, 프로세스 등의 포괄적 관리를 의미한다. ICT 기술의 발달, 공급망의 확대 및 글로벌화, 공급망의 복잡성(Complexity), 변동성(Volatility), 불확실성(Uncertainty)이 증가됨에 따라 공급망 내 기업 간 협력은 기업의 생존을 위한 핵심요소 중 하나가 되었다. (그림 5-4)처럼 구매공급관리 부문에서도 기업 간 협력을 통한 전략적 비용 관리가 매우 중요하다.

구매품목의 전략적 비용 관리를 위해서는 '공급리스크'와 '가치'에 따라서 품목을 구분하여 비용분석 방법과 비용 관리 전략을 차별화할 필요가 있다. (그림 5-5)는 POSCO의 품목 구분에 따른 구매비용 관리의 주요 사항을 설명하고 있다. 가치가 높고 공급리스크가 상대적으로 큰 품목은 전략/핵심 품목

■■ 그림 5-4 전략적 공급망 비용 관리

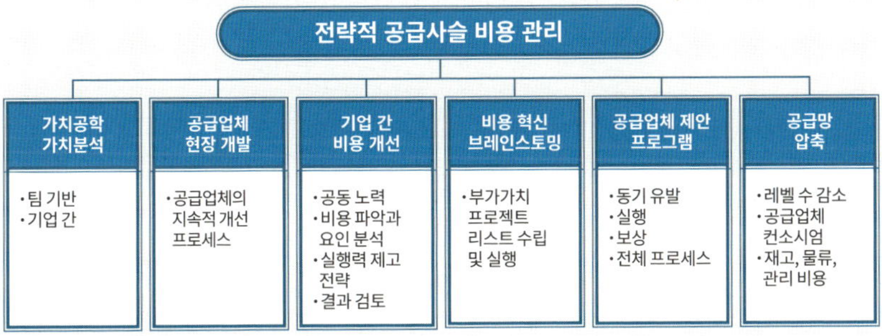

출처: Handfield 등, 2011 (수정 보완)

■■ 그림 5-5 Case: POSCO의 전략적 비용 관리 기반 품목분류 사례

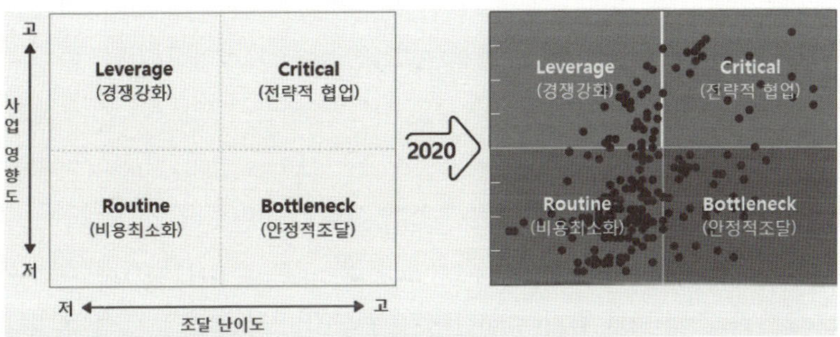

품목분류	특성
Critical (전략/핵심) 품목	- 사업에 필수적인 품목으로 년간 지출 비중 높음 - 공급사가 제한적이고, 전문성을 가지고 있음 - 품질, 규격 문제 존재하며 조달을 위해 일정 기간 lead-time 필요
Bottleneck (병목/안전) 품목	- 상대적으로 소규모의 구매 금액 - 비정기적인 구매 경우가 많은 반면, 수요 발생시 반드시 필요 - 규격 이슈 존재하며 가용 대체품 빈약 - 적절한 공급사가 존재하나 독과점에 가까움
Leverage (레버리지/경쟁) 품목	- 연간 구매금액이 일정액 이상임 - 품질이 매우 중요하나 상대적으로 수월하게 품질관리 가능 - 경쟁 가능한 적절한 수의 공급사 확보 가능
Routine (일반)품목	- 구매금액이 적은 다품종 소량의 비 핵심 품목 - 다수의 경쟁적인 공급사가 존재하여 경쟁관계 형성

출처: POSCO 홈페이지

은 전략적으로 협력이 가능한 주요 협력사들과의 신뢰 관계를 기반으로 총비용 절감을 위해서 상호 노력하여야 한다. 이러한 전략적 파트너들과는 공동으로 프로세스를 개선하고 장기적인 구매관계 형성을 목표로 해야 한다. 병목/안전 품목은 공급기업들이 과점적으로 행동하여 가격 인상의 동인이 있고 따라서 새로운 공급기업을 발굴하기 위한 노력이 요구된다. 레버리지/경쟁 품목은 공급처를 다변화하고 대량구매를 활용하여 구매가격 수준을 낮추기 위해 지속적으로 노력할 필요가 있다. 일반 품목은 표준화된 제품을 주 대상으로 하고 최적화에 기반하여 구매 프로세스를 자동화 간소화하는 것이 중요하다.

2. 간접구매 비용 관리

간접구매 비용은 고객에게 배송되는 제품/서비스의 직접 품목을 제외한 모든 제품/서비스의 구매비로, 총구매비의 50% 이상을 차지하고 있다. 종종 구매공급이 아닌 다른 부서에서 조달하기도 하는데 독단적(Maverick) 구매를 진행함으로써 총체적인 비용관리를 하지 못하는 경우를 주의할 필요가 있다. 최근 간접구매 관련 이슈들은 다양한 제품과 서비스 구매로 인한 간접구매 부문의 성장, 분권적(Decentralized) 스펜드 성향, 직접 품목/서비스 가격에 포함하는 경우의 증가, 비용 압박의 증가, 간접비로의 할당 방법 고려 등이 있다.

가. 간접비용 관리 기법

내적 관리기법으로 데이터 취합과 통합, 책임소재의 재구조화, 조달구매("Procure to Pay") 프로세스의 자동화, 표준화 등이 있다. 데이터 취합과 통합은 다른 사업부에서 같은 제품을 같은 공급업체로부터 다른 가격에 구매하거나, 사업부 간 회계 목적으로 비용이 다른 코드로 처리되거나, 구매공급부서가 아닌 다른 부서에서 종종 분권화된 스펜드를 실행하는 것을 파악하는 것을 의미한다. 책임소재의 재구조화는 철저한 데이터 분석을 통해 권한이 부여되지 않은 소스의 독단적 구매를 방지하도록 간접 스펜드의 책임소재를 결정하고 지휘 감독 계통을 확립하는 것이다. 표준화는 미승인 소스의 전자 카탈로그 액세스를 제한하고, 카탈로그에 없는 모든 구매를 검토하여 임원급 매니저의 승인을 획득하는 것을 통해 전사적으로 간접 스펜드 관리를 통합하는 것이다.

외적 관리기법으로는 역경매, 컨소시엄 구성, 아웃소싱 등이 있다. 역경매는 인터넷을 통해 어디에서나 구매업체와 공급업체의 실시간 소통을 가능하게 하며, 10-20%의 원가 절감을 용이하게 한다. 하지만 오랜 기간 사용은 신중한 접근이 필요하다. 컨소시엄(Consortiums)은 주로 제3자가 여러 조직들의 물량을 통합하여 구매력을 증진하는 것이며 어떤 구매를 활용(레버리지)할 것인지를 결정하는 것이 중요하다. 간접 스펜드 관리 아웃소싱을 위해서는 아웃소싱 업체에 대한 높은 신뢰 수준이 요구된다.

간접구매 비용관리의 핵심요소는 다음과 같다.

- 물류 등 서비스 활동들을 기업 전략에 직접 연계
- 임원(특히 CFO)의 승인/수용(buy-in)을 획득
- 물류 등 간접 스펜딩을 단일 임원 하에 조직화
- 스펜드 데이터 취합을 위한 기술력 사용
- 물류 등 서비스 제공업체의 성과 측정
- 비용절감을 실제 스펜딩과 직접 연결
- 소수의 제공업체와 파트너십 혹은 제휴 관계를 구축하고 스펜드 레버리지
- 벤치마킹과 정기적 성과 검토
- 프로젝트 범위를 설정하고 정기적 진도 관리
- 간접구매 전략(사용자 요건과 기대, 비용 목표 등) 검토와 재평가

나. 서비스 구매

오늘날 기업들은 (그림 5-6)처럼 기계, 원부자재를 구매하는 것은 물론 비용절감과 경쟁력 향상을 위해서 콜센터와 시설물관리와 같은 일반지원 서비스에서부터 광고, 홍보, 벌률 서비스 등의 전문직(Professional) 기능을 필요로 하는 서비스까지 다양한 영역에 걸쳐서 외부에서 서비스를 조달하고 있다. 외부에서 구매조달하는 서비스의 관리의 중요성이 증대하면서 SAP에서는

■ 그림5-6 서비스 구매

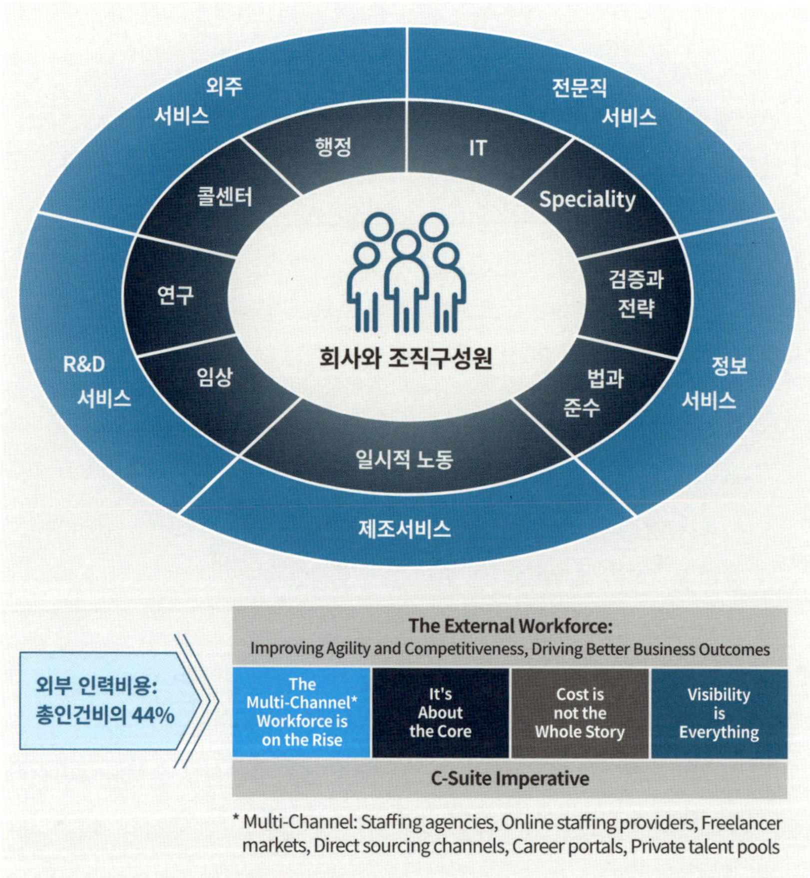

출처: SAP, 2018; Oxford Economics, 2018

(그림 5-7)과 같이 외부인력 관리와 서비스 구매 기능을 지원하고 있다.

서비스 구매의 선정 요인으로는 유형성, 신뢰성, 반응성, 확신성, 공감성과 같은 서비스 품질 요소를 들 수 있으며, (그림 5-8)의 분류에 따라 품질 요소들을 평가할 수 있다. 특히 전문직 서비스 구매를 위해서는 다음의 사항들을 적극적으로 고려하여야 한다.

- 명확한 범위 규정: 제공 서비스, 마일표(중요 단계), 기한, 예산, 책임소재;

그림5-7 SAP의 토탈 텔런트와 스펜드 관리

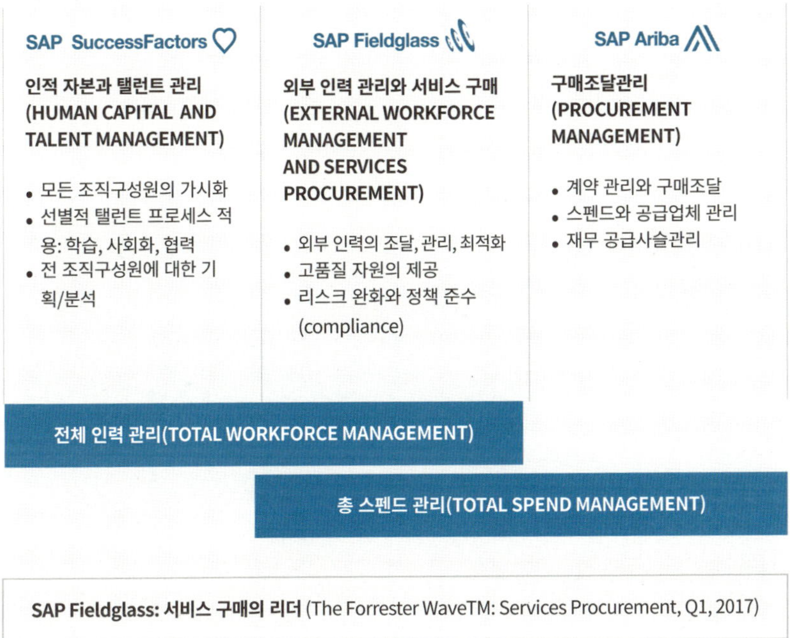

출처: SAP, 2018

보상과 처벌, 리스크 관리, 범위 변화 관리, 기밀유지협약

- 기준(Baseline) 스펜드 결정
- 정책 준수(Compliance) 확립: 내부 사용자의 요건 수용, 포괄적 정책과 지침, 정보시스템과 지식 DB의 최신 정보 유지
- 중앙집중식(Centralized) 구매공급 구조 구축
- 비용절감 아이디어 개발
- 사업부 간 물량 레버리지
- 공급기반 합리화와 최적화
- 선호 공급업체 리스트 DB 구축
- 핵심 공급업체와 긴밀한 협력

- 표준 계약 개발
- 견실한 평가와 선정 절차 수립
- 보다 나은 컨트롤 시스템 실행
- 결과 모니터링결과 모니터링

그림5-8 서비스 초점과 중요성에 따른 서비스 부문 및 품질 항목

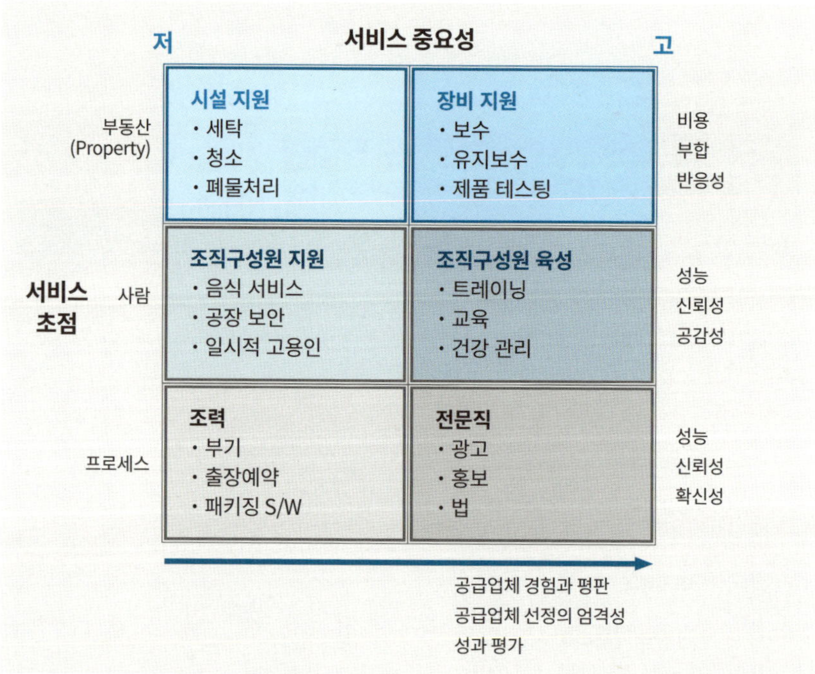

출처: Fitzsimmons & Fitzsimmons, 2013

Chapter 06

협상과 계약 관리

일반적으로 구매에서 일어나고 있는 중요한 업무 중 협력사와 진행해야 하는 것이 바로 협상과 계약이다. 사람들이 살아가면서 다양한 결정의 순간을 맞이한다. 이러한 결정을 위해서 사람들은 스스로 혹은 상대방을 설득하거나 협상을 하게 된다. 예를 들어, 물건을 구매하기 위해 누군가를 설득하고 협상을 해야 하는 사적인 영역부터 비즈니스와 관련된 공적인 영역까지 광대한 분야에서 협상이 진행되고 있다. 그럼 협상은 어떻게 하는 것인가 대한 궁금증을 해소하기 위해 이 장에서는 협상의 원리, 전략과 전술, 특수 관계의 협상에 관한 내용을 담았으며, 또한 협상 후 어떤 계약을 진행해야 하는지를 파악하기 위해 계약 관리의 핵심 요소와 원리에 대한 총체적 이해를 증진시키고자 한다.

01. 심리게임, 협상을 즐겨라

최근 들어 물가 상승으로 식료품 가격들이 줄줄이 인상되고 있어, 식료품 가게 가서 물건을 사는 것이 정말 부담스럽다. 그래서 한 부부는 재래시장에 있는 생선가게에 가서 맛이 좋은 제철 생선을 사려고 가격을 문의하니 생선 5마리 가격이 35,000원이라고 한다. 부인은 너무 비싸다고 이야기를 하며 생선가게를 나가려고 하자, 가게 주인은 원하는 생선 5마리와 덤으로 다른 생선 2마리를 줄 테니 35,000원에 사가라고 제의를 하였다. 이에, 이 부부는 고민하더니 안 사고 다른 생선가게에 가겠다고 한다. 그리고 부부는 만약 다른 생선 3마리를 주면 35,000원에 사겠다고 가게 주인에게 제안을 하니, 가게 주인은 알 수 없는 듯한 표정으로 그렇게 하겠다고 한다. 가게 주인과 이 부부 둘 중 누가 더 협상을 잘 했을까? 겉으로 판단하기에는 부부가 덤으로 생선 3마리를 더 받았으니 더 잘한 것같이 보이지만, 가게 주인이 오히려 협상을 잘했다고 판단 할 수가 있다. 다른 생선이 잘 팔리지 않아서 오랫동안 재고로 갖고 있으면 팔지도 못하고 버리는 경우가 많은데 이 부부로 인해 재고를 처분할 수 있는 기회를 얻게 되었으며, 후한 인심으로 이 부부는 단골이 될 가능성을 열어두게 되었기 때문이다. 이미 생선가게 주인 분은 고객의 심리를 잘 파악하여 고객을 내 편으로 만드는 게임에서 우위를 점할 수 있었다.

1. 협상이란

한 가지 사례를 살펴보자. 오랜만에 초등학교 동창생 모임이 있어 참석하게 되었다. 커피를 마시면서 즐겁게 이야기하는 동안에 내년도 모임을 펜션을 빌려서 다 같이 동창회 모임을 하면 어떨까 하는 주제가 나와 모두 흔쾌히 좋아했다. 그러나 장소를 어디서 하느냐에 대한 생각들의 차이가 있었는데, 다들 본인들이 가고 싶은 장소를 이야기하면서 설득하기 시작했으나 설득력이 없었다. 그런데 이 중 한 친구는 본인이 가고 싶은 곳을 마치 프레젠테이션을 하듯이 상세히 설명하였고 마치 모든 친구가 그곳을 가고 싶을 정도로 홍보했으며 마침내 친구들은 설득당했다. 그런 후 모든 친구는 이 친구가 설명한 펜션을 최종적으로 선정하였다.

위 사례와 같이, 협상은 상대를 내 편으로 만드는 심리 게임이다. 협상은 원하는 것에 대해 다른 생각을 갖는 사람(또는 기업)과의 차이를 해결하기 위한 방법이다. 즉, 상호 간에 만족스러운 협의에 이르기 위해 함께 의견차를 줄여가는 방법이라고 할 수 있다. 협상은 가치에 대한 프로세스지만 가격이나 재물에 대한 프로세스는 아니다. 많은 사람들이 이 부분에 있어 잘못된 인식을 갖고 있다. 물론, 가격이나 돈에 대한 협상 또한 필요하다. 그러나 가격이나 재물이 유일한 협상의 대상이 될 수는 없다. 우리는 그 가치에 대해 협상을 해야 한다. 많은 사람들이 협상을 시작하기 전에 포기하는 경우가 있다. 이유는 상대방이 너무 강하다고 생각하기 때문이다. 그러나 그것은 옳지 않다. 모든 대상은 협상이 가능하다. 상대방이 강하면 그에 맞는 전략과 전술을 통해서 협상을 할 수가 있다.

가끔씩 사람들은 흥정(Bargaining)과 협상을 구분하지 않고 사용한다. 예를 들면, 시장이나 마트에 가서 원하는 제품을 사려고 할 때 "가격을 흥정한다"라고 말하지 "협상을 한다"라고는 하지 않는다. 과연 흥정은 어떤 의미일까? 국어사전에는 "흥정은 물건을 사거나 팔기 위하여 품질이나 가격 따위를 의논하다"라고 정의되어 있다. 일반적으로 흥정은 가격이라는 한가지 기준으로 밀고 당기고 한다. 그래서 한가지 기준으로 거래를 하면 필연적으로 한쪽은 기대만큼 얻게 되나 다른 한쪽은 잃을 수밖에 없는 제로섬(Zero-Sum) 게임으로 귀결된다. 그러나 협상은 다르다. 협상은 위에서 설명한 대로 적어도 둘 이상의 거래 조건들을 협상 테이블 위에 올려두고 상호간에 만족스러운 협의에 이르기 위해 함께 의견 차이를 줄여가는 노력을 한다. 서로 같은 유형의 거래를 하더라도 누군가 흥정 수준의 거래 즉 제로섬 게임하고, 누군가는 거래의 가치를 키워 서로가 만족할 수 있는 수준의 거래를 이끄는 협상 수준의 거래를 한다. 이처럼 흥정과 협상은 명백히 구분되어 사용되어야 한다.

2. 협상은 어디서나 존재한다.

우리의 일상은 '협상'의 연속이다. 격식을 갖춘 비즈니스 협상은 물론이고, 카센터에 자동차 수리를 맡길 때, 식료품 가게에서 물건을 살 때, 자녀들과 부모님과의 텔레비전 채널 선택권을 쟁탈전할 때 등 모두 협상의 대상이다.

협상의 정의에서 언급한바, 상호 간의 의견 차이가 있는 곳이라면 어디서든지 협상은 이루어질 수 있으며, 누구와도 협상을 진행할 수 있다. 즉 친구, 부모님, 친척, 직장에서의 상사 및 선·후배 사이에도 협상은 이루어진다. 협상은 어디서나 존재하지만 협상을 유리하게 진행을 위해서는 적합한 환경인지 살펴야 한다. 만약 협상이 필요 없는 환경에서 협상이 진행될 경우는 오히려 실패할 경우가 발생한다. 예를 들면, 누구나 만들 수 있으며 동일한 조건의 자재를 구입하려고 할 때, 협상보다는 경쟁 입찰이 더 효과적일 수도 있다. 그 이유는 공급업체와의 계약에서 제일 중요한 것이 가격이고 그 외 조건들은 동일하기 때문에 최저가형 공급업체가 선정될 가능성이 농후하다.

협상은 어디서나 존재하기 때문에 환경에 따라 다양한 조건들이 있을 수 있다. 이러한 조건들이 중요하다면 협상이 필요하다. 예를 들면, 가격보다는 여러 다양한 조건과 사후 서비스 등 고려해야 할 사항이 많을 경우, 협상이 필요할까? 그렇다! 여러 다양한 조건과 사후 서비스에 대해서 구매업체가 필요한 조건 외의 조건을 공급업체가 추가할 경우에도, 또 이러한 불필요한 조건을 제거할 경우에도 협상은 발생할 수 있다. 그렇다면 어떤 경우에 협상이 선호될까?

3. 협상의 선호 조건

기업의 여러 조직에서도 협상이 이루어질 수 있다. 그러나 공급업체 또는 고객 등 외부와 협상하는 조직은 구매와 영업/판매 조직일 것이다. 이 중 구매부서의 협상은 제품 사양, 가격, 물량, 품질, 납기, 서비스, 공급업체와의 협력 관계에 대한 상호 만족할 만한 합의를 도출해야 한다. 의례적 흥정이나 단체 교섭 혹은 외교적 협상이 아니다. 또한 시간, 정보 및 상호 의존적 개인들과 조직들 간의 파워(Power)관리를 수반해야 하며, 설득력과 협상 스킬을 훈련하는 것이 중요하다. 이처럼 협상의 선호 조건이 반드시 있다. 선호 조건이 어떤 경우가 있는지 살펴보자.

가. 경쟁(둘 이상의 적격 공급업체)의 부족 할 경우

둘 이상의 적격한 공급업체가 있을 경우에 경쟁 입찰을 통해서 구매 단가를 결정할 때 사용하는 방법이다. 그러나 단일 소싱이나 공급업체 결탁이 존재할 경우에는 협상을 통하여 충만한 협의를 하여 양 사가 윈-윈(win-win)할 수 있도록 해야 한다.

나. 구매/판매업체의 높은 불확실성이 존재 할 경우

협상된 커미트먼트(Commitment)의 미 준수, 공급 부족, 주요 생산업체의 부재 등으로 인해 불확실성에 대한 다양한 대비책을 수립해야 할 경우 협상을 통해서 공급업체와 다양한 경우를 고려해야 한다.

다. 큰 계약 총액/물량 구매 할 경우

가격보다는 계약에 대한 여러 가지 다양한 조건을 고려해야 하는 자본집약적 공장과 장비를 구매할 경우는 여러 가지 다양한 조건에 대해서 충분한 협의를 해야 함에 따라 협상이 우선적으로 이루어져야 한다.

라. 불명확한 제품 사양/업무기술서 등 복잡한 조건이 존재 할 경우

복잡한 기술 요건, 신규 제품/프로세스 요건 및 사양 등 기술 규격이 고정된 것이 아니라 추후에 규격의 변화와 개선이 요구되거나 복잡하고 불명확한 사양들이 내재되어 있는 경우는 협상을 통해서 이러한 복잡한 조건들에 대해 공급업체와 충분한 협의가 이루어져야 한다. 그렇지 않을 경우에는 계약을 작성할 때 많은 어려움이 발생할 것이고 계약이 성사되기 어렵게 될 것이다.

마. 특수 관계나 협력적 관계(Partnership)를 수반해야 하는 계약이 존재할 경우

중요한 부가가치 활동을 수행한 공급업체와의 계약 또는 생산/서비스 역량이 우수한 업체와의 구매 계약 등과 같이 공급업체와 지속적으로 계약이 필요할 경우는 경쟁 입찰을 통해서 진행하는 것보다는 협상을 통해서 장기적인 관계를 역설함으로써 윈-윈할 수 있도록 해야 한다.

바. 총소유비용(TCO), 품질, 장납기 자재, 서비스 등 필요할 경우

최저 구매단가보다는 물량 보장, 장기 계약, 파트너십 등을 활용한 가격 할인이나, 총소유비용(TCO) 관점에서 원가를 절감하기 위해 공급업체와 협업을 유도할 경우에 협상을 통해서 충분히 협의하여야 한다. 또한 커넥터(Connector) 등 장기 리드타임이 필요한 반도체류 제품을 구매할 경우 또는 긴급성을 요하는 경우는 반드시 협상을 통해 충분한 협의가 필요할 것이다. 또한 24시간 핫라인, 비상 운송서비스, 엔지니어링 지원 등 다양한 조건의 서비스를 이용할 경우에도 충분히 고려하여 협상을 해야 한다.

4. 무엇을 협상할까

아빠는 아들 생일이라 장난감을 사줘야겠다고 생각하여 아들과 함께 장난감 가게에 갔다. 장난감 가게에 간 아들은 눈이 휘둥그레지게 환한 미소를 지으면서 원하는 장난감을 만지며 좋아했다. 반면에 아빠는 많은 장난감에 놀랐고 가격을 보니 조금 부담감을 가지게 되었다. 장난감 가게를 둘러본 아들은 원하는 장난감이 많아서 본인이 제일 좋아하는 장난감 4개를 들고 와서 사달라고 했다. 아빠는 장난감 4개의 가격을 보자 당황하면서 어쩔 줄을 몰라 했다. 가격이 생각했던 것보다 엄청 비쌌다. 이에 아빠는 다른 장난감 가게에 가 보자고 아들에게 얘기했으나, 아들은 다른 가게는 싫고 여기서 4개를 사달라고 조르기 시작했다. 아빠는 아들이 조르는 바람에 당황하여 4개 중 1개만 사줄테니 고르라고 말했으나, 아들은 4개를 사달라고 졸랐다. 아빠는 아빠의 사정을 아들에게 얘기하고 1개만 고르면 다음에 나머지 3개를 사주겠다고 약속했다. 그러나 아들은 곰곰이 생각하다가 4개 대신 3개를 사 달라고 했다. 아빠는 다시 한 번 아들을 설득하기 시작했다. 그런 후 아들은 4개 중에서 제일 좋아하는 2개만 사달라고 하면서 아들이 제일 좋아하는 초콜릿케이크를 사 달라고 했다. 아빠는 그제서야 아들에게 장난감 2개를 사주고 아들이 제일 좋아하는 초콜릿케이크를 사주기로 타협을 봤다.

위의 이야기에서 아빠와 아들 중 누가 더 이익을 얻었을까? 과연 두 사람은 윈-윈 했을까? 이처럼 우리 일상생활에서도 협상이라고 말하지는 않지만 이러한 협상이 자주 일어나고 있다. 위와 같은 일뿐만 아니라 사무실에서 상사 또는 부하직원들과 협상하기도 하며, 고객 또는 공급업체와 협상을 하기도 한다. 또한 부부끼리 영화를 보러 갈 때도, 친구끼리 밥 먹는 장소를 결정할 때도 협상은 발생할 수 있다. 어디서든, 어떤 목적을 위해서든 항상 발생하게 된다. 그래서 협상의 범위와 대상은 다양하다.

02.

게임을 즐기기 위한 사전 준비

이벤트를 진행할 경우 사전 준비를 하듯이 협상이라는 게임을 즐기기 위해서는 사전 준비가 필요하다. 특히, 협상이라는 게임은 사전 준비 없이는 실패할 확률이 100%이다. 따라서 사전 준비는 협상에서 아주 중요한 프로세스이다.

1. 협상 프로세스 원리 : 삼각 대화법

성공적인 협상을 위한 가장 중요한 요소는 사전에 협상을 준비하는 것이다. 우리가 잘 알고 있는 손자병법(孫子兵法)에는 "지피지기 백전불태(知彼知己 百戰不殆)"라는 명언이 있다. 즉 적과 나의 상황과 능력을 알고 싸우면 백번 싸워도 크게 위태롭지 않다는 의미이다. 저자는 협상을 강의할 때마다 이 말을 화이트보드에 적는다. 이 말은 전쟁터에 나가기 전에 적의 상황을 이해하고 이에 맞는 전략과 전술을 세우고 우리의 상황과 능력을 판단한 후에 적과 싸워야 한다는 이야기로 협상에서 꼭 필요한 말이다. 이제 협상 프로세스 원리인 삼각대화법(표1-1)에 대해 살펴보자.

가. 내가 원하는 것을 정확하게 파악하라

첫 번째로 준비해야 하는 것은 협상에서 내가 무엇을 얻고자 하는지에 대한 협상의 목표를 수립하는 것이다. 예를 들면, 긴급 자재가 필요할 경우에는 빠른 시간에 자재를 받기 위한 목표로 협상을 해야 할 것이고, 또한 많은 부품을 저렴하게 구매하고자 할 때는 가격절감을 목표로 협상을 진행해야 한다. 목표는 협상에서 내가 얻으려고 하는 것이 막연한 것보다는 구체적이고 계량 가능한 것으로 수립하는 것이 효율적이다. 달성할 수 없는 목표나 단순하게 최선을 다하겠다는 어렴풋한 목표를 세우는 것은 목표를 수립할 의미가 없거나 내가 얼마만큼 목표를 달성했는가를 평가하기가 어렵기 때문이다.

두 번째로, 목표를 세웠으면 전략과 전술을 수립해야 한다. 전략은 협상을 하기 위한 기본적인 태도와 관점이라고 할 수 있다. 협상을 단기적인 관점으로 볼 것인지, 아니면 나의 지속적인 파트너로서 장기적 관점으로 볼 것인지를 고려해야 한다. 예를 들면, 자동차 한 대를 구매하고자 한다면, 내가 매년 차를 구매하지 않는 이상 단기적인 관점에서 자동차 딜러와 협상해야 한다. 이런 경우에 자동차 딜러를 가능한 한 강하게 압박하여 많은 이익을 얻도록 모든 최선의 노력을 해야 한다. 그러나 만약 반기별 혹은 매년 자동차를 여러 대 구매해야 한다면, 장기적인 관점에서 자동차 딜러와 협상해야 한다. 이런 경우에는 자동차 딜러가 필요한 부분을 양보하거나 최대한 자동차 딜러의 마음을 이해하려고 노력하여 앞으로 내가 많은 이익을 얻도록 노력하는 것이 좋은 전략이다. 전략이 세워지면 전술을 수립해야 한다. 전술에는 나의 협상 스킬과 수준, 기업 현황을 파악할 필요가 있다. 기업의 현황을 파악하고 이에 맞는 협상 방법을 수립하고 이에 따라 협상 스킬과 수준을 어떻게 할지 고민해야 한다. 예를 들면, 자재를 구매하기 위한 협상이라면, 우리가 가지고 있는 자재 재고가 얼마나 되는지, 자재가 필요한 시점이 언제인지, 현재 이 자재의 가격은 얼마나 되는지, 내가 얼마만큼 원가절감을 해야 하는지 등을 파악해야 하고, 이에 맞는 나의 협상 방법을 찾아야 한다. 즉 자재에 대한 기술적 특성, 새로운 기술 방법, 수급 상황, 시장 가격 변동 추세 등에 대한 정확한 정보를 파악하고 이러한 내용을 활용하여 먼저 공격을 할 건지 아니면 방어를 할 건지 등 어떤 방법으로 협상을 진행해야 할지를 찾아야 한다. 이 외에 협상 시간과 협상 준비 계획도 중요하다. 협상을 상대방이 있는 곳에서 할 것인지 아니면 내가 원하는 장소에서 할 것인지, 시간은 어느 정도를 예상할 것인지, 또한 협상 테이블에 누가 갈 것인지, 몇 명이 가야 할 건지도 사전에 파악해야 한다. 저자의 경험상, 협상은 내가 원하는 곳이 심리적으로 안정감이 있었고, 협상의 목표와 전략에 맞게 협상 인력을 협상 테이블에 배치하는 것이 좋았다.

나. 상대가 원하는 것을 정확하게 파악하라

내가 원하는 것을 정확하게 파악했다면, 상대가 협상 테이블에서 얻고자 하는 것도 정확하게 파악해야 한다. 여기서 명심할 것은 협상의 궁극적인 목표는 상대방을 설득하여 내가 원하는 방향으로 유도하면서 상대도 만족하게 하는 것이다. 이를 위해서는 첫 번째로 준비해야 하는 것은 상대의 니즈와 원하는 것을 식별해야 한다. 상대도 협상에서 얻고자 하는 것이 분명히 있다. 이러한 것을 가능한 한 빨리 인지하고 이에 대응할 수 있도록 준비해야 한다. 만약에 상대는 이번 협상을 통해서 지속적인 거래를 원하고 있으나 이러한 내용을 알지 못하고 협상에서 강압적으로 협상을 진행한다면, 협상은 결렬되기 쉬울 것이다. 그러나 사전에 상대가 지속적인 거래를 원하다는 사실을 알아차리고 장기적인 관점에서 협상 전략을 수립하고 진행한다면 성공적인 협상이 될 것이다.

두 번째는 상대 포지션(Position)의 기저(Base)에 깔린 관심사를 추정해야 한다. 상대가 왜 이러한 요구를 하는지, 그들의 주장 뒤에 숨어 있는 의도, 니즈 및 관심사가 무엇인지를 알면 좀 더 유리한 협상이 된다. 예를 들어, 화창한 주말에 한 부부가 브런치를 먹기 위해 집 주위 카페에 갔다. 많은 손님들이 있었고 빈 테이블에 가서 앉아 크랜베리 치킨 샌드위치와 커피, 오렌지 주스를 주문했는데, 카페 점원이 이 샌드위치는 대표메뉴라 다 팔려서 없으니 이 샌드위치를 원하면 다른 카페에 가라는 것이다. 그래서 이 부부는 그 카페에서 나와 버렸다. 이 부부는 과연 크랜베리 치킨 샌드위치를 원했을까? 크랜베리 치킨 샌드위치를 주문한 것은 이 부부의 포지션(Position, 즉 협상 테이블에 직접 등장하는 내용)이다. 그런데 이 부부는 왜 대표메뉴를 주문했을까? 배가 고파서 대표메뉴이니까 빨리 나오니까 달라고 한 것은 아닐까? 그렇다면 주문하면서 "배고프니 빨리 나올 수 있는 샌드위치 주세요" 라는 니즈 또는 관심(interest)이 숨어 있지는 않았을까? 만약 카페 점원이 이러한 의도를 알고 이 부부에게 "많이 배가 고프시군요! 크랜베리 치킨 샌드위치는 대표 메뉴라 다 팔리고 그 다음 잘 팔리는 에그 감자 샌드위치가 있는데 금방 만들어 드릴수 있는데 드릴까요"라고 답변을 했다면, 그들은 카페 점원의 상황을 듣고 나서 에그 감자 샌드위치로 주문을 했을 것이다. 이처럼 상대의 모든 포지션(Position)에는 반드시 숨어있는 의도, 니즈 또는 관심이 있다. 이러한 것을 찾아내어 협상을 진행하는 것이 성공적인 협상을 이끌어 낼 수 있는 중요한 방법이다.

세 번째는 상대가 똑같이 생각할 것이라 기대하지 말아야 한다. 고사성어 중 "장님, 코끼리 만지기"라는 이야기는 모든 사람이 동일한 생각을 할 것이라는 어리석음에 대해서 말하고 있다. 즉 모든 사람들은 각자 보는 방법 및 시선에 따라 다른 생각을 갖고 있다. 특히, 협상에서는 더더욱 그러하다. 그러므로 철저히 상대의 전략이나 원하는 것에 대해 정확하게 파악하는 것이 중요하다.

다. 상대가 수용하도록 실천(Action)을 제안(Propose)하라

내가 이번 협상에서 원하는 것과 상대방이 원하는 것을 인지하였다면, 상대가 이번 협상을 수용하도록 유도해야 한다. 유도하기 위해서 어떻게 해야 할까? 첫 번째로 상대 니즈(욕구)의 관점에서 나의 니즈의 형태(Frame)를 만들어야 한다. 앞서 언급한 바와 같이 상대가 이번 협상에서 어떤 니즈가 필요한지를 파악하고 그것을 정확하게 나의 니즈에 반영하는 것이다. 앞서 예를 보면, 브런치를 먹기 위해 카페에 갔던 부부의 포지션은 크랜베리 치킨 샌드위치이었지만, 그들의 니즈는 배가 고파서 무엇인가 빨리 먹을 수 있는 샌드위치였다. 카페 점원이 이것을 알아채고 에그 감자 샌드위치를 소개했다면 그들의 니즈를 채울 수 있었을 것이다. 그리고 카페 점원 입장에서는 에그 감자 샌드위치를 하나 더 팔게 되어 매상을 올릴 수 있게 될 것이며, 손님을 앞으로 단골 고객으로 맺게 될 가능성이 높아졌을 것이다. 협상에서도 마찬가지로 상대 니즈를 파악하고 그에 맞는 부분을 준비하고 제안한다면 성공적인 협상이 될 것이다.

두 번째는 상대가 협상 내용과 제안에 대해 긍정적인 태도를 보일 수 있도록 쉽게 진행해야 한다. 협상은 앞서 이야기했듯이 상대를 내 편으로 만드는 심리게임이다. 심리게임에서 어렵게 게임을 이끌어가다 보면 오히려 상대에게 휘말리어 게임을 어렵게 진행하게 되거나 혹은 게임에서 지게 되는 경우도 종종 보게 된다. 이처럼 협상 역시 내용을 어렵게 진행하다 보면 협상이 결렬될 가능성이 크다. 그러므로 상대가 긍정적인 태도를 가지고 협상을 수용할 수 있도록 행동(Action)을 제안해야 한다. 마지막으로, 협상에서 제일 중요한 것은 공정하고 유연하게 합리적으로 진행하는 것이다. 만약 내가 유리한 방향으로 이끌기 위해서 공정하지 않거나 합리적이지 않다면 협상은 반드시 결렬될 것이다.

■ 그림 6-1 협상프로세스 원리: 삼각대화법

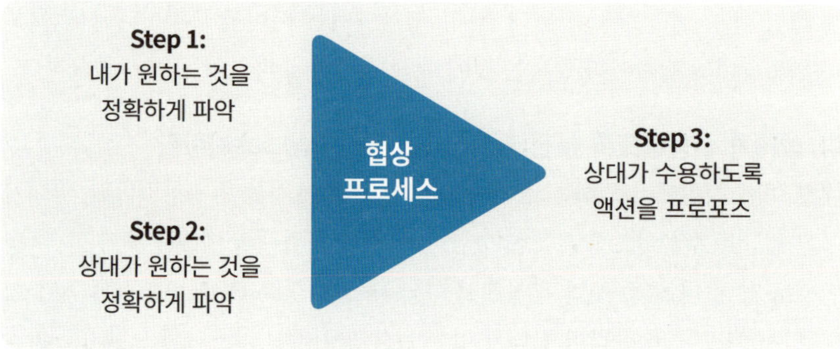

2. 게임의 원리(정보)와 전술을 찾아라

협상의 프로세스인 삼각대화법을 이해했다면, 성공적인 협상을 위해서 협상 프로세스를 구축해야 한다. 이를 통해서 협상의 원리와 정보를 공유하고 전술을 찾아내야 한다. 따라서 협상 리더가 협상 프로세스를 잘 이해하는 것은 매우 중요하다. 물론 기업이나 협상 종류에 따라 협상 프로세스는 달라질 수 있다. 그러나 기업에서는 기본적인 협상 프로세스를 만들어 협상 참여자들에게 공유할 필요가 있다.

가. 협상 프로세스를 구축하라

협상은 한번 성공했다고 해서 다음에도 성공한다는 보장은 없다. 따라서 협상 성공 가능성을 높이기 위해서는 기본적인 협상 프로세스를 구축하는 것이 필요하다. 협상 프로세스는 (그림6-2)에 나타난 기본적인 7단계로 구분할 수 있다.

■ 그림 6-2 협상 프로세스

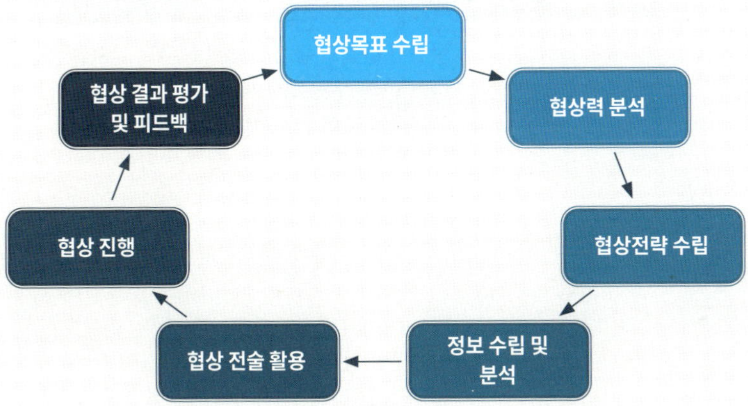

나. 협상 요소와 전술을 찾아라

성공적인 협상을 위해 체계적인 사전 준비가 중요하지만, 철저히 준비한다고 해도 실제로 협상 테이블에 앉으면 내가 원하는 것을 얻지 못할 경우가 발생한다. 따라서 협상을 유리하게 진행할 수 있는 기술이 필요하다. 그렇다면 협상에서 유리하게 진행할 수 있는 전술은 어떤 것이 있을까?

먼저 협상에서 꼭 필요한 3대 요소(표6-1)를 알아보자. 첫 번째 요소는 파워(Power)로, 구매업체와 공급업체 사이에 누가 더 파워를 가지고 영향력을 행사할 수 있느냐이다. 예를 들면, 유일 또는 독점(sole) 공급업체와 협상할 경우, 공급업체의 파워가 협상 테이블에서 영향력을 더 행사할 수 있어 공급업체가 유리한 위치에서 협상할 수 있다. 따라서 구매업체는 가능한 한 공급시장에서 다수의 공급업체가 존재하는 상황을 들어 유리한 협상을 이끌어낼 수 있다. 두 번째는 정보(Information)로, 협상을 진행하는 동안 필요한 정보를 누가 먼저 많이 확보하느냐이다. 구매업체가 공급업체의 강점, 약점, 필요한 요구 사항 등을 미리 알고 협상에 들어간다면 구매업체가 매우 유리한 위치에서 협상할 수 있다. 그러나 구매업체가 준비한 정보가 정확하지 않거나 과거 정보를 수집해서 협상한다면, 협상에서 유리한 위치를 점하지 못할 것이다.

표 6-1 협상 3대 요소

요소	내용	의미
파워(power)	합법적 파워	• 정보적 파워의 특수 형태로 전문적 가치가 검증된 자격 인증(credentials) • 포지션에 대해 반박/부인할 확률을 감소 • 당신의 주장에 합법성이 실리게 하라
	전문적 파워	• 전문가에 대한 신뢰와 존경 • 협상대상에 대한 전문가라고 상대방이 인식하게 하라
	커미트먼트(commitment) 파워	• 협상팀(여러 사람 참여)으로써 얻는 힘 • 위험을 협상팀 인원들과 함께 나눠라 • 협상팀은 일치된 의견이나 헌신이 필요
	보상적 파워	• 가치있는 보상을 통한 직접적 컨트롤
정보	필요한 정보	• 원가 및 가격정보 • 공급업체의 최근 재무적 상황 정보 • 시장 정보 • 공급업체의 강점 및 약점 관련 정보 • 공급업체의 협상담당자 정보 • 협상 결렬 시 공급업체의 대안 관련 정보
시간	Time Manipulation	• 마라톤 세션: 누가 더 시간적인 제약이 있나? 누가 더 인내하는가? • 끈질김(Persistence): 시간이 많으니 목표 달성까지 협상을 진행한다 • 빠른 의사결정을 위한 시간적 압박

그래서 정보를 확보할 경우, 최대한 최신 정보를 준비해야만 한다. 세 번째는 시간(Time)으로, 협상 준비 시간과 마감 시간으로 나눌 수 있다. 협상 준비시간이 짧을수록 유리한 협상을 이끌어 내기가 어렵다. 대부분의 기업에서 구매부서가 공급업체와의 협상을 위해 개발, 품질, 생산 부서 등과 함께 사전 준비를 할 때, 이들 부서들이 다른 업무에 바빠서 준비할 시간이 없거나 게을리할

경우는 협상에 실패할 가능성이 상당히 높다. 또한 협상 마감 시간도 촉박할수록 불리하다. 그래서 구매업체가 공급업체의 마감 시간을 알아낸 후에 이를 이용한다면 협상에서 매우 유리한 위치를 점할 수 있다. 이는 시간이 촉박하면 당연히 선택의 폭이 좁아지고, 구매업체가 공급업체에게 빠른 의사 결정을 위한 시간적 압박을 가할 수 있기 때문이다. 저자가 반도체 칩셋을 구매하기 위해 외국 업체와 협상할 기회가 있어서 반도체 업체가 있는 샌디에이고에 갔었고, 호텔 체크인을 하였다. 그런 후에 협상 테이블에 갔을 때 아이스 브레이킹(ice breaking)을 하는 동안에 공급업체 임원은 "한국에서 여기까지 오느라 고생하셨습니다. 여러 업체와 함께 협상하시겠어요?"라고 물었고, 우리 협상팀 중에 한명이 "네, 일주일 동안에 3개 업체와 협상을 할 예정인데 이틀에 한팀씩 만날 예정입니다"라고 답변을 했다. 그런 후, 협상이 시작되었으며, 협상은 점점 진전이 되지 않았고 계속 지연이 되었다. 그러고 2일 후에 공급업체는 협상 타결의 압력을 가해왔다. 우리는 다음 공급업체와 협상 일정이 있어서 어쩔 수 없이 많은 것을 양보할 수밖에 없었던 협상이 되고 말았다. 공급업체 임원은 아이스 브레이킹을 하는 동안에 우리가 일주일에 3개 업체와 협상한다는 사실을 알았고 언제 돌아갈 것을 예측했으며 이를 통해서 우리의 일정을 가지고 시간이 촉박함을 이용하여 협상 타결을 압박했었다. 저자는 그때 많은 것을 배울 수 있었다.

표6-2와 같이 협상의 전술은 내부적 전술과 외부적 전술 두 가지로 나눌 수 있다. 내부적 전술은 협상 전에 준비하는 과정이라 볼 수 있다. 준비된 협상 내용을 각 부서 임원으로 구성된 심사위원회(murder board) 앞에서 발표하여 피해야 할 문제를 파악하고 모의 협상(mock negotiation)을 통해 협상을 준비 및 훈련을 하고 이러한 훈련을 통해서 미비한 점이나 과도한 내용 및 행동을 모니터링하여 피드백을 받아볼 수 있다. 또한 토론이슈(주요이슈, 어려운 이슈, 쉬운 이슈)에 대해서 순위를 정하는 것이 좋다. 이는 누구와 어떤 협상을 하는가에 따라 협상 순위를 정하는 것이 좋다. 외부적 전술은 협상 테이블에서 협상을 유리하게 이끄는 전술로, High Ball/Low Ball, Bogey, Nibbling, Door Knob 등 다양한 기법을 포함한다.

표 6-2 협상 전술

	전술	내용
내부적	발표 연습하라	• 연습을 실제처럼, 실제를 연습처럼 하라. • 발표는 협상의 첫걸음이다. 실수를 최소화하라.
	모의 협상	• 모니터링을 통해 피해야 할 문제를 파악하고 준비하라. • 압박 실험으로 전략을 평가하라.
	토론 이슈	• 이슈에 대해 협상팀과 토의하라. • 항상 일치된 의견과 결론을 확보하라.
외부적	고가/저가 제안 (High ball/ Low ball)	• 얻을 수 없게 높거나 낮은 오퍼에서 협상을 시작하라. • 그런 후 조건에 맞춰 양보하여 원래 목표 가격에 도달하거나 상대방의 전환비용이 높아지게 만듦.
	보기(Bogey)	• 상대방의 요구에 응하고 싶으나, 장해물(여건, 상황, 사람)로 인해 요청을 받아들이기 어렵다고 역설함. • 어떤 것(가격)을 제외하곤 모두 좋다.
	니블링 (Nibbling)	• 구매업체 또는 공급업체에게 별로 중요하지 않은 것을 덤으로 주거나 받음; 예, 신규 핸드폰 구입 시, 케이스 및 액세서리 요구
	제한된 권한 전술	• 협상에서 이유있는 거절, 시간 및 여유 확보를 위한 제한된 권한을 이용; 예, 조건, 기준, 정책(기업, 국가적 방침), 조직적인 서열(임원) 등
	문 손잡이 (Door Knob)	• 싫으면 그만두라(Take it or Leave it).

03.

현실 게임에 만족하라

협상 준비가 완료되었다면, 이제 주사위는 던져졌다. 협상 테이블에 들어서는 순간부터 준비한 만큼 최선을 다해야 한다. 협상이라는 게임에서는 누군가가 양보해야 하고 누군가는 이익을 얻겠지만, 그렇다고 실망할 필요도 없고 승리의 기쁨을 만끽할 필요도 없다. 이는 협상은 계속되는 게임이며 다음 기회에 승리자가 될 수 있고, 지금의 승리자가 패배할 수도 있기 때문이다. 그래서 지금의 협상 게임을 만족하고 즐겨야 한다. 그리고 다음 기회를 위해 지속적으로 연구하고 연습해야 한다.

1. 게임의 법칙 : 공격과 방어

모든 게임에서는 공격과 방어가 상존한다. 공격하는 사람이 있다면 반드시 방어하는 사람도 있다. 이와 같이, 협상 역시 일방 통행이 아님으로 공격하는 자와 방어하는 자가 있다. 그렇다면 성공적인 협상을 이루기 위해 누가 더 유리한 입장일까? 일반적으로 위험성이 높거나 복잡한 거래 또는 중요한 사안이나 이슈를 위한 협상일 경우는 먼저 선제적으로 공격하는 전술을 사용하여 협상을 진행하는 것이 유리할 수도 있다. 공격자를 위한 전술로는 살라미 전술, Nibbling, Good Guy and Bad Guy 가 있다. 이러한 전술을 살펴보면, 먼저 살라미 전술은 협상에서 쟁점 이슈를 부분별로 세분화하여 하나씩 해결해 나가며 각각에 대해 대가를 받아내 이익을 극대화하여 내가 원하는 모든 것을 얻어내는 전술이다. Nibbling 전술은 구매업체 또는 공급업체가 별로 원하지 않은 요구 또는 조건을 덤으로 주거나 얻는 것을 말한다. 예를 들면, 자동차를 구입할 때 자동차 업체가 자동차 액세서리, 세차 쿠폰, 사은품 등을 고객에게 선물로 줌으로써 원하는 가격에 판매하는 전술이다. Good Guy and Bad Buy 전술은 협상 실무자가 가격을 협상 중일 때, 협상팀 중에 상사 등은 상대방 요청사항 등을 긍정적으로 이야기하거나, 반대로 가격인하를 많이 하도록 압박을 함으로써 상대방의 마음을 흔들어 놓는 전술이다. 반면, 방어자를 위한 전술에는 Flinching, Limit Authority 등이 있다. Flinching 전술은 깜짝 놀라거나 움찔하는 등 적극적으로 반응을 보여주는 전술이다. 그러나 지나치게 많이 하면 역효과를 가져올 수 있다. 방어자는 "정말 이 가격이 정확한 겁니까?"라며 강하게 반문하거나 다양한 제스처를 통해 놀랐다는 것을 보여줄 필요가 있다. 만일 별다른 반응을 보이지 않는다면 상대는 제안에 대해서 필요가 없구나라고 믿고 더 강하게 밀어붙일 수도 있기 때문이다. 그리고 Limit Authority(권한 위임) 전술은 협상에서 이유 있는 거절, 시간 및 여유 확보를 위한 제한된 권한을 이용하는 전술로서 방어적 입장에서 좋은 전술이다.

2. 끝까지 가다: 시간 속으로

공급업체와 협상을 할 때마다 성공적인 협상을 하면 좋겠지만, 최악의 경우 협상이 결렬되는 경우도 발생한다. 하지만 협상이 결렬되었다고 협상을 그만두면 구매업체는 제품을 생산하지 못하게 되어 많은 타격을 받게 될 것이다. 따라서 협상 결렬 가능성에 대비한 대응책(차선책) 수립이 필요한데, 이를 BATNA(Best Alternative To a Negotiated Agreement)라고 한다. BATNA는 현재 많은 기업들이 사용하고 있는 가장 강력한 협상 기법 중의 하나로, 협상력을 증가시키고 협상에서 유연성을 확보할 수 있게 한다. 그림 6-3과 같이 BATNA는 협상된 합의에 이르는 최선의 대안 또는 옵션으로, 이에 대한 분석과 실행은 협상에서 무조건 합의에 도달해야 하는 의무를 덜어준다. 하지만 이러한 옵션은 상대방이 인정할 수 있는 경우에 협상을 가능하게 하고, 너무 터무니없는 경우엔 BATNA의 효과가 없어지며 상대방으로 하여금 협상을 결렬시키게 만든다. 따라서 상대방이 나의 BATNA를 긍정적으로 받아들이게

■ 그림 6-3 BATNA 협상 기법

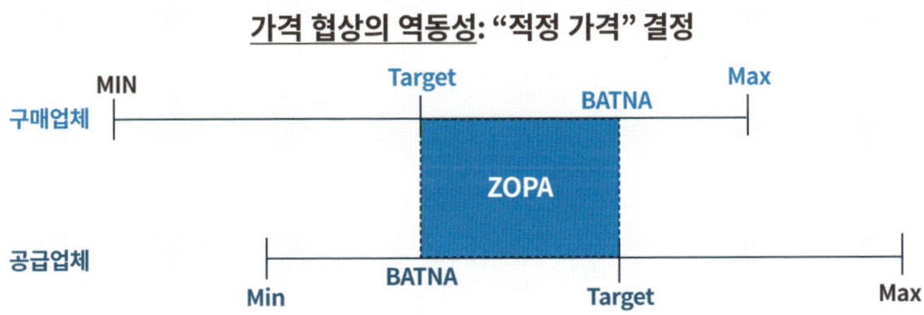

하기 위해서는 먼저 상대방의 BATNA를 파악하고 그의 마지노선(LAS, Least Acceptable Solution)을 예측할 필요가 있다. 또한, BATNA는 상황이나 상대방의 반응에 따라 변하며, 상대방의 나쁜 제안을 거절할 기준점이 된다. 한 사례를 통해 BATNA에 대해서 살펴보자.

구매업체는 커넥터 공급업체와 분기별 협상을 진행하고 있다. 지난 분기에 구매업체는 10% 가격절감을 하였고, 구매업체와 공급업체는 서로 지난 분기 협상에 만족하였다. 그러나 최근에 반도체 산업 불안정과 글로벌 경기가 불황이라 커넥터 가격이 점점 높아지고 있는 상황이다. 그래서 커넥터 공급업체는 작년 대비 가격이 15% 올라간 $4.90을 목표(Target)로 설정하였다. 그러나 경험상으로 구매업체가 $4.90에 만족하지 않을 것이라 예측하고 공급업체는 최악의 경우 마지노선(LAS)을 $4.30으로 정하고, 받고자 하는 가장 이상적인 가격(MSS, Maximum Supportable Solution)은 $5.50으로 정했다. 반면, 구매업체는 지난 분기에 $4.25 가격으로 커넥터를 공급 받았다. 그러나 이번 분기는 가격절감이 어려운 상황으로 판단하고 $4.25을 목표로 협상에 임하고 있다. 그리고 구매업체는 마지노선(LAS)을 $5.0으로, 가장 이상적인 가격(MSS)은 $4.0으로 설정했다. 따라서, 공급업체의 BATNA는 $4.30에서 $5.50이 될 것이고, 구매업체의 BATNA는 $4,25에서 $5.0 이라고 할수 있다. 또한 양사 간의 협상 합의 가능 영역인 ZOPA(Zone of Possible Agreement)는 $4,25에서 $4.90이 된다.

3. 협상에서 계약까지

협상이 완료되면, 협상에 대한 결과를 공유해야 한다. 즉 협상에서의 개선점이 필요한 점, 보완해야 할 점, 잘된 점을 서로 파악하고 공유하고 다음 협상 시에 용이하게 사용할 수 있도록 보관해야 한다. 이는 협상은 연속적으로 이루어지는 게임으로 다음 게임을 위해 준비를 해야 하기 때문이다. 또한 협상이 완료되면, 상대방과 계약을 진행하게 된다. 계약은 협상에서 이루어진 합의 내용을 바탕으로 양사 간의 합의 일정에 맞게 진행하고, 계약에 따른 계약서는 양사 간의 사인을 통해서 동일한 계약서를 갖고 있어야 한다.

04.
특수한 협상 : Sole Source, International 협상

1. 유일 공급업체(Sole Source)와의 협상

독점적인 유일 공급업체와의 협상은 구매업체 입장에서는 항상 어려운 협상이기 때문에 유리한 입장으로 끌고 가기가 힘들다. 그렇다고 협상이 성공적인 협상이 안 되는 것은 아니지만 성공할 확률은 낮다. 따라서 가능하다면 구매업체는 독점적 공급업체를 만들지 않는 것이 좋다. 그러기 위해서는 제품개발 시 사양을 개선하고 표준화된 부품을 사용할 수 있다면 유리한 협상력을 보유할 수 있다. 독점적인 유일 공급업체와 협상할 경우에는 세 가지 전술 통해서 협상을 준비할 수 있다. 첫 번째는 공격적인 경쟁 유발 전술이다. 경쟁유발을 위해서 구매업체는 자재의 자체 제조(내재화)를 한다거나, 대체 자재 및 거래선을 적극적 발굴을 하거나, 사양을 개선/표준화 또는 단순화시켜 독점적 공급업체를 만들지 않도록 하는 것이다. 두 번째는 협력적인 관계관리 전술이다. 이 전술은 독점적 공급업체가 구매업체를 우호적인 방안으로 장기고객업체로 취급해 줄 수 있도록 윈-윈 상황의 제안을 모색하거나 비용/리스크/절감금액을 공유하는 방법이다. 이 방법은 또한 구매 거래 이외의 이점을 강조하여 공급업체와 협업을 할 수 있도록 유도하는 방법이다. 세 번째는 레버리지 전술이다. 이 전술은 과잉재고, 재정적 문제 등 공급업체의 약점과 이슈를 활용하여 구매업체와 맞교환을 통해 양사 간의 윈-윈 상황의 협상을 이끄는 방법이다.

2. 국제(International) 협상

국제 협상은 복잡성과 챌린지가 증가하며, 상당한 시간과 노력이 필요하다. 그리고 국가의 특성과 문화를 잘 이해하지 못하고 국제 협상을 진행할 경우에는 문화적 충격을 느낄 수가 있다. 또한 언어로 인한 의사소통의 오류, 시간적 제한, 문화적 차이로 인해 해외 공급업체와의 협상에서 실패한 사례를 많이 찾아볼 수 있다. 이러한 장벽을 극복하기 위해서는 협상 전에 외국 문화와 관습에 대해서 친숙해져야 하며, 협상 시 통역가 또는 협상 담당자가 직접 언어를 활용하여 의사소통의 오류를 최소화해야 한다. 그리고 협상 합의에 대해 지식이 필요하며 무엇보다 정직하고 정중한 태도로 국제 협상에 임한다면 충분히 좋은 성과를 가져올 수 있다. 표6-3은 국제 협상 시 고려해야 할 사항이다.

표 6-3 국제 협상 시 고려해야 할 사항

	고려 사항
1	문화적 차이에 대한 이해와 언어 구사력이 부족한가
2	구체적인 정보가 없어 국제 협상의 목표가 부정확하고 논리적 일관성이 부족한가
3	국제 협상에 대한 전략과 전술이 부족한가
4	상대방의 입장을 이해하기 보다는 자기 중심적으로 협상을 진행하는가
5	일관적으로 감정에 이끌려서 국제 협상을 진행하는가
6	체계적이고 논리적인 토론 및 대화 능력이 있는가
7	국제 협상을 일반적인 협상과 동일하게 진행하고 있는 것은 아닌가

3. 기타 : 소기업, 컨소시엄 및 협동조합의 협상

소기업과의 협상은 일반적인 협상을 해서는 안 된다. 소기업에게는 특별한 고려가 필요하기 때문이다. 따라서 협상하기 전에 소기업에게 기술적, 엔지니어링 지원을 제공, 비용절감액 공유, 그리고 때로는 원재료와 부품을 제공하는 것도 필요하다. 또한 공급업체가 새로운 공급원과 고객을 파악하는데 지원을 해야 하며, 공급업체 직원을 훈련을 통해 Skill Up을 하는 지원이 필요하다. 나아가 필요 시, 재정과 운영 시스템을 설치해 줌으로써 구매 기업이 업무하는데 불편함이 없도록 해야 한다. 소기업이 중요한 업체일 경우에는 장기적인 파트너십을 가지고 장기적 오더를 주는 것도 하나의 방법이다. 이러한 지원 속에서 스스로 소기업이 성장할 수 있도록 지원한 후 협상을 진행해야 한다. 컨소시엄(Consortium)은 여러 산업의 개인 기업들로 구성된 공식 조직으로 시장에서 영향력(Leverage)을 얻고 원가를 절감하기 위해 선정 품목의 구매력을 통합하여 협상을 진행한다. 협동조합(Cooperative, Co-Op)은 병원, 대학, 지방 정부 등 단일 산업 내 영리 및 비영리 조직들로 구성되어 있으며, 멤버들은 공급업체로부터 직접 구매 하거나 협동조합을 통해 구매한다.

05.
계약을 진행하라

계약은 양사 간의 합의를 통해 성사시켜야 한다. 즉 당사자들 간의 오퍼(Offer)에 대한 수락(Acceptance)으로 체결되며, 가치의 교환을 선의와 성실 및 합리적으로 충족하는 법적 의무를 따르고 있다. 계약 성사가 완료된 후에 대부분은 계약 관리를 하지 않고 있는 경우가 많다. 하지만 모든 업무에서 성공적인 결과를 얻기 위해서 마무리 작업을 잘해야 하듯이, 계약이 성사된 후에는 계약이 만료될 때까지 계약 관리를 해야 한다.

1. 계약이 필요한가?

A 커피 전문점에 가서 커피 한 잔을 사려고 한다. 계약이 필요할까? 그리고 10년 동안 열심히 일하여 아파트 하나를 장만하기 위해 부동산에 가서 아파트를 알아본 후 위치와 전망이 좋고 마음에 드는 아파트를 사려고 한다. 이때 우리는 계약이 필요할까?

계약은 사법상 일정한 법률 효과를 목적으로 하는 양사 혹은 양자 간의 의사표시 합의에 의한 법률 행위이다(출처: 네이버 지식백과). 이러한 계약 합의와 체결은 한편의 필요한 내용에 대한 일방적인 의사표시인 요청과 이에 대해서 상대방이 응하겠다는 의사표시인 수락으로 이루어진다. 또한 계약은 사람이나 조직 사이에서 지켜야 할 의무에 대해서 서면이나 구두로 정해진다. 위의 예에서, 고객은 커피를 요청한 것이고 커피 점원은 커피 주문에 대한 수락을 구두로 함으로써 일종의 계약이 성립되어 커피를 만들어 주는 행위를 할 수 있다. 그리고 아파트를 매매할 경우에는 매매를 하는 사람과 매수를 하는 사람 사이에 부동산 매매 계약서라는 서면 계약서를 주고받으며 계약이 성사된다.

이처럼 사법상 법적 효력을 얻기 위해서 누군가와 계약을 진행할 경우에 계약서가 꼭 필요하다. 그리고 일상적으로 일어나는 행위에는 구두 계약이 편리하고 좋으나, 업무상으로 계약을 진행 시에는 서면 계약이 꼭 필요하다. 참고로 미국의 사기방지법(Statute of Frauds)에 따르면, $500 이상 물품 계약과 일년 이상의 서비스 및 부동산 계약은 반드시 서면 계약으로 이루어져야 법적 효력이 발생한다.

2. 나는 어떤 계약을 원하는가?

구매업체와 공급업체가 협상을 완료 후 어떤 계약을 해야 할까? 계약은 어떤 계약인가에 따라 구두로 가능하고 또는 반드시 서면으로 해야 한다. 그렇다면 협상 후 어떤 계약을 체결해야 할지, 즉 계약 유형과 그 적절성에 대해서 알아보자. 계약 유형은 일반적으로 계약기간, 고정가격, 원가 기반 및 기타 유형으로 나눌 수 있다.

가. 계약기간에 따른 유형

계약기간에 따라 계약은 스폿, 단기, 장기 계약의 세 가지로 나눌 수 있다. 첫째, 스폿(Spot) 계약은 1회성 계약으로 더 이상 재현되지 않은 경우에 사용하는 계약이다. 예를 들면, 10월에 있을 50주년 창사기념 이벤트 행사 때 필요한 화장품 500개를 주문할 경우, 단기나 장기 계약이 필요하지 않다. 왜냐하면 더 이상 그 화장품을 주문하지 않을 것이기 때문이다. 이와 같은 스폿 계약 시 금액이 크지 않으면 서면 계약보다는 구두 계약이 더 편리할 수 있다. 둘째, 단기(Short-term) 계약은 상대적으로 한정된 시간 내 일상적으로 이루어지는 계약이다. 이 계약은 주로 1년 이내 서비스나 물품을 공급받기 위한 구매업체와 공급업체와의 계약으로, 서면 계약으로 진행해야 한다. 셋째, 장기(Long-term) 계약은 특정 기간 또는 무기한(일반적으로 1년 이상) 지속적으로 발생하는 구매-공급업체 간 진행하는 계약으로, 서면 계약을 통해서 법적 효력이 발생한다. 장기 계약을 진행할 경우에 상대방만 이익을 추구하려고 하는 기회주의 가능성, 업체의 적절성 및 다양한 혜택과 리스크 등을 세심하게 고려하고 판단해야 한다. 특히, 구매-공급업체 쌍방 간 리스크와 이익의 공정한 분배에 대해서 사전에 의논하고 계약서에 명시해야 한다. 장기 계약의 주요 혜택은 공급업체 보증, 공급업체 기술과 원가 및 가격 정보의 공유, 우선 물량 공급, 공급업체와 생산 계획 정보 공유를 통한 생산 리스크의 최소화 등을 들 수 있다. 반면, 공급업체 기회주의로 인해서 공급 물량이 순조롭지 않을 경우가 발생할 수 있고 또한 잘못된 공급업체 선정으로 인해 물량에 대한 불확실성이 증가하여 공급망이 무너지는 리스크가 발생할 수 있으므로 이러한 부분을 계약서에 명시하는 것이 필요하다. 일반적으로 기업에서 장기 계약서를 작성할 때는 꼭 법무팀의 검정 및 법적 조언을 받고 진행하는 것이 효과적이다.

나. 고정가격(Fixed Price)에 따른 유형

가격 기반으로 이루어지는 고정가격에 따른 유형은 확정고정가격, 에스컬레이션 고정가격, 고정가격 재산정, 고정가격 인센티브, 고정가격 구제 계약의 다섯 가지로 나눌 수 있다. 첫째, 확정고정가격(Firm Fixed Price, FFP) 계약은 고정가격 계약 유형 중에서 가장 기본적인 계약으로 가격이 변동성이 없다. 따라서 구매업체의 가격견적요청(Request for Quotation)에 대한 공급업체의 응답 후 협상을 통해서 가격이 결정되고, 협상에서 정해진 기간 내에서는 가격변동이 없다. 이는 성장세가 계속되는 경우는 공급업체가 재무 리스크를 부담할 수가 있고, 불확실성이 높을 경우에는 임시비(contingency fee)도 가산해야 한다, 반면 시장이 하락세일 경우는 구매업체가 채무 리스크를 부담해야 하는 경우가 발생한다. 둘째, 에스컬레이션 고정가격(Fixed-Price Contract with Escalation) 계약은 경제적 불확실성이 높거나 시장 가격이 변동적일 때 장기 계약으로 사용할 수 있다. 그리고 신축 조항은 가격의 인상과 인하를 허용하며, 가격 관련 독립적으로 발표되는 제3자 지표와 연계되어 양사 간의 공정성을 보여줄 필요가 있다. 셋째, 고정가격 재산정(Fixed-Price Contract with Redetermination) 계약은 쌍방이 노무비나 재료비와 물량을 정확하게 예측하기 어려운 상황일 때 많이 사용하는 계약으로 기준 가격(Base Price)은 "최선의 추정치"를 사용하여 결정하게 되며, 예정된 미래 시점에 쌍방이 실제 경험을 검토하여 가격을 조절하게 된다. 넷째, 고정가격 인센티브(Fixed-Price Contract with Incentives) 계약은 일반적으로 단가가 높고 리드타임이 긴 경우 많이 사용하는 계약이다. 계약 조건은 예정공유율로 공급업체와 비용절감액을 공유해야 한다. 다섯째, 고정가격 구제(Fixed-Price with Remedies) 계약이다. 이 계약은 고정가격을 제공하되, 한쪽이 계약 조건을 위반한 경우 임시비(extraordinary expenses) 상환을 위해 사용하는 계약이다. 예를 들면, 구매업체가 운송일 연장을 요구하는 경우, 이에 대한 계약 조건이 없다면 위반하는 경우이기 때문에 임시비 상환을 위해 추가적인 계약을 해야 한다.

다. 원가기반에 따른 유형

원가기반(Cost Based) 계약은 실비정산, 원가 및 유인비용, 원가분담, 시간 및 자재 계약 등이 있다. 첫째 실비정산(Cost Reimbursable) 계약은 사용한 만큼만 정산하는 계약으로, 고정가격 계약들에 포함된 공급업체의 구매력이 구매업체에 비해 경쟁력이 없을 때나 공급업체가 경제적 리스크를 구매업체로 전가하여 경제적 손실 리스크를 감소하려고 할 때 사용하는 계약이다. 특히 구매업체가 비싸고 중요한 제품이나 서비스, 공급망 흐름이 복잡하거나, 불확실성이 높은 제품이나 서비스에 주로 적용하는 계약이다. 이 계약은 구매업체가 매우 낮은 비용의 결과를 얻을 수 있어서 공급업체가 원가/비용을 신중하게 모니터링하고 컨트롤하는 조건을 포함해야 한다. 그리고 구매-공급업체 간 허용가능비용(Allowable Costs)을 합의해야 성사될 수 있는 계약이다. 둘째, 원가 및 유인 비용Cost Plus Incentive Fee) 계약은 고정가격을 포함한 인센티브 관련한 계약으로, 고정가격 인센티브 계약과 유사하나, 인센티브가 허용가능한 비용의 변화에 기반을 두고 있다는 것이 차이점이다. 구매업체와 공급업체가 초기 목표원가 추정치에 확신이 있을 때 적절 비용절감액을 예정률로 공유하고, 비용 증가액은 공급업체가 부담하는 계약이다. 셋째, 원가분담(Cost-Sharing) 계약은 쌍방이 예정률로 허용가능비용을 분담하는 계약으로, 계약서 작성 시에 주요 포인트는 운영 가이드 라인, 목표, 목적을 파악하고 이에 대한 내용 및 기대치를 명확하게 계약서상에 기술해야 하는 것이다. 넷째, 시간 및 자재(Time and Materials) 계약은 일반적으로 실제 보수 전에 비용이 결정될 수 없는 시설 장비 보수계약에 주로 사용되며, 합의된 노임률(Labor Rate)을 기반으로 상한가를 결정한다. 약점은 구매업체가 추정 최대 가격에 대한 컨트롤이 없다는 점이다. 이 외에, 원가 가산 고정요금(Cost Plus Fixed-Fee) 계약은 공급업체가 예정 수준까지 모든 허용가능비용과 고정요금(목표 원가의 비율)을 상환하는 계약이다. 다만, 비용 컨트롤에 대한 동기부여가 없다. 원가 및 계약 수수료 포함(Cost Plus Award Fee) 계약은 수수료에 이윤이 포함된 계약 조건을 가지고 있다. 표 6-4은 환경적 조건에 따른 고정가격계약과 원가기반계약의 적절성을 요약하고 있다.

표 6-4 계약 유형의 적절성

환경적 조건	고정가격 계약	인센티브계약 사용의 적절성	원가기반 계약
공급시장의 불확실성	저	↔	고
장기계약	저	↔	고
쌍방 간 신뢰 수준	저	↔	고
프로세스/기술의 불확실성	저	↔	고
공급업체의 비용 영향력	저	↔	고
구매 가치	저	↔	고

라. 기타 : 다양한 계약에 따른 유형

계약은 어떤 서비스 또는 물품을 구매하느냐에 따라 계약 유형이 달라진다. 계약을 살펴보면, IT 관련 서비스를 이용할 경우에 사용되는 IT 시스템 계약, 서비스 아웃소싱 계약, 컨설팅 계약, E-Commerce 계약 등이 있다.

3. 계약 분쟁 해결책은 있는가

한 가지 사례를 보고 어떤 식으로 분쟁을 해결할 수 있는지 살펴보자, 청소기를 생산하여 판매대리점으로 공급하는 업체가 있다. 거래처들이 오래된 곳들이다 보니, 외상으로 주고받기도 하면서 영업을 하였다. 한 판매대리점에게 3년에 걸쳐 청소기를 5,000대 이상을 공급하였으나, 외상값이 밀리다 보니 더 이상 공급하기가 어렵고, 외상 대금을 갚아 달라고 요청했다. 그런데 판매대리점이 처음 공급받은 청소기 물품의 경우 3년이 넘어서 법적으로 소멸시효가 지났기 때문에 대금을 갚을 수 없다는 답변이 왔다(출처: 네이버 블로그 정경태 변호사의 민사 전담 센터). 청소기 생산업체는 이런 황당한 일이 발생할 경우 어떻게 해야 할까? 청소기 생산업체와 판매대리점 간의 계약서에 보면 이런 조항이 없어 청소기 생산업체는 법적으로 계약서 관련하여 효력을 받을 수가 없다. 이처럼 예기치 못하는 일들이 발생함에 따라 모든 계약은 분쟁이 따를 수 있고 해석이 달라질 수 있다. 복잡하거나 금액이 클수록 분쟁은 빈번히 일어날 수 있다. 따라서 분쟁 해결 조건과 매커니즘을 구축해야 한다.

계약 분쟁을 해결하는 방법에는 법적 조치를 취하거나 소송(Legal Actions)을 하는 경우와 비 법적 조치(Non- Legal Actions)를 하는 방법으로 나눌 수 있다. 법적 조치 및 소송을 하는 경우에는 불확실성 이슈로 인한 계약 분쟁, 비용 또는 시간 등의 이슈로 발생하는 계약 분쟁이 있다. 반면에 비 법적 조치에는 화해, 중재(Arbitration), 조정(Mediation), 그리고 미니트라이얼(Minitrial)과 민간 판사(Rent-a-Judge)를 활용한 조치가 있다. 화해는 대부분 화해 계약이라고 하는데, 쌍방이 합의에 의해서 화해한다는 의미이다, 중재의 경우에는 계약 분쟁 해결을 위해 쌍방이 합의하여 선정한 제3자가 재판하는 경우로서 국가의 법률이 아니라 쌍방이 합의하여 정한 근거 규범으로 재판을 한다. 이 근거 규범에는 중재 장소와 방법, 적절한 법조문의 존재 보장, 준거법과 중재협회 가이드라인 등이 있다. 그러므로 중재는 중재 재판관의 판결에 강제적으로 구속된다. 조정의 경우는 중재와 달리 분쟁을 법원의 판결에 의하지 않고 조정 위원의 권고에 의하여 쌍방이 서로 양보하여 합의점에 도달하여 화해 계약을 체결하는 방법이다. 결국은 화해 혹은 타협을 촉진하기 위해 조정위원이라는 제3자가 개입한다. 이 외에 중립적 3자가 쌍방의 공판을 진행하고 최종 심판에 책임을 지는 민사 판사 제도 방법이 있다. 계약 관련하여 분쟁 해결은 시간도 많이 걸리고 결론짓는 것이 어렵다. 그래서 분쟁 예방을 위해서 계약 단계에서 합의된 협상, 중재, 조정 및 소송 절차에 대한 단계적 프로세스 및 스케줄을 구축하는 것도 중요하다. 그리고 계약 분쟁을 해결하기 위해서는 쌍방 간의 관계가 중요하다. 서로 파트너십이 이루어진 다음에 이런 계약 분쟁이 생긴다면 분쟁이 생기기 전에 해결할 가능성이 높다. 그러나 그렇지 않고서는 분쟁 해결을 위해 전문가에게 도움 요청을 해야 한다. 이러한 경우, 재정적으로 많은 금액을 지불하게 되며 시간도 많이 소요 된다. 따라서 분쟁 해결을 위한 중요한 요소들은 구매업체가 원하는 결과물의 유형을 정확하게 공급업체에게 알리고, 미래 분쟁 가능성에 대비한 우선순위를 설정하고, 전문가 도움을 받더라도 당사자가 직접 참여하여 정확한 정보를 전달해야 한다. 또한 분쟁 해결 비용, 분쟁 해결을 위해 필요한 정보, 철저한 증거와 가용한 전문가와 다른 증거인을 확보함으로써 신뢰성을 가질 수 있도록 해야 한다.

4. 계약 관리는 계약 만료일까지 하라

계약이 성사되면 계약서를 작성하고, 계약 관리를 반드시 해야 한다. 그러나 그렇지 않은 기업들이 종종 있다. 계약 관리는 계약 서명 후 만료까지 공급업체가 계약에 명시된 모든 제품과 서비스를 기한 내에 반드시 인도하게 하는 모든 활동을 관리한다. 계약 관리의 목적은 공급업체의 계약 이행 준수와 구매업체의 약정 사항 충족을 보장하며, 계약 이행 중에 발생하는 문제를 신속하고 공정하게 해결하며, 계약 보증 시 계약 조건의 공정한 조정을 협상하기도 한다. 또한 계약상의 거래 문서화에 필요한 모든 관리 활동을 하기 위함이다. 계약 관리 담당자가 계약 관리를 위한 활동으로는 주로 원가기반 실비정산계약을 위한 작업 관리, 재정적 책임 및 승인 제도를 진행하고 있으며, 스케줄 관리, 비용 및 자원 관리, 단계적 지급 관리와 같은 모든 계약 조항을 모니터링 및 계약을 준수하고 있는지를 관리한다, 또한 가격조정 조항, 오더 변화 관리를 위한 관리적 책임을 진행한다. 이외에도 계약 조건을 관리하고 계약 관련한 문서화 진행, 마지막으로 계약 만료 시 작업 성과, 수락, 송장, 그리고 지불 관련한 내용을 검증한다.

Chapter 07

지속가능 공급망 운영을 위한 공급사 협업 체계 확립

코로나 19 팬데믹은 공급망 붕괴의 심각성을 체감하게 만든 계기였지만, 그 이전에도 공급망 단절이나 붕괴로 기업이 적지 않은 손해를 본 사례를 찾아볼 수 있다. 2011년 동일본 대지진으로 Toyota는 자동차 부품 공급에 큰 타격을 입었고, 2016년 BASF(독일)는 Ludwigshafen 화학공장에서 나프타를 이동시키는 파이프라인의 폭발로 인해 최소 24개 공장의 가동을 중단할 수 밖에 없었고, 2018년 메리디안 마그네슘 프로덕트 공장의 화재로 부품 공급이 중단되어 Ford, GE, FCA(Fiat Chrysler Automobiles)는 제품 생산에 차질을 빚기도 하였다. 이와 같은 사례에서 볼 수 있듯이 공급사나 공급시설의 피해는 주력 제품의 생산 차질로 직결되기 때문에 공급 프로세스 관리는 기업의 지속가능한 공급망 구축의 첫걸음이다. 본 장에서는 공급망의 지속가능성을 확보하기 위해 반드시 검토해야 하는 공급사 협업 체계를 정립하고 고도화시키는 과정을 살펴본다.

01.

공급망 붕괴의 극복은 공급사와 함께

2018년에 본격적으로 시작된 미·중 무역 갈등과 2020년 초부터 전 세계적으로 유행하기 시작한 코로나19는 공급망 환경의 커다란 변화를 가져왔고, 이전과는 다른 형태로 공급망의 기능을 단절 또는 중단시켜 공급망 운영을 붕괴시키거나 마비시켰다. 정상적인 제품 생산 환경이 와해됨에 따라 자재나 부품의 원활한 공급이 어려워졌고 공급이 이루어져도 생산 프로세스가 원활하게 가동되지 못하는 경우가 빈번히 발생하면서 수요-공급의 매칭이라는 가장 기본적인 시장경제 시스템이 붕괴되었다. 이러한 결과의 원인을 지정학적 리스크와 팬데믹의 영향으로도 볼 수 있지만, Simchi-Levi & Simchi-Levi (2020)는 재고 수준의 감소와 원가절감 등을 위해 수요예측에 기반한 효율적 대량생산을 추구하는 전통적 공급망 관리 기법이 이러한 공급망 중단 사태에 대응하기 어렵다는 점을 지적하기도 하였다. 실제 공급망의 중단 및 단절은 세계경제에 적잖은 영향을 미쳤는데, OECD는 2020년 GDP가 전 세계적으로 평균 4.2% 감소하였고, 미국은 3.8%, 유럽연합은 7.5%, 우리나라는 1.1% 감소하였다는 결과를 발표하였다. 그러므로 기업 공급망의 회복력을 강화하려면 현재의 공급망 구성 및 운영방식을 새롭게 설계해야 할 필요성이 제기되며, 이는 제조기업의 독립적인 역량이 아닌 공급사의 역량과 상호 간의 신뢰가 전제되는 협업 역량의 개발 및 시스템 구축이 전제되어야 한다.

DSCI(Digital Supply Chain Institute)가 2017년 337개 글로벌 기업을 대상으로 한 설문조사에 의하면, 조사 대상 기업의 70% 이상이 공급망의 변화를 위해 투자하고 있고, Amazon, Alibaba, Lufthansa, BMW, DHL, DB Schenker 등과 같은 유명 다국적 기업들은 특히 공급망의 디지털화를 위해 많은 투자를 하고 있다고 전하고 있나. 공급망의 디지털화는 IoT, 센서, RFID, 블록체인, AR/VR 등 첨단 ICT 기술을 활용하여 관련 업무를 수행하는 것을 넘어서서 공급망에 속해 있는 주체(구성원) 간에 프로세스의 동기화가 이루어져야 한다. 다시 말해서, 주요 산업 간, 공급망 간의 정보 플랫폼 구축, 중소/중견 기업을 위한 물적·인적 자원의 지원, 협업 역량 강화를 위한 공동 투자 및 성과공유 등 공급망 붕괴 사태의 대응을 위한 협업 시스템이 구축되어야 한다. 이러한 변화의 핵심은 단순히 하드웨어적인 변화가 아니라 무엇보다도 소프트웨어적인 변화가 수반되어야 하는 것이 중요하고 이를 위해서는 구매사(제조기업)와 공급사(공급업체)의 협업 체계의 확립이 중요하다. 더불어 잠재 가능성이 높은 정에 공급사를 선별하고 이들을 대상으로 협업을 위한 활동을 실행에 옮기는 것이 효과적이면서도 효율적인 접근법이라고 할 수 있다. 본 절에서는 공급사와의 협업 체계 확립을 위해 고려해야 하는 핵심 요소를 살펴보자.

1. 구매전략 수립 프로세스

가. 공급 기능의 전략 수립

과거에는 구매 기능이 생산을 지원하는 하부 기능으로 여겨졌고 구매는 자재나 부품의 조달에 국한된 경우가 많았다. 그러나 제품의 수명주기 단축, 신제품 기능의 다양성과 복잡성 증가, 우수한 역량을 가진 글로벌 공급사의 발굴 등이 중요한 이슈로 등장하면서 구매 업무도 전략적이고 체계적으로 수행되어야 할 필요성이 제기되었다.

체계적인 구매 업무를 위해서는 앞서 4장에서 살펴본 바와 같이 기업의 전략을 바탕으로 구매전략의 방향성을 수립해야 하고, 구매 품목에 대해 공급사 및 구매사와의 교섭력, 대체제의 위협 정도 등 공급시장의 외부 환경 분석이 필요하다. 또한 최근에는 지정학적인 요인으로 인한 시장의 변화가 급격·빈번하게 이루어지는 경우가 많아지면서 PESTEL(정치·경제·사회·기술·환경·법/규제) 분석법을 통한 거시환경 분석의 중요성이 높아지고 있다. 더불어 스펜드 분석 및 구매 품목의 구분을 통해 구매 품목을 카테고리별로 분류하여 이에 적합한 소싱 업무 체계를 확립하여 프로세스의 업무 효율성을 높이는 것이 필요하다. 이처럼 구매하려는 품목의 내·외부 환경 분석을 통해 방향성이 정립되면 실제 구매를 위한 활동이 이어지는데, 그 핵심은 역량 있는 공급사를 선정하고 이들과의 관계를 지속하면서 동반 성장할 수 있는 협업 체제를 구축하는 것이다.

나. 실질적인 구매의 시작은 공급사 선정으로부터!!

(그림 7-1)에서 제시한 바와 같이 실제 구매의 시작은 공급사를 선정하는 것으로, 궁극적인 목적은 우수한 공급사를 선택하고 이들로부터 필요한 품목을 공급받는 것이다. 어떤 품목을 구매할 때 과거 거래경력이 있어 선호하는 공급사가 있다면 이들과 거래 관계를 지속할 수 있지만, 새로운 품목을 구매해야 하거나, 구매 경력이 없는 품목을 구매하거나, 구매 비용이 많이 들거나, 사양이 복잡한 품목을 구매해야 하는 경우 구매사의 니즈를 충족하면서 적절한 품질과 가격을 가진 품목을 공급할 수 있는 신규 공급사의 선정이 필요하다.

신규 공급사를 선정하기 위해서는 우선 잠재 공급사의 역량, 특징, 취급

■ 그림 7-1 구매전략 수립 프로세스

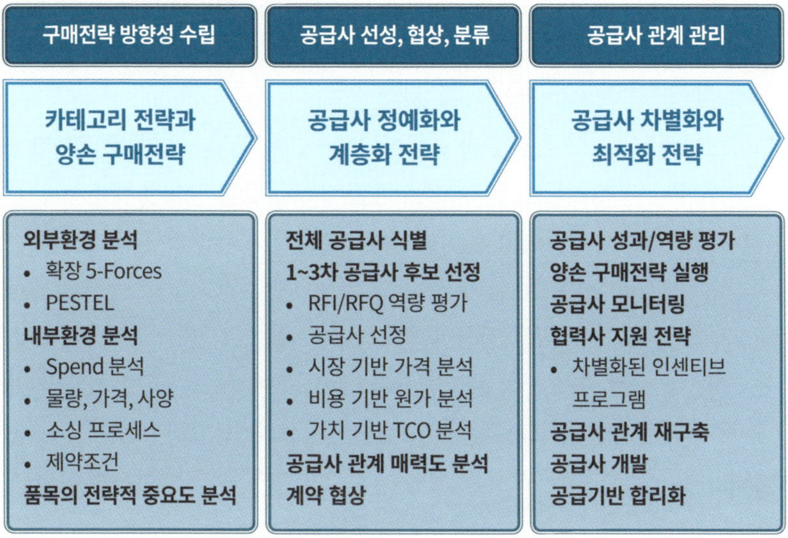

품목 정보 등을 파악하기 위해 그들로부터 RFI 또는 RFQ(구매사의 요구사항이 명확하고 표준화되어 있을 때 주로 사용하며 공급사가 가격 및 공급 조건을 제시하도록 요청) 제출을 요구한다. 구매사는 앞서 수행한 시장 조사 결과를 바탕으로 공급사가 제시한 가격 및 공급 조건을 함께 고려하여 구매 품목에 대해 시장 기반의 가격, 비용 기반의 원가, 가치 기반의 TCO[16](총소유비용)을 종합적으로 분석하는 과정을 통해 1~3차 공급사 후보군을 선정하게 된다.

적합한 공급사를 선정하는 데 있어 필요 조건은 후보군에 있는 공급사의 우수한 잠재력이기는 하지만, '구매사가 판단하는 구매 품목의 전략적 중요도'에 추가로 '거래를 통해 예상되는 공급사-구매사의 상대적 이익'을 고려해야 한다. 전자는 (그림 4-4)에서 살펴보았던 가치-리스크 매트릭스에 기초한 카테고리 분석으로 판단할 수 있다. 후자는 관계 매력도 분석이라고 하는데, 이 분석은 구매사와 공급사의 거래를 통해 상대적으로 발생하는 구매사

16 Total Cost of Ownership; 1997년 가트너 그룹에서 처음 제시한 개념으로, 기업에서 필요한 품목을 구매하는 비용과 소유 기간에 걸쳐 발생이 예상되는 운영비용을 모두 합친 금액을 의미

측면의 이익과 공급사 측면의 이익을 바탕으로 거래 관계를 정립하는 것이다. 이를 바탕으로 공급사와의 관계를 세분화(SRS; Supplier Relationship Management)하게 되고, 공급사의 성과 또는 역량 평가 경과를 바탕으로 공급사를 더 구체적으로 차별화하게 된다.

경쟁입찰 또는 협상을 통해 공급사 선정이 마무리되고 계약이 체결되면 공급사와 거래가 시작된다. 구매사는 선정한 공급사와 거래를 하면서 공급사의 성과 및 역량을 평가하고 이들의 과업 성과가 자사의 목표를 달성하는지 지속적으로 모니터링한다. 이 결과에 따라 최적화 전략과 차별화된 인센티브 프로그램을 전개할 수 있고 미흡하거나 보완이 필요한 공급사의 역량에 관해서는 보완 및 개발하는 과정을 거치기도 한다. 구매사는 이러한 통제와 관리를 통해 성과가 좋은 공급사를 선별하면서 공급기반을 합리화하는 과정을 반복하며 공급사와의 거래 관계 및 협업 체계를 관리하고 발전시킨다.

2. 공급사를 정예화하고 계층화하여 관리하라

'선택과 집중'이라는 말이 있다. 누구나 한 번쯤 들어봤을 말로 어떠한 일을 하는데 관심 분야나 특정 분야를 선택하고 한정된 자원을 감안하여 그 분야에 개인이나 조직의 자원을 집중시켜야 한다는 의미를 내포한다. 다시 말해, 역량 있는 공급사를 선택하고 비즈니스 중요도에 따라 이들을 세분화하여 맞춤 관리를 하는 것이 공급사 관리의 기본이고 핵심이라고 할 수 있다.

공급사 선정 후 거래가 진행되는 과정에서 구매사는 공급사로부터 자재나 부품 등을 공급받는 일차적인 니즈를 해결하지만 이를 넘어서 공급사와 동반 성장할 기회를 마련해야 한다. 이는 더욱 경쟁력 있는 제품을 생산하기 위한 선결 과제이자 강건한 공급망을 구축하기 위한 기초 작업으로, 구매 품목의 전략적 중요도와 공급사와의 관계 매력도를 순차적으로 분석하여 이를 통합하는 과정을 통해 체계화할 수 있다.

가. 전략적 중요도 분석

전략적 중요도(SI; Strategic Importance) 분석은 카테고리 분석이라고도 하

그림 7-2 품목별 관리 전략 및 중점 관리 사항

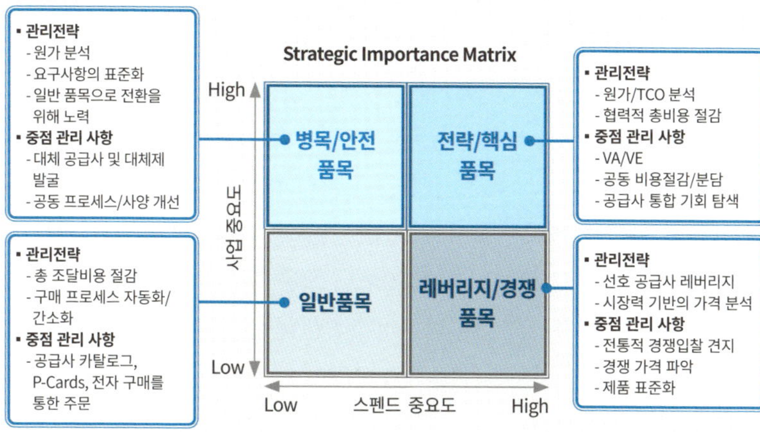

는데, 핵심은 구매하려는 품목에 대해 스펜드 중요도(구매 금액 중요도)와 사업 중요도(공급 리스크 포함)의 기준에 따라 품목의 특성을 구분하고 품목별로 차별화된 전략을 수립하여 관리 지침을 규정하는 것이다.

전략적 중요도 분석은 4장에서 살펴본 바와 같이 스펜드 중요도 분석의 결과와 사업의 중요도 분석을 바탕으로 가치-리스크 매트릭스를 구성하고, 구분된 영역에 따라 전략/핵심, 병목/안전, 레버리지/경쟁, 일반 품목으로 구분되는 품목 특성을 고려하여 (그림 7-2)와 같이 관리 전략과 중점 관리사항을 정하는 것이다.

나. 관계 매력도 분석

관계 매력도(RA; Relationship Attractiveness) 분석은 구매사와 공급사 간의 품목별 거래 관계에서 발생하는 상호 가치를 평가함으로써 거래의 매력도를 분석하고 유형을 도출하여 이 유형에 따라 각기 다른 거래 관계를 정립하는 방법이다. 분석 대상 품목별로 목표 공급사를 선정하여 구체적인 평가 항목을 설정하는 것이 효과적이며, 대개 일반 품목으로 분류된 품목에 대해서는 굳이 관계 매력도 분석을 수행할 필요는 없다.

관계 매력도는 '구매사가 얻는 이익'과 '공급사가 얻는 이익'의 두 기준을 바탕으로 분석한다. 구매사가 얻는 이익(구매사 측에서의 가치와 니즈)은 구매 담당자가 공급사의 서비스 수준과 신뢰도 등으로 평가하는데, 공급 품목이 주는 사업의 전략적 중요도, 공급사의 서비스 제공 정도(기술 인력의 지원/공유, 기술시장 정보 제공, 사후 품질보장, 재고관리 기능 여부 등) 및 공급 신뢰도(납기 준수율, 납기 소요기간, 긴급발주 대응 능력 등), 공급사의 제공 단가 수준(제조원가 분석 자료 제공 여부 포함) 등을 평가 항목으로 고려한다. 공급사가 얻는 이익(공급사 측에서의 가치와 니즈)은 구매사와의 거래를 통해 공급사가 사업에 어느 정도 영향을 받는지를 판단하는 것이다. 이는 구매사가 공급사의 사업에 미치는 영향도(공급사의 구매사 매출 비중), 구매사가 공급사에 보장하는 구매 물량의 보장 정도, 신제품 개발 시 구매사의 유·무형의 투자 비용 공동 부담 가능성, 구매사와의 거래로 인한 공급사의 시장경쟁력 강화 정도(또는 사업 성장성), 구매사의 거래/서비스 우대 정도(공급사의 가격 수용, 계약 조건, 계약 기간, 지불 조건 등)를 공급사에서 평가한 결과로 파악한다.

구매사와 공급사의 이익을 판단하여 (그림 7-3)과 같이 네 개의 관계 유형을 도출할 수 있다. 이는 구매사와 공급사 간의 거래를 통해 각자의 가치와 니

그림 7-3 구매사-공급사의 관계 매력도에 따른 전략

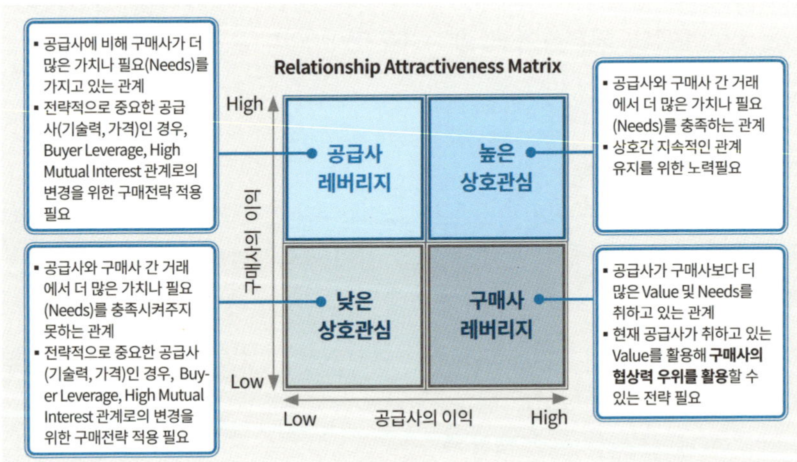

즈를 얼마나 충족시켜주느냐에 따라 구분된다. 상호 거래 관계에서 가장 바람직한 상태는 높은 상호관심(HMI; High Mutual Interest)을 보이는 관계일 것이다. 공급사와 구매사 양측이 모두 중요하게 생각하는 가치와 니즈를 충분히 충족시켜주고 상호 보완해주는 관계로, 대부분 전략적으로 중요하다고 판단되는 공급사들이 이러한 관계 유형으로 분류된다. 그러므로 이러한 공급사들과는 향후 지속적인 관계 유지를 위한 쌍방의 노력이 요구된다. 반면, 낮은 상호관심(LMI; Low Mutual Interest)의 관계는 쌍방이 필요한 점을 충분히 충족시키지 못하는 관계이다. 이러한 관계에서는 구매사가 판단하기에 전략적으로 중요한 공급사(기술력, 가격등)인 경우라면 공급사 레버리지[17] 관계나 높은 상호관심 관계로의 전환을 모색하는 전략이 필요하다.

한편, 상호 거래에 있어 어느 한쪽이 상대적으로 더 많은 이득을 취하는 경우가 있다. 공급사 레버리지(SL; Supplier Leverage) 관계는 공급사의 역량 덕에 구매사가 공급사에 비해 구매사가 더 많은 가치나 필요(Needs)를 가지고 있는 관계이다. 이러한 거래의 역학 구조에서는 공급사가 불만을 가질 수 있으므로 전략적으로 중요한 공급사(기술력, 가격 등)인 경우라면 높은 상호관심 관계로의 전환을 위한 전략적 대응이 필요하다. 반대로, 구매사는 이러한 관계에서 공급사가 현재 취하는 가치를 활용하여 공급사와의 거래 및 구매협상에서 상대적인 우위를 활용할 수 있는 전략과 방침을 강구하는 것이 필요하다.

3. 공급사 계층화 전략

전략적 중요도 분석과 관계 매력도 분석이 완료되면, 이를 통합하여 공급사 관계 세분화(SRS) 분석을 수행한다. 공급사 관계 세분화 분석은 품목별 전략적 중요도와 공급사별 관계 매력도 분석을 통합하여 공급사별로 관계를 세분화하고 이에 따라 계층화된 구매전략과 운영방침을 수립하는 과정이다. 이 개념을 도식화하면 (그림 7-4)와 같다. 이 과정은 해당 소싱(Sourcing) 그룹에 따른 품목

17 타사의 역량을 이용하여 자사의 역량을 상승시키는 효과로 해석할 수 있다.

그림 7-4 공급사 관계 세분화 분석의 개념

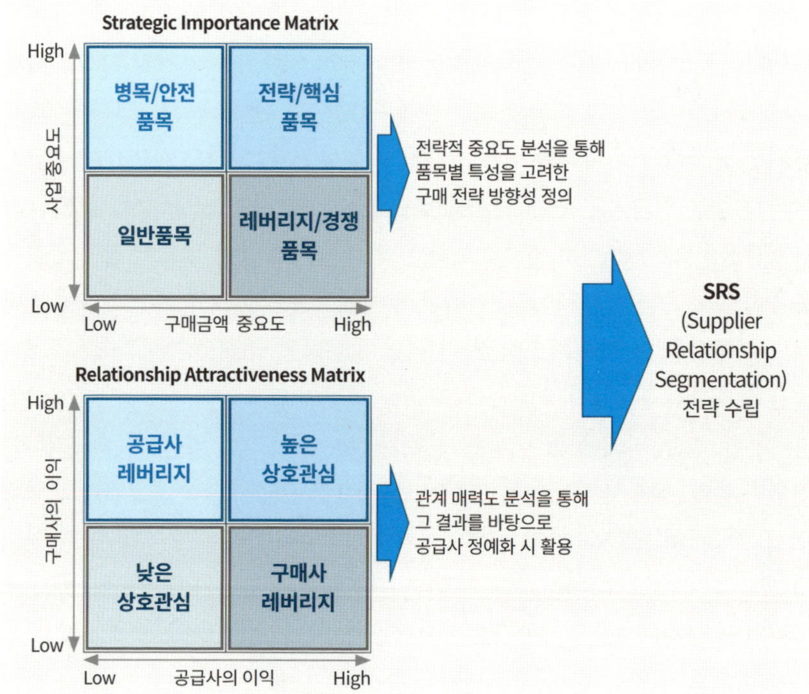

의 특성과 공급사와의 관계를 복합적으로 파악하여 공급사를 세분화하고 각기 다르게 분류된 공급사와의 구매전략과 운영방침을 차등 적용하기 위함이며, 일반적으로 정기적인 분석 및 평가 활동을 통해 그 결과를 구매전략 수립에 활용하는 방법을 취하는 것이 바람직하다.

공급사 관계 세분화 분석의 결과는 (그림 7-5)와 같다. 이 예시는 일반적인 상황에 대해서 보여주는 것으로, 반드시 이 영역으로 공급사를 분류할 필요는 없고 구매사의 판단에 따라 각 그룹별 영역은 달리 설정할 수 있다. (그림 7-5)에서 보는 바와 같이 전략적 중요도 분석과 관계 매력도 분석의 결과를 바탕으로 세 계층으로 나눌 수 있고, 이 계층을 각각 전략적(Strategic), 협력적(Collaborative), 거래적(Transactional) 관계로 명명하여 계층별로 차별화된 전략과 운영방침을 수립하게 된다.

그림 7-5 공급사 관계 새분화에 따른 전략 및 운영방침

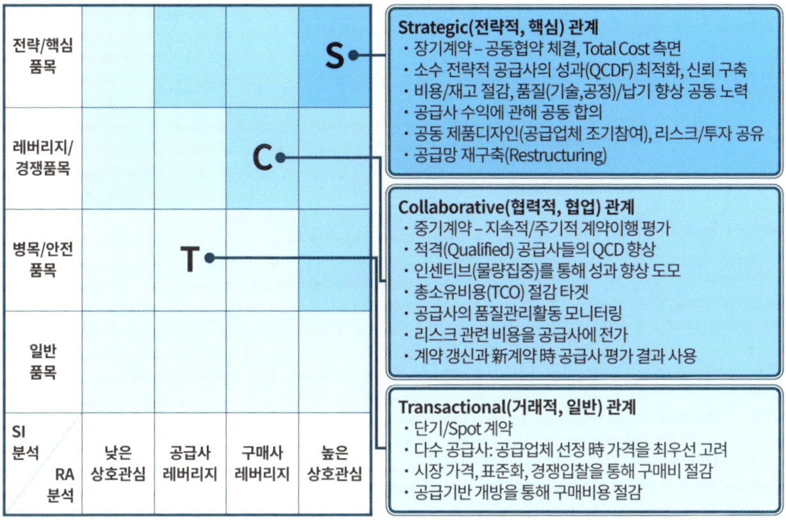

가. 전략적(S) 관계: 상생 지향적 전략

이 관계는 구매사와 공급사가 상호 이득을 보는 관계로, 이 계층으로 분류되는 공급사는 구매사에게 있어 핵심 공급사라고 할 수 있다. 따라서 이들과는 신뢰 구축과 장기계약을 통해 자재나 부품 등을 지속적이면서도 안정적으로 공급받는 것이 필요하다. 공급 프로세스의 개선이나 공급망 재구축을 위해 공동으로 협약을 체결하고 총비용 측면에서 접근하는 것이 바람직하다. 아울러, 비용 절감, 재고 감축, 품질(기술, 공정) 및 납기 향상을 위해 공동으로 노력하는 협업 체계를 구축함으로써 공급사의 수익에 관해 공동으로 합의하는 시스템 구축도 필요하다. 또한, 이들과는 신제품 개발 시 공동으로 제품을 디자인하는 공급사 조기참여(ESI; Early Supplier Involvement)[18] 활동의 전개와 더불어 리스크 분산 및 공동 투자를 통해 얻게 되는 성과를 공유하는 동반성장 지향적 전략에 기반한 운영을 하는 것이 중요하다.

18 신제품 개발 시 제품의 기획, 아이디어/컨셉 개발, 디자인/개발 단계에 공급사를 참여시키는 활동으로, 신제품의 개발 기간과 양산을 단축하여 신제품의 판매 기간을 더 많이 확보할 수 있는 긍정적인 효과를 기대할 수 있다. 공급사의 역량에 따라 신제품 개발 프로젝트에 참여 시기 및 참여 수준/정도를 조절하기도 한다.

나. 협력적(C) 관계: 협력 지향적 전략

이 관계로 분류되는 공급사는 구매사 입장에서 필요한 협력사이기는 하지만 구매사의 기준에 부합하는 운영성과[19]의 향상이 요구되는 특징을 보인다. 이 그룹에 속하게 되는 공급사들은 구매사로부터 운영성과의 향상을 요구받게 되고 그 성과에 따라 인센티브(예: 물량집중)를 제공받는다. 또한, 지속적이면서 주기적인 계약 이행을 평가하여 중기 계약의 거래 관계를 유지하면서 총소유비용(TCO) 절감, 공급사의 품질관리 활동 모니터링, 리스크 관련 비용을 공급사에 전가하는 등 강력한 운영방침을 통해 성과 향상을 도모하고 협업 지향적인 관점에서 공급사를 관리하는 것이 바람직하다. 우수한 성과를 보이는 공급사는 전략적 관계로 관계 개선을 통해 공급사의 발전을 유도할 수 있다.

다. 거래적(T) 관계: 시장 지향적 전략

일반적으로 구매사가 거래하는 공급사 중 많은 수의 공급사가 거래적 관계로 분류되는 경우가 많다. 주요 취급 품목에 따라 스펜드를 분석하여 파레토 차트로 결과를 도식화해본다면 "Vital few, Trivial many"의 결과를 쉽게 확인할 수도 있다. 구매비용이나 전략적 중요도 면에서 구매사에 대한 영향력이 많지 않기 때문에 이러한 관계에 있는 공급사와는 단기 또는 스폿(Spot) 계약을 중심으로 거래 관계를 유지하는 것이 바람직하다. 아울러 이러한 관계에서 거래를 시작하려는 공급사를 선정할 때는 시장 가격을 최우선으로 고려해야 하고 경쟁입찰을 통해 구매비용을 절감해야 한다. 또한, 공급기반(Supply Base) 개방을 통해 가격 경쟁력이 있는 글로벌 공급사를 유입시킴으로써 공급사 간 경쟁을 유도하여 구매비용 절감을 모색하는 것도 구매비용 절감을 위한 좋은 방법이다.

4. 공급사 역량 및 성과 평가

가. 공급사 성과 관리와 평가

공급사 평가(Supplier Assessment)는 공급사의 재무, 기술, 관리/생산능력 등의 역량에 대한 실제 성과를 정기적으로 평가하는 것으로, 그 결과는 구매사의

19 주로 품질(Quality), 원가/비용(Cost), 운송(Delivery), 유연성(Flexibility)의 네 가지 핵심 요인을 통해 평가한다.

구매전략 방향성에 따라 공급사를 차별화하는 데 기초 자료로 활용하게 된다.

공급사 평가는 우선 평가 모델을 구축하고 이를 활용하여 공급사의 역량 측정을 위한 실사를 거쳐 실제 성과를 취합/평가/분석하는 과정으로 진행한다. 이러한 평가 과정에서 역량 측정을 위해 활용되는 평가 항목은 신제품 개발 또는 신규 자재나 부품 등이 요구될 때, 새로운 공급사를 선정할 때, 또는 기존 공급사의 성과에 기반한 계약을 갱신할 때도 적용할 수 있다. 공급사의 성과 측정과 관리를 위한 평가 모델은 비용 절감(스펜드), 리스크 완화(전략 품목), 지속적 개선 등을 핵심 요인으로 구성해야 하고, 프로세스 역량, 기술/혁신, 수명주기 비용, 서비스 수준, 불량률, 선적 지연/불량, 생산 중단, 최종 고객 만족, 제품 실패로 인한 보증비용; 컴플라이언스(환경, 안전보건, CSR, 다양성(diversity) 프로그램) 등을 성과 측정 영역으로 포함할 수 있다. 이러한 요인은 공급사의 역량을 측정·평가·개발하는 데 있어서 핵심성과지표(KPI)로 관리되어야 하고, ACMACS[20] 관리 원칙이 적용되어야 한다. 구매사는 이러한 원칙을 담은 KPI를 공급사와 공유하고, 이를 활용하여 주기적으로 시스템(내부 통제 준수), 프로세스, 제품/서비스 등의 공급사 역량 감사(Audits)를 공정하게 수행/평가하고 피드백하여 상호 거래 관계에 있어서 신뢰를 쌓아가는 상생협력 체계를 구축하는 것이 중요하다.

나. 평가 절차 및 항목

(그림 7-6)은 공급사 평가를 위한 절차를 나타낸다. 앞서 언급했던 바와 같이 공급사 평가는 크게 평가 모델 구축, 공급사의 역량 측정을 위한 실사, 결과 취합 및 평가의 단계로 진행하는 것이 일반적이다.

평가 모델을 구축하는 과정에서는 평가 카테고리를 결정하고 카테고리별로 세부 평가 항목을 정의하게 된다. 일반적으로, 평가 카테고리를 결정할 때는 공급사의 품질 시스템, 납품 아이템의 비용 구조, 배송 성과, 재무 상태 등을 중점적으로 고려하고, 구매사에서 요구하는 기타 항목을 추가할 수 있다. 평가 카테고리가 결정되면 구매사의 판단에 따라 카테고리별로 가중치를 할당하고 카테고리별 평가 항목들에 대해서도 가중치를 할당한다. 그런 후 항목별 측정

20 정합성(Aligned), 포괄성(Comprehensive), 측정가능성(Measurable), 달성가능성(Attainable), 통제가능성(Controllable), 지속가능성(Sustainable)을 의미한다.

■ 그림 7-6 공급사 평가 절차

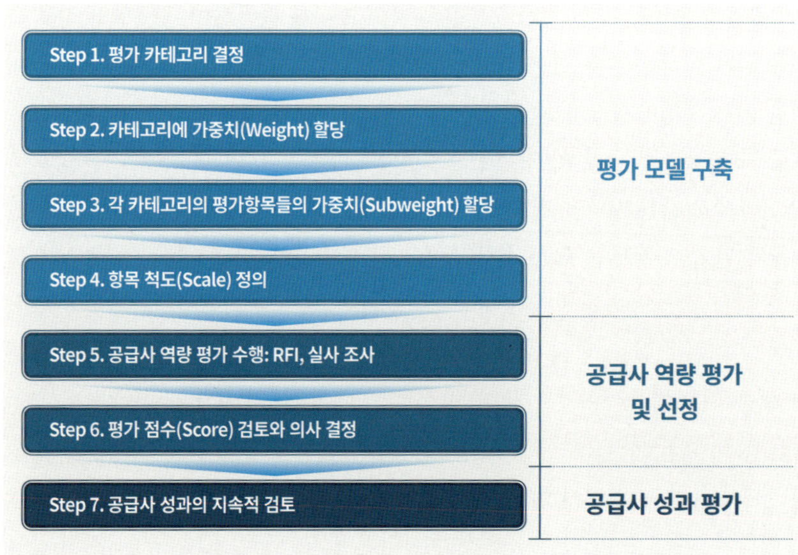

을 위한 평가 척도(Scale)[21]를 결정한다. 공급사의 역량 측정을 위한 실사 단계에서는 공급사에게 RFI를 요청하여 사전 점검을 수행하고 역량을 측정/조사하기 위한 실사를 진행하여 점수를 부여한 후 평가하게 된다. 평가가 종료된 이후에는 공급사의 역량을 지속적으로 모니터링하고 역량 수준을 유지하고 있는지 점검하기 위해 주기적으로 성과를 측정·검토한다.

(표 7-1)은 공급사 평가 모델의 예를 보여준다. 첫 번째 열은 평가 카테고리와 항목을, 두 번째와 세 번째 열은 가중치 및 하위 가중치를 나타낸다. 네 번째 열은 실사를 통한 평가 점수를, 다섯 번째 열은 가중치를 반영한 점수[22]를, 여섯 번째 열은 가중치가 반영된 점수의 합을 나타낸다. 이와 같은 평가 모델은 공급사의 역량 수준을 정량화하여 평가한다는 점에서 결과의 공정성을 확보할 수 있고, 특정 공급사의 부족한 역량을 찾아내기 쉬우면서 다른 공급사와의 비교도 가능하게 해준다.

21 일반적으로 5점 척도나 7점 척도를 이용한다.

22 하위 가중치 X $\frac{\text{평가 점수}}{\text{5점(척도)}}$ 로 계산한다.

표 7-1 공급사 평가 모델의 예시

카테고리와 항목	가중치 (Weight)	하위 가중치 (Subweight)	Score (5점 척도)	Weighted Score	Subtotal
품질시스템	20				
프로세스 컨트롤 시스템		5	4	4.0	
토털 품질 커미트먼트		8	4	6.4	
PPM 불량품 성과		7	5	7.0	17.4
경영 역량	10				
노사 관계		5	4	4.0	
관리 역량		5	4	4.0	8.0
재무 상태	10				
부채 구조		5	3	3.0	
회전율(Turnover ratios)		5	4	4.0	7.0
비용 구조	15				
산업 대비 상대적 비용 수준		5	5	5.0	
비용에 대한 이해		5	4	4.0	
비용 컨트롤/절감 노력		5	5	5.0	14.0
배송 성과	15				
납기 충족 성과		5	3	3.0	
리드타임 요건		5	3	3.0	
대응력		5	3	3.0	9.0
기술/프로세스 역량	15				
제품 혁신		5	4	4.0	
공정/프로세스 혁신		5	5	5.0	
R&D		5	5	5.0	14.0
정보시스템 역량	5				
EDI 역량		3	5	3.0	
CAD/CAM		2	0	0.0	3.0
일반	10				
Minority 공급업체 지원		2	3	1.2	
환경 준수(Compliance)		3	5	3.0	
공급기반 관리		5	4	4.0	8.2
				Total Score	80.6

* 출처: Monczka 등, 2016 & Handfield 등, 2011

본 예시에서는 품질 시스템, 경영 역량, 재무 상태, 비용 구조, 배송 성과, 기술/프로세스 역량, 정보시스템 역량, 일반 항목 등 총 8개의 평가 카테고리를 정의한 후, 각 카테고리 별로 가중치(가중치의 합은 100)를 부여했다. 카테고리 별로는 2~3개의 세부 평가 항목을 제시하고 있으며, 평가 카테고리에 할당된 가중치를 기준으로 세부 평가 항목에 하위 가중치(하위 가중치의 합은 카테고리의 가중치와 일치)를 부여했다. 실사를 통해 5점 척도로 공급사의 역량을 평가하고, 가중치를 반영하여 점수를 산출한다. 이후 평가 카테고리 별로 가중치가 반영된 점수를 합산하여 소계(Subtotal)를 산출하고 이를 모두 합하여 공급사의 총점을 산출한다. 이 기업의 평가 결과를 보면, 품질 시스템에서 매우 우수한 성과를 보이고, 비용 구조와 기술/프로세스 역량 면에서도 우수한 성과를 보이고 있다. 이에 반해 배송 성과, 일반 평가 영역, 경영 역량, 재무 상태, 정보시스템 역량 면에서는 부족한 점이 발견되고 있고, 특히 정보시스템 역량이 매우 부족하다는 것을 확인할 수 있다.

공급사 평가는 주기적으로 평가되는 것이 일반적이기는 하지만, 공급사-구매사 간 공급 프로세스가 변환되거나 공급사의 성과 부진이나 계약 만기 또는 구매사의 필요에 따라 비정기적으로 할 수도 있다. (표 7-2)는 이러한 경우를 요약한 것이다.

표 7-2 공급사 평가가 필요한 경우

구분	평가가 필요한 상황
프로세스 변환과 관련된 경우	• 신제품 개발 과정 중이나 신시장/신제품으로 확장을 고려할 때 • 시장 검토(새로운 제품/서비스에 대해 직원 의견을 요청)를 수행할 때 • 새로운 장비/설비를 구매할 때
공급업체가 관련된 경우	• 현재의 공급업체 성과가 좋지 않을 때 • 현재의 계약이 종료되는 시점 • 현재의 공급업체가 충분하지 못한 생산능력을 갖고 있을 경우
기타	• 내부 사용자의 요청이 접수되었을 경우 • Counter-trade[23]의 요청을 받았을 때 • 물량 통합을 하거나 역경매를 수행하는 경우 • 아웃소싱 분석 중이거나 공급기반의 규모를 줄이는 경우

23 연계무역: 수출을 조건으로 수입을 허용하는 무역 거래

02.

공급사의 정예화를 통한 공급망의 지속가능성 확보

1. 공급사를 차별화하고 최적화하라

가. 공급사 차별화

1절에서 살펴본 공급사 평가 결과는 공급사 차별화에 활용되기도 한다. 공급사와의 상생협력은 역량이 부족한 공급사를 무조건 지원하는 것이 아니라 강건한 공급망을 구축하기 위해 공급사의 역량을 관리하는 공급 전략의 한 부분이다. 즉, 구매사가 판단할 때 핵심역량을 보유하고 있는 공급사를 선정하여 이들 기업과 공동으로 노력하여 지속적인 성과 개선을 이루려는 노력의 일환이라고 할 수 있다. 공급사 차별화는 이러한 노력을 실행하는 하나의 방안으로, 공급사의 성과에 따라 관계를 계층화/그룹화하고 그룹별로 차별화된 관리 전략을 적용하는 합리적 관리 체계를 정립하는 과정이다. 좀 더 구체적으로 설명하면, 공급사 성과에 따른 새로운 관계를 정립하기 위해 핵심역량을 보유한 강건한 공급사를 선정하여 이들을 지원하고 우대함으로써 소싱 업무를 효과적으로 수행하고, 역량이 미흡한 공급사에는 역량을 보완/개선해주기 위한 물적·인적 자원을 지원하면서 그에 따른 성과 개선이 미흡하면 불량 공급사로 경고하거나 공급기반에서 퇴출시켜 공급사 정예화를 통해 강건한 공급 환경 구축을 위해 지속적으로 개선하는 활동으로 해석할 수 있다.

공급사 차별화를 위해서는 앞서 살펴본 공급사 세분화/계층화 분석 결과

■ 그림 7-7 공급사 차별화의 얼개

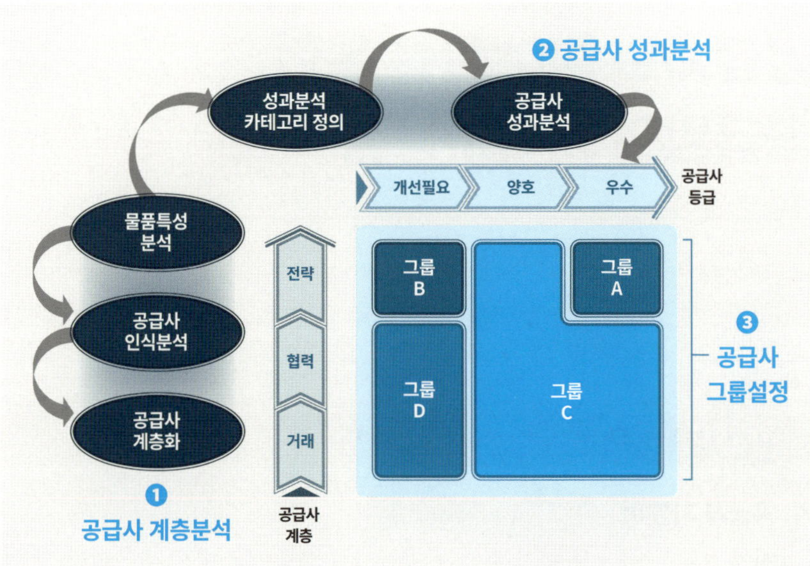

와 공급사 역량/성과 평가의 결과를 종합하여 그룹을 설정한다. (그림 7-7)에서 볼 수 있듯이, 공급사를 전략, 협력, 거래의 관계로 세분화하고, 공급사의 역량/성과를 평가·분석하여 개선 필요, 양호, 우수의 등급으로 나눈 뒤 이를 종합하여 그룹을 설정한다.

이렇게 공급사를 차별화하고 나면 공급사 협력 및 지원 전략(인센티브 프로그램)을 차등 적용한다. 공급사 지원은 구매/판매 협력, 기술 협력, 환경 협력, 금융 지원, 교육/훈련지원 혁신 활동 등 다양한 방법으로 지원할 수 있다. (그림 7-8)은 차별화된 공급사 그룹에 대해 다양한 종류의 인센티브를 그룹별로 차등 적용하는 예를 보여주고 있다. 그룹 A는 구매사에서 제공하는 모든 지원을 받을 수 있지만, 그룹 B는 A가 받을 수 있는 지원을 제외한 모든 지원을 받을 수 있다. 그룹 C는 그룹 A와 B가 받을 수 있는 지원을 제외한 기본적인 지원을 받을 수 있다.

■ 그림 7-8 공급사 차별화에 따른 지원 전략의 예

나. 공급사 최적화

공급사 최적화는 공급사 세분화와 성과 평가를 바탕으로 차별화한 그룹별로 최적의 전략을 수립하는 것이다. (그림 7-7)에서 제시했던 예시와 같이 그룹을 설정할 수도 있고 필요에 따라 그룹을 조금 더 세분화하여 설정할 수 있다.

(그림 7-9)는 공급사 차별화에 따라 그룹별로 최적의 전략을 제시한 예를 보여주고 있다. 기본적으로는 전략적 공급사로 분류된 공급사에 대해 장기 협력 체계 구축, 지속적 소싱 및 물량 집중, 공동 개선 활동 등의 운영방침을 적용하고, 공급사의 성과에 따라 인센티브를 차등 부여한다. 특히, 그룹 A1과 A2로 분류되는 공급사는 장기적 관점에서 동반 성장할 수 있는 협력사로 관리하는 것이 필요하다. 공급사의 성과는 우수하거나 양호하지만, 취급 품목의 특성이나 관계 매력도가 떨어져 협력 관계에 있는 공급사는 재차 세분화하여 그룹 B1과 같이 협력적 관계에서 전략적 관계로 전환될 수 있도록 유도한다. 그룹 B1과 B2로 구분되는 공급사에는 경쟁 입찰을 통한 가격 경쟁력을 요구

■ 그림 7-9 공급사 최적화 전략의 예

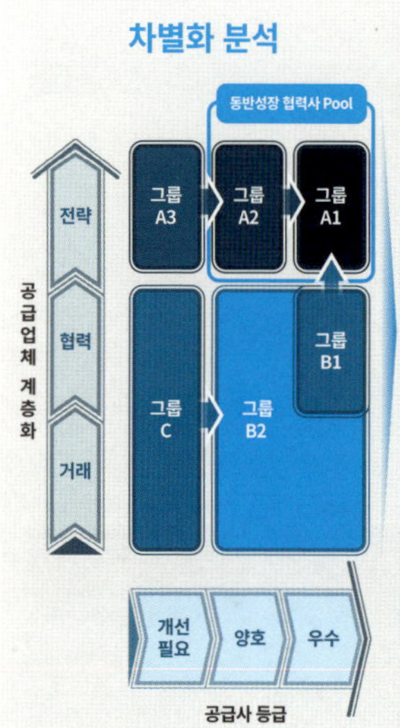

최적화 전략

그룹	A1	A2	A3	B1	B2	C
장기 협력	●	●				
협력 활동	●	●	●			
지속적 소싱과 물량 집중	●	▲		●	▲	
지속적 개선과 기술 지원		▲	●		▲	
공동 개선 활동 (6 sigma, lean 등)	●	●	▲	▲	▲	
경쟁 입찰 (Open & Fair)				●	●	
개선 합의			●			●
일정 기간 표준 미달 時 퇴출			▲			●
인센티브	성과 공유 + 추가 보상	부분적 성과 공유 (% 총마진)		공급 지속성		N/A
물량 할당(% total)	60%	20~25%		10~15%		0~10%

*●: 전적 적용, ▲: 부분 적용

하면서도 지속적인 소싱과 물량 집중, 부분적인 공동 개선 활동을 통해 공급사의 역량을 끌어올려 공급의 지속성을 확보할 수 있도록 관리한다. 그룹 C로 분류되는 공급사에는 구매사가 제시하는 기준을 충족하도록 역량 개선에 합의할 것을 요구하고, 일정 기간 보여주는 개선의 노력 여부에 따라 상위 단계인 그룹 B2로 재분류하거나 개선의 성과가 미흡할 경우 거래 관계를 종료하고 공급기반에서 퇴출하는 특단의 대책을 적용할 수도 있다.

2. 공급사와 협력을 통해 함께 성장하라

가. 공급사와의 관계 향상을 위한 관리

구매사와 공급사의 거래에 있어 역학적인 관계를 보면 매출, 규모, 재무 상태, 기술력 등 여러 방면에서 구매사가 우위에 있는 경우가 많다. 특히 우리나라에서는 일상생활에서 사용하는 계약서에도 '갑'과 '을'이라는 용어가 흔히 사용되며, 법률상에도 '하청(下請)', '하도급(下都給)'과 같이 상하 관계를 연상하게 하는 용어가 빈번히 사용된다. 그렇다 보니 자연스럽게 구매사와 공급사의 거래 관계는 명령과 복종의 관계를 암암리에 요구하는 경우가 많아 공급사와의 관계 개선을 유도하기가 쉽지 않다. 그러므로 구매사는 공급사를 협업 파트너라는 동반자로서 인식의 전환이 필요하고, 공급사를 공정하고 진실하게 대하여 쌍방이 신뢰를 구축하는 것이 무엇보다도 중요하다. 공정하고 합리적인 평가를 통해 공급사에게 동기를 부여하고 이를 통해 우수한 성과를 보이는 공급사는 개발/육성하며 구매계약을 획득하는 공정한 프로세스 구축, 열린 의사소통 채널 구축, 신속한 대금(현금) 지급 등을 통해 강건한 공급기반을 조성하는 것이 필요하다. 때로는 평가나 계약 과정에서 공급사가 구매계약이 체결되지 않은 이유를 상세하게 통지할 필요도 있다. 궁극적으로 구매사는 공급사가 적극적으로 혁신적인 아이디어를 제공할 수 있도록 신뢰 기반의 건전한 협업 문화를 조성하고 이러한 과정에서 발생하는 편익을 노력의 투입 정도에 따라 공유하여 공정한 거래 관계가 조성될 수 있도록 노력해야 한다. 신제품을 개발할 때는 우수 공급사가 신제품 개발 프로세스에 조기 참여하는 특혜도 제공할 수 있고 공급사의 개발 아이디어를 수용할 수도 있다. 다만, 이러한 상황에서 기밀유지협약서를 사용하여 보안을 유지하는 활동이 수반되어야 하고, 공급사의 공동 투자, 특허 및 기타 지적자산의 공유에 대한 별도의 협의도 필요하다.

공급사와의 관계 개선은 공급사 세분화(계층화)의 결과를 바탕으로 공급사의 역량 수준을 보여주는 성과카드(Scorecard)와 구체적인 분석 내용을 피드백하여 우수한 성과를 보이는 공급사에는 그에 따른 보상을 하지만, 성과가 미흡한 공급사에는 개선과 혁신을 위한 워크숍을 통해 공급사 역량이 향상될 수 있도록 관리한다. 한편, 공급사와의 신뢰를 더욱더 높이기 위해서는 양측의 경영진이 참여하는 협의회(Councils) 구성, 양방향(Two-way) 성과 평가, 성과 평가에 대한 만족도 설문조사, 공급사 제안 플랫폼 운영 등 소통과 상호 존중이 뒷받침되는 관계 자본(Relationship Capital)의 구축과 사회화(Socialization)도 고려되어야 한다.

나. 구매사와 공급사 간 소통 향상을 위한 관리

구매사와 공급사 간에 신뢰와 공정에 기초한 거래 관계를 조성한다고 해도 구매사와 공급사는 각각의 입장에서 특유의 장벽이 존재하고 거래의 접점에서도 이러한 문제가 발생하기 때문에 이를 해결하기 위한 해결책이 고려되어야 한다. 이는 제도나 시스템적인 문제로 발생하기보다는 조직원 간의 이해 및

표 7-3 구매사-공급사 간 발생할 수 있는 특유의 장벽과 해결책

구분	특유의 장벽	해결책
구매사 측면	구매 물량이 공급사 개발의 투자를 정당화하지 못함	표준화, 단일 소싱
	구매사에게 즉각적 이익이 없음	Small wins[16] 추구
	구매 물품의 중요도가 공급사 개발의 노력을 정당화하지 못함	장기적인 관점에서 접근
	공급사 개발에 대한 중역(구매사)의 지원이 미흡	거래로 인한 이익을 증명
공급사 측면	경영진의 헌신과 책무 부족	헌신과 책무가 보장될 때 실행
	경영진의 개선 노력이 실패	공급사 챔피언 기업 발굴, 학습의 활성화
	솔루션 실행을 위한 엔지니어링 자원이 부족	직접 지원
	정보 시스템의 결여	Direct EDI 지원
	역량 개발의 이익에 대한 확신이 결여	공급업체의 현재 상태를 파악하고 이를 전파
	솔루션 실행을 위한 종업원의 스킬이 부족	훈련센터를 구축하고 인적자원을 지원
구매사-공급사의 거래 접점	공급사가 비용/프로세스 정보 공유를 꺼려함	고충상담처리원 (Ombudsman) 제도 이용
	비밀 유지가 정보 공유를 저해	비밀보장 계약 체결
	구매사에 대한 공급사의 신뢰 결여	관련 항목을 명시하고 이를 시정하기 위해 노력
	조직 문화가 잘 맞지 않음	로컬 컨디션에 관한 새로운 방법 채택
	공급사 참여 유인의 결여	고안된 동기부여 (예: 재무적 인센티브 제공)

16 성취 가능한 작은 목표를 제시하고 이를 달성하면서 성공의 가능성을 높이는 관리 기법

노력 부족, 거래로 인한 이득 발생의 지연, 구매사-공급사 간의 조직 문화 및 인식의 차이 등으로 인해 발생한다. (표 7-3)에 구매사-공급사 간 거래에서 발생할 수 있는 특유의 장벽과 해결책을 요약·정리하였다.

구매사는 공급사에 운영성과의 기준을 제시하고 이를 바탕으로 공급사의 성과 평가를 반복하면서 지속적인 개선을 꾀한다. 그러나 이러한 기준을 제시하더라도 때로는 기대에 어긋나는 경우(불일치, Nonconformance)가 발생할 수 있는데 이러한 문제는 사전에 감지하고 예방하는 것이 효과적이다. 공급사의 생산 프로세스의 일관성을 위해서는 생산하는 제품의 특성을 데이터로 관리하면서 프로세스의 변동성을 줄이도록 관리한다. 프로세스의 변동성이 줄어들면 평가/검수/탐지 활동의 빈도를 줄일 수 있어 프로세스의 생산성을 높일 수 있고, 원천품질(Quality at the source)의 개념에 기초를 둔 문제 해결로 불량품의 생산을 근본적으로 차단하면서 품질비용(예: 실패비용)을 줄일 수 있다. 만약 문제가 발생할 경우, 시정조치 및 정정 활동을 요구해야 하고, 원천품질의 보장을 위해 프로세스 역량 강화를 위한 프로그램을 전개해야 한다.

공급사의 불일치를 예방하는 또 다른 효과적인 방법은 공급사 인증 프로그램을 적용하는 것이다. 일정 기준 이상의 성과를 보이는 공급사에 자격을 부여하여 이들이 공급하는 품목의 품질과 신뢰성을 확보하고, 장기간 우호적인 관계를 유지하여 공급사 자체적으로 역량을 개발하도록 동기를 부여하는 것도 고려할 수 있다. 인증을 받고자 하는 공급사에는 스스로 품질을 개선할 수 있도록 데이터를 활용한 품질관리 기술과 관련 활동을 교육하고, 구매사 조직 및 직원들의 업무 역량이 향상될 수 있도록 교육 프로그램을 제공하여 구매사의 자생력을 높일 수 있도록 유도하는 것도 필요하다. 또한, 지속적인 공급사의 개선을 위해서는 인증 기간을 설정하여 인증 기간 내 공급사의 지속적인 노력을 요구하고, 지속적인 정기 평가를 통해 안정된 제조 프로세스와 품질 보증 시스템이 구축될 수 있도록 관리해야 한다.

다. 공급기반 관리

구매사는 자사의 니즈를 정확하게 이해하고 유능한 공급사와 정합(Alignment)

하여 양사의 관계를 발전/고도화시켜야 미래에 더 많은 쌍방간(Bilateral) 혹은 다자간(Multilateral) 협력·협업적 방식을 요구할 수 있다. 내적으로는 회사의 미래 니즈를 충족하기 위해 조직의 소통을 향상시켜 내부 협력과 통합이 될 수 있는 조직 문화를 조성해야 하고, 외적으로는 단순 경쟁에서 벗어나 공급기반 경쟁으로의 전환을 알리고, 공급사와의 유기적인 협력과 내·외부 정보의 가시성을 높이기 위해서는 다양한 기술 지원, 투자 분담, 리스크 공유를 할 수 있는 신뢰 기반의 파트너십 형성이 필요하다. 아울러 공급사와 협력할 때 관리 리스크와 지적자산 보호를 염두에 두고 이를 계약에 반영해야 한다.

공급기반 관리는 공급기반 내에 자격을 갖춘 공급사를 적정한 수로 유지하고 기준에 부합하는 역량 수준을 유지할 수 있도록 공급사 합리화(Rationalization)[24]와 공급사 최적화(Optimization)[25]를 통해 강건한 공급기반을 조성하기 위한 지속적인 의사결정 과정으로, 공급사의 평가 측정 시스템을 개발하여 성과가 미흡한 소수의 공급사를 제거하고 좋은(Good) 공급사를 더 나은(Better) 공급사로 발전시키거나 대체하면서 공급망의 전반적인 성과 향상을 위한 공급사의 개발 및 육성 프로그램을 수반한다.

공급기반을 정비하는 데에는 여러 가지 방법이 활용될 수 있다 (Handfield 등, 2011). "파레토(Pareto) 원리(80-20 rule)"는 많은 구매비용이 드는 공급사나 품질 문제를 일으키는 소수의 공급사를 식별하는데 적용할 수 있다. 구매비용과 품질 문제는 공급사 제거에 적용할 수 있는 중요한 판단 기준이므로, 이 방법은 공급사의 수를 빠르게 줄일 때 활용된다. 다만, 이러한 과정에서 잠재력 있는 공급사가 배제될 수 있다는 점은 유의해야 한다. "Improve or else" rule은 공급기반의 신속한 향상이 필요할 때 이용하는 방법이다. 이 방법은 모든 공급사를 대상으로 과거의 성과 기록과 상관없이 공급기반에 잔류할 수 있을지를 판단한다. 통지받은 공급사는 구매사에서 제시한 일정 기간 내 품질향상, 배송 리드타임 단축, 비용 절감 등 구매사가 제시하는 주요 성과지표의 새로운 기준이나 요구사항을 충족하는지 검토 과정을 거치게 된

24 얼마나(how many), 어떤(which) 공급업체를 유지할 것인지를 판단

25 가장 유능한 공급업체들만을 보장하기 위한 분석

다. 비록 이 방법을 통해 빠르게 공급기반의 성과 향상을 기대할 수 있지만, 자칫 공급사를 너무 가혹하게 대하는 부정적인 이미지를 줄 수 있어 공급사의 반발이나 반감이 생기면 공급기반에서 장기간 공급 단절 현상을 겪을 수도 있다는 점에 유의해야 한다. "분류(Triage) 기법"은 각각의 공급사의 성과를 체계적으로 평가한 결과를 3개의 카테고리 중 하나로 분류하여 범주화(Categorization)하는 방법이다. 이 3개의 범주는 각각 ①구매사의 성과 요구사항을 맞추기 어렵거나 그 한계에 있는 범주, ②모든 영역에서 구매 요구사항 달성의 일관성이 결여되거나 잠재적 개선 능력이 충분하지 않은 범주, ③고품질 성과를 보여 성과 개선의 도움이 필요 없는 범주로 나눌 수 있다. 현재의 공급기반에서 적지 않은 공급사가 첫 번째 범주에 속하는데 이들은 공급기반에서 제외 대상이 된다. 두 번째 범주에 속하는 공급사는 구매사로부터 일정 부분 도움과 개발의 기회를 부여받게 되고, 그 결과에 따라 공급기반 잔류 여부가 결정된다. 세 번째 범주에 속하는 공급사는 지속적인 개선을 대가로 장기 거래를 제공하고 강력한 협력 체계의 대상으로 관리한다. 결론적으로, 구매사가 요구하는 최소 한계를 넘지 못하는 공급사는 공급기반에서 제외되고 최소 한계는 넘기지만 최고 수준(또는 world-class) 성과에는 미치지 못하는 공급사는 공급기반 최적화 및 개발의 대상이 된다. 이러한 맥락에서 공급기반의 향상을 위해서는 국내에 국한하지 않고 세계적으로 경쟁력있는 World-class 공급사를 발굴하는 노력도 수반되어야 할 것이다. "계단식 역량(Competency Staircase) 기법"은 구매사가 제시하는 일련의 성과 이정표(Milestones)를 따라 공급사가 목표를 달성했는지 그 여부에 따라 공급기반에 잔류를 허가하는 방법이다. 모든 공급사는 기본적으로 품질 표준의 성과를 달성해야 하고, 이후에는 기술 사양 및 제품 성능 요구사항의 목표를 달성해야 한다. 이후 더욱더 고차원적인 성과 이정표, 예를 들어 배송 역량(적시 배송 요구사항), 정보 공유의 의지, 지속가능성 등 구매사가 요구하는 사항을 지속해서 달성해야 하고 이를 달성하지 못하는 공급사는 공급기반에서 제외된다. 이 방법의 가장 큰 장점은 구매사가 제시하는 역량을 갖춘 강력하면서도 유연한 공급기반을 구축할 수 있다는 것이다.

공급기반 관리를 통해 구매사는 최고 수준(World-class)의 공급사로부터 필요한 품목을 구매할 수 있고, 구매사와 밀접한 거래 관계에 있는 Full-service 공급사 이용이 가능해지게 된다. 또한 공급기반 리스크 축소, 공급기반 관리 비용 감소, 총 제품 비용 감소, 비용 기반의 가격 합의 도출 등 복잡한 공급관리 전략을 수행할 수 있는 역량을 갖게 된다. 이를 통해 구매사는 공급사와 유기적인 협업 체계를 구축함으로써 공급사 개발/육성, 공급사 디자인 조기 참여, 적시(Just-in-time) 소싱 등 한 차원 더 수준 높은 구매 기능을 수행할 수 있게 된다. 그러나 공급기반 관리는 기본적으로 도태하는 공급사를 배제하는 원칙을 두고 있어 공급사에 대한 물량 의존도와 지역적/국가 의존도가 높아짐에 따라 공급기반 내에 경쟁의 부재로 인한 부작용이 발생할 수도 있고, 공급 단절이나 과도한 공급 감소의 상황이 발생하게 되면 빠르게 대처하거나 회복하기 어려운 잠재적 위험을 내포하기도 한다. 따라서 오늘날과 같이 PESTEL 거시환경의 리스크가 증가하는 상황에서 선진 공급기반 관리는 비용 효율성 관점을 넘어서서 리스크와 안정성을 고려한 관리로 발전되어야 한다.

3. 스타 공급사를 찾아서 육성하라

가. 공급사의 개발 및 육성

제품 기능의 다변화·복잡화, 수명주기의 단축, 신개념의 융복합 제품의 생산 등이 요구되는 최근의 시장 환경에서 대부분의 제조기업은 자신들이 갖춘 역량으로만 이러한 니즈를 모두 충족하기에는 역부족일뿐만 아니라 불가능하다. 제한된 자원과 역량 내에서 어떻게 하면 우수한 협업 파트너와 손을 잡고 부족한 부분을 보완하느냐가 사업 성공의 관건이라 해도 과언이 아니다.

이러한 맥락에서 구매사는 우수한 공급사를 개발하고 육성할 필요성이 그 어느 때보다 높아지고 있다. 즉, 공급사의 역량 개선/발전은 구매사의 비약적인 혁신을 견인하는 핵심 원동력이라고 할 수 있다. 이를 위해서는 구매사-공급사 간의 정보 가용성을 높이고 전략적 파트너십 구축이 선결되어야 한다. 더불어 구매사 주도의 철학, 태도, 실무사례 개발 등의 공유를 통해 협력적이고 우호적 관계의 공급 환경을 조성하는 것도 중요하다. 또한, 개발/육성의 대상이 되는 적정 수의 공급사를 결정하고 역할을 배분하고, 어떤 공급사를 왜 개발/육성해야 하는지 명확한 근거를 제시해야 하며, 현재와 미래에 요구되는 역량과 공급사의 역할 변화에 대해서도 고민이 필요하다. 이밖에 2차, 3차 공급사 관리에 있어서 이를 해당 공급사(주로 1차 공급사)에 위임(Delegation) 할 것인지, 구매사가 중앙 통제(Control)할 것인지도 고민해야 할 문제이고, 공급사 위임의 상황에서 발생할 수 있는 이중 대리인(Double Agency)[26] 문제에 대해서도 심도 있는 고찰이 요구된다.

궁극적으로 공급사의 개발과 육성은 공급망의 경쟁우위 실현을 위함이고 이를 위해서는 전략적인 공급망 관리와 함께 공급 목표와 사업부 목표의 정합이 요구된다. 앞서 살펴본 바와 같이 공급사와 구매사는 극복하기 어려운 특유의 장벽이 존재하며, 구매사 조직 내에서도 사일로(Silo) 효과[27]가 존재하므로 이를 제거하고 극복해야 한다. 이러한 장벽/단절을 극복하기 위해서는 직접 참여 활동(Hands-on)[28], 인센티브 및 보상(“Carrot”)[29], 경고와 패널티(“Stick”)[30] 등의 방법을 적절히 혼합하여 활용하는 융통성이 필요하다. 이러한 관계 관리를 개선하기 위한 노력은 공급사 개발 및 육성에 있어 필수 불가결한 성공 요인이다.

나. 공급사의 개발 및 육성을 위한 절차

공급사의 개발과 육성은 강건한 공급기반을 유지하는 데 많은 도움을 주는 활동으로 다음과 같은 절차를 통해 체계적으로 진행하는 것이 필요하다. 구매사가 취급하는 모든 품목에 대해 공급사 개발 및 육성 프로그램을 수행하는 것

---

26 대리인이 주인조직의 가이드라인에 따른 활동의 권한위임을 받은 상황에서 이를 하부 조직에게 실행(전파)해야 하는 경우에 발생하며, 공급망에서는 주로 1차 공급사에서 발생하는 경우가 많다.

27 어떤 조직에서 조직을 구성하고 있는 각각의 기능/부서 간에 원활한 소통이 차단되어 있어 나타나는 부작용 (예: 부서 이기주의)

28 공급사에서 발생한 문제를 구매사의 직원이 가서 직접 해결하고 조언하는 인적자원 공유 방법

29 공급사에게 미래 주문 물량을 늘려준다고 보장해줌으로써 공급사가 최대의 노력으로 그들의 역량 개선에 힘쓰도록 유도하는 방법

30 공급사의 성과가 용납되지 않거나 개선의 여지가 없는 경우, 현재의 거래 관계를 취소하거나 미래의 비즈니스 관계를 단절하는 방법

■■ 그림 7-10 공급사 개발/육성을 위한 프로세스

❶ 개발/육성을 위한 중요 품목군 식별	• 제품/서비스의 외부 구매 가치가 50%를 상회하는가? • 공급사가 경쟁우위의 현존 혹은 잠재적 원천인가? • 현재 구매나 구매 계획이 총비용 vs. 초기 구매가격 기반인가? • 기존 공급사가 자사의 향후 5년간 니즈를 충족할 수 있는가? • 자사 니즈에 대한 공급사 대응성이 더 필요? 공급사가 그러려고 하는가? • 공급업체를 파트너로 대우하며 열린 신뢰 관계를 개발/유지할 계획인가?
❷ 개발/육성할 핵심 공급사 식별	• 공급기반 평가 시스템 활용 • 공급사의 정기적 평가와 랭킹 • 저성과 공급업체는 제거 고려 대상; 중도의 공급사는 개발/육성 대상
❸ 교차기능팀 구성	• 내부 합의와 지원 확보 • 먼저 내부 프로세스 개선 • 주요 팀 멤버: 구매, 엔지니어링, 생산, 품질
❹ 공급사 최고경영진 팀 미팅	• 합리적 구성요소(building blocks) 구축: 전략적 정합, 측정, 전문성 • 긍정적 어조(tone)의 쌍방 커뮤니케이션 활성화 • 협력 강화와 상호 신뢰 구축
❺ 개발/육성할 기회와 가능성 파악	• 최종 고객의 요구조건과 기대수준에 기반 • 개선 가능성과 범위 결정 • 개선 영역에 대한 공동 합의
❻ 핵심지표와 비용 공유 메커니즘 정의	• 프로젝트 실현가능성 평가, ROI 결정 • 기회의 현실성과 달성가능성 결정 • 합의된 측정지표, 개선 목표, 공정한 비용-효익 공유 시스템 구축
❼ 주요 프로젝트와 공동 자원 필요요건에 대한 합의 도출	• 필요 자원 파악, 자원 투입에 대한 커미트먼트 확보 • 성공을 입증할 구체적 측정 평가 지표 개발 • 가시적 이정표와 수행 기간 확정
❽ 프로젝트 진행상황 모니터링과 필요에 따른 전략 수정	• 정기적 모니터링과 지속적 쌍방 정보 공유 • 가시적 이정표에 대한 진도 분석 • 모멘텀을 유지하거나 새로운 결과를 다루는 필요에 따라 계획 수정

출처: Monczka 등, 2016 및 Handfield 등, 2011 (수정 보완)

은 비효율적일 뿐만 아니라 효과적이지도 않다. 따라서 제일 먼저 해야 하는 작업은 구매사에서 중요하게 취급해야 하는 품목을 선정하고 이 품목의 구매를 위해 투입되는 비용을 파악한 후, 개발/육성할 핵심 공급사를 식별하는 것이다. 다음으로는 개발/육성을 담당할 내부 조직을 구성하고, 이 조직을 통해 개발/육성의 범위, 핵심지표, 필요 요건 등을 도출하여 프로젝트를 진행한다. 자세한 절차는 (그림 7-10)에 제시하였는데, 이는 IDEA(Identify, DEcide, DEfine, Amend)로 축약할 수 있다.

- Identify (식별): 개발/육성을 위한 품목 및 공급사 식별
- DEcide (결정): 개발/육성할 기회 및 관련 핵심 지표의 결정
- DEfine (정의): 가시적 성과 개선을 위한 구매사-공급사의 협업 매커니즘 정의
- Amend (수정): 공급 환경의 지속가능성을 위한 쌍방의 전략 및 계획 수정

Chapter 08

글로벌 소싱과 아웃소싱

기업 환경이 국내에서 해외로 확대되어 감으로써 기업은 더 이상 국내 시장이 아닌 해외 시장에서 경쟁우위를 차지하기 위해 세계의 기업들과 점점 더 치열한 경쟁을 하게 되었다. 이러한 환경에서 성장 한계에 직면하는 기업들은 생존 전략의 일환으로 공급업체를 해외에서 찾기 시작하게 되었다. 기업들은 해외에서 공급업체를 찾아 필요한 자재와 서비스를 적절한 시점에 조달하여 기업의 완제품 생산이 원활하게 되도록 하였다. 따라서 이러한 활동을 위해 구매 부서는 체계적인 글로벌 소싱 전략을 수립하여 실행하고 있다. 또한 핵심 사업 및 활동은 직접 기업들이 운영하며 핵심 분야 이외의 핵심분야 외의 일반적인 업무, 비핵심적 사업은 회주를 통해 다른 기업에 주는 방법인 아웃소싱(Outsourcing)전략은 경쟁 환경 속에서 하나의 해결책으로 사용되고 있다. 이 장에서는 글로벌 기업들이 많이 사용하고 있는 글로벌 소싱과 아웃소싱에 대해 살펴보고자 한다.

01.
글로벌 소싱 이야기

A 회사는 컴퓨터 완제품을 만들어 국내 시장에 팔고 있는 중견 기업이다. 다행히도 컴퓨터가 조금씩 경쟁력을 얻게 되어 영업 이익이 연간 20%씩 오르고 있다. 그러나 올해의 경우는 대기업이 경쟁 업체로 들어오면서 경쟁력을 점점 잃어가고 있어 경영진은 고민에 쌓여 있다. 그리고 전 부서의 부서장들이 모여 지금의 위기를 어떻게 모면할지를 협의하기에 이른다. 부서장 회의 진

행 전에 구매 부서에서는 구매 담당자들이 거래 중인 공급업체들, 가격 트렌드, 가격 분석 데이터, 납기, 공급업체 위치 등 분석한 자료들을 펼쳐 놓고 토의하였다. A 회사의 공급업체를 확인 해 보니, 전 공급업체가 국내 업체들이었고 이들의 규모는 대부분 작은 중소기업임을 알게 되었다. 그리고 자재 가격 경쟁력도 대기업보다 좋지 않았다는 것을 확인하였으며, 이러한 문제에 대해서 대안을 찾아야만 했다, 우선 중요 자재에 대해서 글로벌 소싱을 하기 위해 해외에 있는 공급업체를 찾기 시작했다. 다행히도 A 회사에서 사용하고 있는 동일 자재를 공급할 수 있는 공급업체를 찾았고, 가격 분석을 해 보니 기존 가격보다 저렴하게 공급받을 수 있으며, 품질도 기존 업체에 비해 우수하다는 사실을 알게 되었고, 이를 통해 전체 재료비를 낮출 수 있었다, 또한 대기업과 경쟁에서도 정정당당하게 우위를 찾을 수 있었다. 이 후 A 회사는 지속적으로 글로벌 소싱을 하고 있다.

글로벌 소싱은 위의 A 회사와 같이 경쟁력 있는 자재를 발굴하여 재료비를 낮추는 역할뿐만 아니라 경쟁력 있는 기술을 가진 공급업체를 발굴함으로써 완제품에 대한 경쟁력을 높이는 역할을 하는 전략이다. 최근에는 글로벌 소싱이 세계 여러 지역에 위치한 원자재 및 완제품 등 자재 구매뿐만 아니라, 엔지니어링, 서비스, 프로세스, 디자인, 기술 및 신규 공급업체를 선제적으로 통합하고 조정하는 형태로 진화하고 있다. 이처럼 기업들은 경쟁력 있는 공급업체를 발굴하는 데 전력을 다하고 있다.

1. 왜 글로벌 소싱인가?

글로벌 소싱은 자재나 서비스에 대한 가격 절감뿐만 아니라, 품질, 납기, 물류비용, 그 이외 부가 서비스 등 총소유비용(TCO, Total cost of Ownership) 관점에서 경쟁력 있는 공급업체를 찾거나 신기술 또는 신자재 발굴 등을 통해 통합적인 구매전략을 수립하는 것을 말한다. 글로벌 소싱 전략은 치열한 세계시장의 경쟁 속에서 고품질, 저비용(적정 가격)으로 자재를 공급함으로써 기업의 경쟁력 향상에 도움을 주고 기업 성과에 많은 효과를 준다. 글로벌 소싱은 시대를 거치면서 대략 4단계의 발전 과정을 거쳐 왔다. 1970년대는 기업이 생산 활동에 필요한 자재를 국내에서 수급이 어렵거나 찾을 수 없을 경우 외국 수입품을 구매하여 직접 사용하거나 국산화하는 역할을 했었다. 1990년대 들어오면서 글로벌 소싱은 구매 소싱 전략의 일부분으로 구매 재료비 절감의 목적으로 사용되었다. 2000년대에 이르러 글로벌 가치사슬(GVC) 무역이 증가하며 비즈니스 환경이 한 지역에 국한된 것이 아니라 전 세계 시장으로 확대됨에 따라, 기업은 가격 절감, 품질, 납기 대응에 있어서 경쟁 우위를 점하기 위해 저비용 국가 소싱(LCCS; Low Cost Country Sourcing)에 주력하였고 구매 부서는 글로벌 통합을 통해 확대 발전되었다. 최근 들어 글로벌 소싱은 생산 활동에 필요한 전체적인 프로세스, 디자인, 신기술 및 공급업체를 선제적으로 통합 구매하고 조정하는 역할을 하고 있다. 이처럼 글로벌 소싱도 구매 자재 구입에 국한되어 있지 않고 타 영역까지 진화하고 있다.

가. 글로벌 소싱의 장점

표 8-1에 요약되어 있듯이, 기업은 글로벌 소싱을 통해 다양한 장점을 얻을 수 있다. 첫 번째, 원부자재의 구매 가격, 품질 및 서비스에 대한 경쟁력을 확보할 수 있다. 국내 한정된 공급업체 기반에서의 소싱은 경쟁력 있는 공급업체를 찾는 데 한계가 있는 반면, 글로벌 소싱은 공급업체 선택의 폭이 더 넓어짐에 따라 기업이 만족할 만한 최선의 공급업체를 선택할 수 있다. 그러므로 기업은 글로벌 소싱을 통해서 경쟁력 있는 공급업체를 찾고, 이를 통해서 글로벌 경쟁업체들과의 경쟁에서 경쟁우위를 점할 수 있다. 예를 들면, 국내 글로벌 기업의 경우 오래전부터 글로벌 소싱을 진행하고 있다. 2014년 전자부품 중 어댑터 및 파워코드 소싱을 중국, 일본, 동남아 등 해외 공급업체들을 대상으로 초저가 소싱 전시회 및 온라인을 통해 2,600억 원의 원가 절감 및 품질 경쟁력이 있는 업체를 선발하였다. 국내 중장비업체 B사는 글로벌 소싱을 수행하여 원자재인 철판과 환봉 원가를 기존 대비 5~15% 절감했고 엔진오일 온도를 제어하는 오일 쿨러의 원가를 40% 이상 절감했다. 국내 케이블 제조업체인 C사의 경우 글로벌 소싱을 통해서 PVC화합물 등 전선 피복용 원자재와 관 이음쇠등

표 8-1 글로벌 소싱의 장점

항 목	내 용
자재	낮은 구매 가격, 높은 원부자재/서비스 품질
시스템	제품/프로세스 기술과 혁신 가용성과 더 나은 엑세스
시장(Market)	신 시장 진입, 해외 시장에서의 존재 확립
공급업체	국내 공급업체의 경쟁 유발, 경쟁업체의 구매 패턴에 대한 대처
공급업체	개선된 공급업체 관계와 대응성
재고 관리	더 나은 공급사슬 재고 관리
프로세스	소싱프로세스의 표준화 제고
협력관계	개선된 정보 공유

자동차 부품의 구매 비용을 10~20% 절감할 수 있었다(출처: 동아비지니스 리뷰, 글로벌 소싱 19호, 2008년 10월 이슈2).

두 번째, 제품과 프로세스 기술, 혁신 가용성 및 더 나은 액세스(Access)를 확보할 수 있다. 해외 시장에서 기업이 가지고 있는 제품과 프로세스 기술을 동해 직접 사업을 운영할 경우 기업이 가지지 못한 비즈니스 노하우(Know-how)를 습득할 수 있으며, 국내에서 찾을 수 없는 기술과 자원을 활용하여 더 나은 혁신 가용성을 통해 사업을 운영할 수 있다. 사례를 들자면, 인텔은 새로운 칩(Chip) 설계 도면을 제작하고 혁신적인 생산 공정과 기술력이 우수한 삼성에 생산을 글로벌 소싱함으로써 반도체 칩 경쟁에서 우위를 선점할 수 있었다.

세 번째, 신시장 진입과 해외 시장에서 존재감을 확립할 수 있다. 예로, 글로벌 기업이 중국, 베트남, 인도 등 저비용 국가(LCC, Low Cost Country)에 들어가 인건비를 포함하여 적은 비용으로 생산함에 따라 부가가치를 상승시키고, r, 국가의 상품 판매 시장을 개척할 수 있다. 최근 홈플러스는 EMD(European Marketing Distribution AG)와 회원 가입 계약을 체결하여 EMD의 비즈니스의 노하우와 막강한 구매력을 바탕으로 유럽의 매력적인 품질의 상품을 국내 소비자들에게 저렴하게 제공할 수 있게 되었다. 또한 홈플러스가 가지고 있는 양질의 제품을 유럽 시장 진출과 아시아 유통업체와의 협업을 통해서 1조 원 이상의 규모로 키울 수 있었다 (출처: 뉴스핌 2019년 1월 24일, 박준호 기자, 홈플러스, 유럽 유통연합 "EMD" 글로벌 소싱 1조원 박차).

이 외에도 글로벌 소싱은 해외 공급업체를 통해서 국내 공급업체의 경쟁을 유발하고, 경쟁 업체의 구매 패턴에 대처할 수 있게 한다. 또한 글로벌 공급업체와 경쟁을 통해서 공급업체 역시 그들의 비즈니스 노하우를 습득함에 따라 공급업체와의 관계를 개선하고 대응력도 높일 수 있다. 나아가 공급사슬 재고 관리, 소싱 프로세스의 표준화 및 정보 공유의 가시성을 제고시킬 수 있다.

나. 글로벌 소싱의 장벽과 극복

글로벌 소싱은 장점과 더불어 장벽 혹은 리스크를 수반하고 있다. 이에 대한 극복 방안에 대해서 살펴보자. 첫 번째, 잠재적 공급업체 파악, 공급망 관리, 품질 관리, 신기술 및 기술 트렌드 분석, 제품과 원자재 관련 시장 분석 등 글로벌 소싱에 필요한 지식과 스킬(Skill)의 부족이다. 최근에 기업은 각 기업에 맞는 글로벌 업체 소싱을 위해서 전략적으로 소싱을 한다. 기업에 따라 가격, 품질과 서비스 및 신기술 경쟁력이 있는 공급업체들로부터 소싱을 위한 전문적인 기술, 지식 및 역량이 필요하다. 이를 위해서는 먼저 글로벌 소싱에 적합한 제품, 사용할 프로세스, 시스템을 통한 공급업체 발굴 등에 대한 다양한 내용의 교육과 훈련을 통해서 학습해야 한다. 또한 다양한 기업의 성공 스토리를 통해 기업 인력에게 홍보하고 동기부여를 하는 것이 필요하다.

두 번째, 비즈니스 관행, 언어 및 문화의 차이에 대해서 이해해야 한다. 예를 들면, 중국 기업과 비즈니스를 할 경우, 중국 사람들의 비즈니스 관행 즉 관시(关系, guān · xi, 관계)를 충분히 이해해야 하며, 지역별 방언이 심하고 면적이 넓어 소통에도 많은 어려움이 있다. 미국인과 협상을 진행할 때, 싫다는 의미로 Dislike가 아닌 Hate를 쓸 경우에 의미가 잘못 전달될 수 있다. 또한 일본인은 아니오(No)라는 표현을 잘 쓰지 않는 문화가 있고, 협상 마지막으로 결론을 이야기할 때, 일본 공급업체에서 고려하겠(考慮し)다고 한다면

그 말이 부정의 의미인지, 긍정의 의미인지를 세심히 파악할 필요가 있다. 또 다른 사례를 살펴보면, 월마트는 대표적인 아웃소싱 기업으로, 월마트가 한국에서 성공할 수 없었던 이유 중의 하나는 한국 사람과 문화를 이해하지 못했기 때문이다. 미국 사람들은 일반적으로 냉동식품을 구비해 두고 먹고 싶을 때 해동시키거나 데워 먹는 반면, 한국 사람들은 신선도가 높은 식품을 선호하는 문화와 고객 니즈에 대한 이해가 부족했던 것이다.

세 번째, 제품 또는 자재 수입에 대한 리드타임과 물류의 복잡성에 대해 분석하고, 해외 공급업체의 재무 건전성과 속해 있는 국가에서 발생할 수 있는 사회적, 환경적 리스크를 완화하는 방안에 대해서도 대비해야 한다.

네 번째, 기존의 국내 소싱 패턴과 관행에 머물러 있어 효율적인 글로벌 소싱을 할 수 있는 기업의 여건이 마련되지 않은 경우가 많이 있다. 하지만 최근 들어 기존처럼 직접 기업이 원하는 공급업체를 찾기 위해 여러 나라를 방문하지 않고도 온라인 네트워크를 활용하여 원하는 공급업체를 빠른 시간 내 찾을 수 있다. 삼성전자의 경우, 글로벌 소싱의 패턴을 2014년부터 오프라인을 온라인과 병행하여 더 많은 신규 업체를 참여시킴으로써 신규 제품 출시기간 단축, 원가절감, 신기술 소싱 등 기대 이상의 성과를 거두고 있다. 또한 글로벌 소싱을 원활하게 하기 위해서 글로벌 소싱 성과 측정 및 보상 시스템을 구현하고, 글로벌 공급업체에 본국의 자원 지원이나 제3자 중개상을 이용하여 진행하는 것도 고려해야 한다.

2. 어디서 글로벌 소싱을 해야 하나 : 저비용 국가?, 고비용 국가?

글로벌 소싱은 저비용, 고품질 추구의 경쟁전략에 따라 크게 저비용 국가 소싱과 고비용 국가 소싱으로 나눠 볼 수 있다.

가. 저비용 국가 소싱은 언제 할까?

저비용 국가 소싱(LCCS, Low Cost Country Sourcing)은 저비용 국가의 공급업체를 활용하여 재료비, 인건비, 재고 관리, 세금혜택 등 일반적으로 생산 프로세스에 필요한 비용을 저비용으로 생산함으로써 효율적으로 비용을 절감하고, 저비용 국가 또는 신흥 개발도상국으로 제품을 판매할 수 있는 기회를 확대할 수 있는 혜택이 있다. 한편, 잠재적 리스크도 존재하는데, 생산 프로세스 및 운영, 비효율적 재고 관리 방식, 물류비 등에 의한 비용 증가, 자재 불량, 품질 관리 미숙으로 인한 품질 리스크, 지적자산, 기업 비밀 등에 대한 보안 리스크, 공급 지연, 긴 배송기간(납기) 등 고객 서비스 리스크, 정치 및 사회적 불안 요소 등이 포함된다.

LCCS를 위해서는 기업의 비즈니스에 맞는 품질, 원가 경쟁력, 납기 대응력, 생산 프로세스, 유연성 등 요건을 충족시킬 수 있는지 확인해야 한다. 미국, 일본, 유럽 선진 기업들은 인건비 절감, 세금 혜택 등을 통해 원가 경쟁력을 높이기 위해 중국을 선호했으며, 물류비, 납기 등의 지역 접근성, 문화적 유사성 등으로 인해 유럽의 중동부 국가(체코, 헝가리, 폴란드, 슬로바키아 등) 및 멕시코, 브라질 등을 선호하였다. 최근 들어, 원가 경쟁력, 접근성, 문화적 유사성뿐만 아니라 신기술, 품질수준, 적기 납기 대응력이 있는 인도, 베트남, 인도네시아 등으로 선호도가 이동하고 있다. 그러나 여전히 노동집약적인 저부가가치 형의 원부자재나 서비스로는 중국을 선호하고 있다. LCCS를 활용한 비용 절감 사례를 살펴보자 (출처: http://economy.chosun.com/client/news/view.php?boardName=C06&t_num=2532).

사례1

P사는 광학공업 분야의 콤팩트(36mm) 카메라 산업의 세계 일류 기업으로, 광학 및 소비자 제품 관련하여 부품을 제조와 판매하고 있으며, 그리고 P사는 임직원을 약 5,000여명 넘게 보유하고 있다. LCCS 도입 전, 주요 부품에 대한 소싱 전략이 없어 원가절감에 난항을 겪어 있었으며, 구매 운영 및 모니터링의 효율성이 요구되었다. 또한 연구개발과 구매 부문 간의 의사 전달의 부재로 인해 제품 요구사항과 각 부품 사양 사이의 불일치 문제도 제기되었다. 하지만 LCCS 도입 후, P사는 약 10%의 원가 절감을 하였고, 구매 프로세스에 대해서는 많은 변화를 가지고 왔으며, 거래중인 공급업체에 대해 가시 성, 객관적인 평가 및 선정 기준을 매뉴얼화 하게 되었다.

사례2

B 항공사는 약 80여개국, 160여개 도시를 운항하는 370여개의 비행기를 운영하며, 6만 4천여 명의 직원을 보유하고 있고 이익은 연 $147억에 달한다. 한편 3만여 협력업체와 연 구매 예산이 $65억이어서 구매 프로세스 관리 및 효율성이 제일 먼저 요구되는 상황이었다. 이에 B 항공사는 전략적 소싱 역량, 구매 프로세스의 최적화, 공급업체 관리, 조달 측면의 최고의 기업이 되기 위해서 LCCS도입을 결정하였다. 도입 후, B 항공사는 협력업체 합리화, 전자 입찰 프로세스 도입, 미가공품 비용 절감 등을 실현하며, 연 $2.6억의 절감 효과를 얻게 되었다.

사례3

L사는 자동차, 기차, 모터바이크 등의 OEM에 대한 전기 모터 생산업체로 그 규모가 대략 $10억에 이른다. L사는 급진적으로 변화하는 자동차 부품 산업에서의 규모의 경제 실현, 원가 절감을 통한 가격경쟁력과 마켓에서의 성공 연관성, 수익성 향상 등을 달성하기 위한 구매 혁신이 절실하게 필요했다. LCCS를 도입한 후, L사는 대부분의 자재에 대해서 약 13%의 원가절감을 했었고, 몇몇 자재에 관해서는 약25%이상의 원가 절감 효과를 이루게 되었다.

나. 고비용 국가 소싱은 언제 할까?

고비용 국가 소싱(HCCS, High Cost Country Sourcing)은 고비용 옵션으로 가격이 아니라 고품질과 차별적 속성으로 경쟁사들과 차별적 경쟁을 한다. HCCS는 첨단기술 공급업체, 고부가가치형의 원부자재나 서비스, 사용자(고객)를 위한 신기술, 핵심역량, 프리미엄 품질 등에 초점을 맞춤으로써 완제품의 신기술을 접목하고 경쟁사와의 경쟁에서 우위를 지키고 시장을 리딩(Leading)할 수 있는 장점이 있다. 한편, 비용 증가, 재무적 리스크, 보안 리스크(기업 비밀, 지적자산 등) 등에 대한 리스크가 존재한다. 선진 기업들은 이러한 HCC로 고부가가치형 서비스, 첨단기술, 핵심역량, 프리미엄 품질의 장점들을 소유한 공급업체들이 있는 한국, 일본, 대만 등을 선호한다.

사례로, 미국의 Qualcomm은 한국의 삼성전자를 파트너사로 하여 삼성전자 반도체 파운드리를 통해 퀄컴의 고품질 반도체 제품을 생산하여 Intel,

Google과의 경쟁에서 반도체 시장 우위를 선점하였다.

3. 글로벌 업체를 잡아라

기업들은 글로벌 경쟁력을 키우고 시장을 선점하기 위해서 경쟁력 있는 공급업체를 소싱하고 잘 활용하여 경쟁력 있고 우수한 제품을 먼저 출시하여 시장을 선점해야 한다. 표 8-2는 경쟁력 있는 글로벌 공급업체를 발굴하고 선정하는데 반드시 파악해야 할 요소들에 대해서 요약하고 있다.

가. 잠재적 글로벌 공급 업체 어디서 찾을까?

글로벌 공급업체 발굴은 쉬운 일이 아니지만, 기업의 글로벌 구매조달 오피스(GPO, Global Procurement Office)와 현지 구매조직들을 통해 할 수 있다. 이 경우가 여의치 않다면 인터넷 검색을 하거나 경험 있는 동료 또는 업체를 찾아 벤치마킹하는 것도 좋은 아이디어다. 그 이외에 여러 가지 트레이드 쇼, 공급관리협회(Institute for Supply Management), CAPS(the Center for Advanced Procurement Strategy) Research 또는 국제 산업 디렉토리를 활용하여 잠재적 글로벌 공급업체를 찾을 수 있다. 국제 산업 디렉토리에는 Principal International Business, Marconi's International Register, ABC Europe Production, Business Directory of Hong Kong 등이 있다.

나. 문화 인식 및 타 문화 대인 관계 스킬을 점검하라

국가별 문화와 언어, 소통 방법은 다양하다. 따라서 해외 공급업체가 위치한 국가의 비즈니스 관행, 언어, 습관, 기업 문화를 이해해야 한다. 그러나 이러한 문화를 인식하는 데는 상당한 시간이 걸림으로 사전에 준비하는 것이 필요하다. 또한 문화를 잘 안다고 해서 공급업체와 비즈니스가 잘 된다는 보장은 없다. 그래서 타 문화 사람들과 소통하는 방법을 배우고 비즈니스 관행, 언어, 습관을 이해해야 한다.

다. 공급 업체의 재정적 이슈를 파악하라

공급업체가 재정적인 상황과 가지고 있는 이슈를 발표하지 않은 한, 재정적

표 8-2 글로벌/해외 공급 업체 선정시 고려되어야 할 사항

	내 용
1	총비용이 충분히 차이가 있는가? 가격 차이가 오랜 시간 지속되는가?
2	지불조건은 어떠한가?
3	환율 이슈는 어떻게 관리하는가?
4	품질 성과와 역량은 어떠한가? 어떠한 품질시스템이 있는가?
5	기술적 역량은 어떠한가?
6	새로운 디자인을 지원할 수 있는가?
7	특허와 사유 기술(proprietary technology)은 안전한가?
8	일관적 배송 스케쥴 역량이 있는가?
9	리드타임은 얼만 요구하는가? 긴 리드타임의 영향은? 재고수준의 증가는?
10	장기적 관계를 구축할 수 있는가? 신뢰할 수 있는가?
11	어떤 법체계를 따르는 것을 기대하고 있는가?

이슈를 파악하기는 쉽지 않다. 그럼에도 불구하고 공급업체의 재정적 이슈를 파악하지 않고서 특히 해외 공급업체와 거래하는 것은 위험하다. 그래서 인터넷, Standard & Poors, Moody's, Fitch Rating 등과 같은 신용평가회사, 경쟁사 등을 통해서 가능한 한 많은 재정적 정보를 파악해야 한다. 공급업체의 재정적 이슈를 파악하기 위해서는 화물의 양륙포함가격(Landed Cost[31]) 분석, 환율 변동(리스크 공유, 헤징 등) 리스크, 지불 방식(신용장, 환어음, 현금 등), 계열사 간 거래, 세금(종가세, 부가가치세, 추가세 등), 수수료, 관세, 환급 등에 관한 내용과 그 관련 이슈들을 꼼꼼히 살펴봐야 한다. 공급업체의 조건이 좋다고 하더라도 재정적인 이슈가 있다면 글로벌 공급업체로서 적합한지를 다시 고려해 봐야 한다.

31 Landed Cost: 제품이 목적지까지 도착하는 데 필요한 전반적인 총비용 (제품가격 + 물류비 + 통관비 + 창고비용 등)

라. 비즈니스 사례를 개발하고 계획을 수립하라

신규 해외 공급업체를 선정하기 위해서는 다음의 내용을 담은 비즈니스 사례 개발과 계획을 수립하는 것이 필요하다. 즉, 공급업체와 거래 시 비용 절감은 어떻게 되는지? 물류 관련한 이슈는 없는지? 공급업체에서 공급한 자재를 통해 완제품 생산을 할 경우, 고객 기반에 미치는 영향도는 어떻게 되는지? 재정적인 이슈는 없는지? 또한 공급 단절, 자연재해 등으로 인한 비상대책 즉, 컨틴전시플랜(Contingency Plan)은 어떻게 구축할 것인지? 지적자산을 어떻게 분배할 것인지? 기업의 사회적 책임, 재고 비축 프로그램 등은 어떻게 구축할 것인지? 등을 꼼꼼히 살펴봐야 한다.

마. 국가 특유의 정부 규제를 파악하라

해외 공급업체와 거래를 진행하기 위해서는 나라별 정부 규제를 파악할 필요가 있다. 예를 들면, 한국 정부의 경우, 중소기업을 보호하기 위해서 하도급법, 기업과 기업이 공정한 거래를 하기 위한 공정거래법, 상생협력법 등 국가 특유의 법들이 있다, 나라별로 이러한 법과 규제에 대해서 제대로 파악하지 않을 경우 해외 공급업체와 거래 시 많은 리스크에 노출될 수 있다. 그러나 이러한 법 규제를 잘 활용하면 효과적으로 많은 도움을 받을 수 있다. 예를 들어, 해외에 있는 기업들이 한국의 공급업체와 거래할 경우, 위와 같은 한국 정부의 중소기업 보호라는 특유의 정부 규제로 인해서 투명한 공급업체와 거래가 가능하고 오히려 세금혜택 등 특별한 혜택을 정부로부터 받을 수 있는 효과가 있다.

바. 기타 : 중개인, 트레이드 네트워크와 무역 기구, 물류 업체

해외 공급업체와의 거래는 처음부터 성공하기가 힘들 수 있다. 따라서 때때로 중개인/수입상을 통해서 진행하기도 한다. 그러나 중개인 또는 수입상 역시 상세하게 파악할 필요가 있다. 만약 대비책 없이 수입상 또는 중개인을 통하면 실패할 경우가 발생한다. 또한, 트레이드 네트워크(Trade Network) 또는 무역 기구를 활용하여 광범위한 서비스를 제공받을 수 있다. 예를 들면, 신용장 개설, 안전한 중개인 소개, 세관, 부두(dock) 보험, 해양 운송 업체 적격 공급업체 파악, 품질 감사, 공급업체 평가, 물류업체 파악 등을 포함한다.

02.

글로벌 소싱을 위해 알아야 하는 상식

기업들이 글로벌 기업으로 확장하려면 기존에 비즈니스를 진행하면서 경험하지 못했던 다양한 이슈와 제약조건에 부딪히게 마련이다. 효과적인 글로벌 소싱을 위해 기업들이 알고 준비해야 할 핵심적인 요소를 살펴보자.

1. GPO(Global Purchasing Office)의 역할

기업이 글로벌 기업으로 성장하고 확장하면서 글로벌 구매조달 오피스(GPO, Global Procurement Office)를 필요한 지역에 배치하고 있다. GPO는 최대의 고객 만족을 이끌어내기 위해 전 세계 제조 공장에서 사용할 부품, 원자재 및 기타 산업 투입물을 조달하고 신규 업체 및 신기술 소싱을 한다. 또한 GPO는 기업에 필요한 정보 및 공급망 전략, 지역별 시장 정보 등을 기업의 본사(HQ)와 공유함으로써 전반적인 글로벌 전략을 구축하는 데 도움을 준다. GPO의 역할은 기존에는 사용할 부품, 원자재 구매 등 조달 측면에서 많은 지원을 했다면 최근 들어서는 조달 측면보다는 글로벌 소싱 측면으로 점점 확대되어 가는 추세다. 그 이유는 고객 만족을 최대화하기 위해서 글로벌 기업들이 고객 근처에서 생산 및 영업하면서 좀 더 신속하게 제품을 공급하고 있기 때문이라 할 수 있다.

예로, 삼성전자는 GPO를 각 지역별 특수성을 고려하여 지역에 맞게 배치하였다. 일본, 독일, 미국과 같은 지역에는 첨단기술, 핵심역량, 프리미엄 품질의 장점들을 소유한 공급업체를 소싱하고 있으며, 그 이외 중국과 같은 지역에서는 저가 부품 소싱 및 공급업체 등을 소싱하여 가격 절감 및 납기 대응에 큰 효과를 얻을 수 있었다. 노키아는 한국 GPO를 통해서 한국의 기술력 있는 업체를 소싱하여 품질 좋은 제품을 생산하였고, HP는 여러 나라에 배치된 GPO를 통해서 글로벌 소싱 및 시장의 전략적 정보를 입수하고 있다. 그 이외의 GPO의 역할은 표 8-3과 같다(출처 Handfield et al., 2011)

표 8-3 GPO(Global Purchasing Office)의 역할

	GPO(Global Purchasing Office)의 역할
1	문화와 통화(Currency)리스크 이해
2	물류, 법적 이슈, 공급 단절 리스크 고려
3	잠재적 공급업체 파악 및 견적과 프로포절 요청(Solicit)
4	수송품 촉진과 추적, 공급 계약 협상 및 제출 샘플 확보
5	기술적/상업적 문제 관리
6	공급업체에게 구매업체를 대변
7	대응 무역(Countertrade)조건 관리
8	현장 방문 수행

2. 글로벌 소싱을 위한 알아야 할 조건

가. 지역별 문화, 가치, 역사를 미리 파악하라

현재 살고 있는 지역을 떠나 다른 지역으로 여행을 가거나 출장을 갈 경우, 그 지역의 문화, 지역 사람들의 행동, 언어 및 역사 등이 다르다는 것을 누구나 느낄 수 있다. 그래서 그 지역의 역사, 문화, 사람들의 생활방식 등을 간접적으로 미리 습득하고 간다면, 그 지역에서의 생활이 조금이나마 어색하지 않음을 경험한 적이 있을 것이다. 이처럼 그 지역 혹은 나라별 문화, 가치, 행동들을 직·간접적으로 교육 또는 경험을 통해서 사전에 파악하고 이해한 후 글로벌 소싱을 진행한다면 보다 효율적으로 성과를 거둘 수 있다. 대부분의 기업은 다른 나라에서 글로벌 소싱을 하고자 할 때 그 나라의 인력을 채용하여 소싱을 한다. 이는 현지 인력이 인적 네트워크를 가지고 있고, 또한 비즈니스 측면의 관행, 문화, 언어를 잘 이해하고 있기 때문이다.

나. 비즈니스 요건을 충족하라

글로벌 소싱을 하기 위해서는 필요한 비즈니스 요건들을 충족시켜야 한다. 첫 번째, 니즈를 파악해야 한다. 기업에서는 글로벌 소싱이 왜 필요한지? 글로벌 소싱을 위한 전략이 무엇인지? 그 지역의 공급업체를 어떻게 소싱할 것인지? 등 여러 가지 니즈를 우선 파악해야 한다. 두 번째, 글로벌 비즈니스 전략, 글로벌 마케팅 전략과 중장기 전략을 세워야 한다. 시장 상황, 비용 관계, 글로벌 환경, 경쟁적 요인 관계 등을 고려한 글로벌 비즈니스 전략을 수립하고, 기업에서 글로벌 경쟁을 위한 물리적, 문화적, 경제적 요인이 무엇인지 등을 분석하여 중장기 글로벌 마케팅 전략을 구축해야 한다. 세 번째, 글로벌 소싱 요건을 파악해야 한다. 그 지역에 속해 있는 특유의 회계 기준, 비즈니스 관행, 규율과 법규, 인적 자원과 노동 스킬, 인권 문제, 문화적 차이가 기업이 추구하는 글로벌 소싱 요건에 맞는지 파악해야 한다. 네 번째, 국가별 기업의 지배구조 유형에 대해서 파악할 필요가 있다. 기본적으로 기업의 지배구조는 국가별로 차이가 있는데, 이를 파악함으로써, 글로벌 소싱을 통한 공급업체 선정 시 공급업체와 어떤 관계로서 진행할 것인지? 지속적인 관계를 유지하기 위해서는 어떤 프로세스를 유지해야 할 것인지? 등에 대해서 결정해야 한다. 표 1-4는 국가별 기업 지배구조 유형을 요약하고 있다.

표 8-4 국가별 기업 지배 구조 유형

기업 지배 구조 유형	국 가	특 징
시장 기반 형	미국, 캐나다, 영국, 호주	분산 소유권
가족 기반 형	싱가포르, 홍콩, 대만, 프랑스, 말레이시아, 인도네시아	소유와 경영 결합
은행 기반 형	독일, 한국	정부 통제
정부 산하 형	중국, 러시아	국가 소유

다. 지역별 인프라(Infrastructure) 상태를 파악하라

어떤 지역에서 경제 활동을 하기 위해서는 가장 기본이 되는 시설, 제도, 사회 구조, 교통시설 등의 구조를 파악하고, 그 지역에서 기술적 지원, 정부, 사회 차원에서의 안정적인 인프라를 지원해 주는지도 고려해야 한다. 그렇지 않을 경우, 그 지역에서 비즈니스를 하는데 곤경에 처할 수 있다. 예를 들어 인도에 있는 공급업체를 선정한다고 가정하자. 인터넷 연결 및 시설이 열악하고, 교통시설 등 주위의 인프라가 부족한 업체를 선정하겠는가? 공급업체의 생산성이 뛰어나고 개발자의 능력이 출중하다고 하더라도 인프라가 갖춰져 있지 않으면 공급업체로 선정하기는 어렵다. 저자가 글로벌 소싱을 위해 미얀마, 라오스 등을 방문하여 공급업체 소싱을 한 경험이 있다. 미얀마와 라오스는 베트남과 인접해 있는 국가이며 베트남보다 인건비가 저렴하여 간단한 가내 수공업으로 만들 수 있는 자재를 생산하기에는 적합하다고 판단했다. 그리고 베트남 공장에서 멀지 않아 가격 절감을 할 수 있을 거라 판단했다. 저자가 두 나라를 방문했을 때, 아주 훌륭한 가내 수공업 공급업체들은 많았으나, 베트남으로 자재를 보내는 교통편이 선사(선박) 외에는 없었다. 항공을 이용하는 경우, 항공료가 비싸고 절차가 너무 까다로워 납기 기간이 베트남에 있는 가내 수공업 공급업체보다 4일 정도 더 많이 걸린다는 판단하에 미얀마와 라오스에 있는 공급업체를 선정하지 못했던 경험이 있다. 물론 현재 미얀마와 라오스는 여러 가지 측면에서 정부의 지원으로 많이 발전되었다.

라. 권역별, 지역적 리스크를 파악하고 평가하라

최근 들어, 전 세계적으로 글로벌 리스크가 증가하고 있는 실정이다. 러시아와 우크라이나 전쟁, 미국과 중국의 무역전쟁, COVID19로 인한 세계 경제 악화, 세계 경제 인플레이션 등 거시환경의 불확실성은 기업에 막대한 손실을 주고 있다. 그래서 글로벌 소싱을 위해서는 그 지역에서 발생하고 있고 발생할 여지가 있는 리스크를 살펴야 한다. 그리고 지역에 있는 공급업체가 리스크에 대한 대응 방안을 얼마나 갖추고 있는지도 꼼꼼히 파악해야 한다. 예를 들어, 일본에 있는 공급업체를 소싱할 경우, 이 업체가 지진이나 태풍으로 인한 리스크를 얼마나 잘 관리하고 있는지? 혹은 비상대책(Contingency Plan)은 어떻게 하고 있는지 등을 반드시 평가해야 한다. 리스크 평가에는 권역별, 국가별 리스크 프로필 분석이 필요하다. 예를 들어, 그 지역의 정부 지원, 정치적 풍토, 경제적 안정성, 지적자산 접근법, 리스크에 대한 법적 규제, 환경과 안전보건 리스크, 테러 위협 등의 리스크를 분석해야 한다. 예로, 반도체 자재를 공급하는 일본 A업체의 경우, 동일본 지진으로 인해 큰 피해를 보았었다. 이를 교훈 삼아, 지진이나 태풍이 없는 중국에 2공장을 구축하여 구매기업들이 안심하고 구매할 수 있도록 하고 있다.

마. 글로벌 공급 업체와 지적 재산권 (Intellectual Property)

기업이 글로벌 소싱을 하면서 특정 국가 또는 기업이 소유한 기술 또는 지식재산권을 공유하는 경우가 빈번하게 발생하고 있다. 이럴 경우, 국내를 포함한 각 나라에서 적용되는 지식재산권이 인정되느냐에 대한 이슈가 글로벌 소싱을 운영하는데 중요한 요인이 될 수 있다. 예를 들어, 핸드폰 공정에 들어가는 중요한 자재 소싱을 이란, 러시아, 북한, 콩고 등의 공급업체를 활용하여 진행해서 미국으로 수출할 경우, 미국 정부에서는 핸드폰을 수입 금지품으로 적용할 가능성이 매우 높다. 이유는 미국과 우호적인 국가들이 아니며 노동착취, 테러지원국 등 전 세계적으로 여러 가지 문제들을 유발시키는 것도 있지만 무엇보다도 이러한 나라들과 기술이나 지식재산권을 공유하려고 하지 않기 때문이다. 그 지역의 공급업체가 원가 경쟁력이 있고 우수한 기술을 보유하고 있더라도 고객들이 있는 지역에서 받아들이지 않는다면 그러한 지역에서 공급업체 소싱을 해서는 안 된다. 최근 들어, 특정 국가 또는 지역, 그리고 기업에서 선진 기술을 배우기 위해서 불법 복제나 모방을 하는 경우가 많이 발생하고 있다. 그러므로 불법 복제나 모방이 어렵거나 지식재산권에 민감하지 않은 품목인 경우에 글로벌 소싱을 하는 것이 기업 경쟁력에 도움이 될 수 있다.

바. 국경 이동 거래 및 인코텀즈

글로벌 소싱은 국경 이동 거래를 수반한다. 그래서 기업들은 국경 이동 거래에서 알아야 할 사항과 무역 관련 상식이 필요하다. 먼저, 해외 공급업체와의 국경 이동 거래는 많은 법이 글로벌 커머스에 영향을 미치므로 그 국가와 지역의 법과 규제를 파악하고 규정을 준수해야 하며 적절한 문서화가 필요하다. 몇 가지 관련 이슈로 첫째, 제한된 조직과 국가에 적용되는 정부 규제법에 대해서 살펴봐야 한다. 규제법에는 기술과 지적자산 보호법, 미국의 외국부패행위법(US Foreign Corrupt Practice Act), 국제뇌물방지법(International Anti-Bribery Act), 보이콧방지법(Anti-Boycott Legislation, 다른 국가에 반대하여서 한 국가를 보이콧하는 것은 불법임), 그리고 수출관리법(Export Administration Act) 등이 있다. 해외 공급업체와 거래 시, 위의 같은 규제는 반드시 지켜져야 하며 필요할 경우 양사 간 계약서에 이 내용이 적용되어야 한다. 둘째, 관세 요건에 대해서 알아야 한다. 관세는 수입하는 모든 상품, 자재 등에 대해 부과하는 세금으로, 국가 간 산업 고유의 보안 표준과 조정이 언제든지 변동하므로 지속적으로 관리하고 갱신해야 한다. 그렇지 않을 경우, 많은 과태료를 부과받을 수 있다. 또한 수입 서류는 물품 대금과 수수료를 명시하고 있으며 7년간 보관하게 되어 있다. 셋째, 중개인 주선(Arrangement)을 고려해야 한다. 중개인은 수많은 카테고리의 수입 품목에 대해 정확하게 분류해야 하는 책임이 있고 선적품에 대한 적절한 관세를 수불함으로, 유능하고 평판이 좋은 중개인과 관계를 구축해야 한다.

또한 국경 이동 거래는 널리 사용되고 있는 무역 거래 조건인 인코텀즈(Incorterms, International transportation (commercial) terms)에 대해 결정해야 한다. 인코텀즈는 국제상공회의소(International Chamber of Commerce)에서 제정되고 2020년에 개정된 11개의 운송 조건(표 8-5)으로, 누가 운임을 지불하고, 비용 부담과 관세 책임을 지며, 또한 어떤 지점에서 화물 손실 리스크가 이전되는지를 정하고 있다(표 8-6). 인코텀즈의 조건은 4가지 유형, 즉 F(FOB, FAS, FCA), C(CIF, CIP, CFR, CPT), E(EXW), 그리고 D(DAF, DES, DEQ, DDP, DDU)로 분류된다. 이 중에서 FAS, FOB, CFR, CIF는 해상 및 내륙 수로 운송에만 적용되며, 나머지 유형들은 모든 운송 모드에 적용된다. 또한 비용 부담과 리스크 이전 시점이 일치하지 않는 점에 대해서도 유의할 필요가 있다.

표 8-5 주요 인코텀즈 유형 용어 (2020년기준)

인코텀즈	용어 내용	비고
FAS	Free Alongside Ship	named <u>port</u> of shipment
FOB	Free On Board	named <u>port</u> of shipment
FCA	Free Carrier	named place of delivery
CPT	Carriage Paid To	named place of destination
CFR	Cost and Freight	named <u>port</u> of destination
CIF	Cost, Insurance and Freight	named <u>port</u> of destination
CIP	Carriage and Insurance Paid to	named place of destination
EXW	EX Works	named place of delivery
DAP	Delivered At Place	named place of destination
DPU	Delivered at Place Unloaded	named place of destination
DDP	Delivered Duty Paid	named place of destination

표 8-6 국제 운송 유형별 권한과 책임 조건

비용 할당 **인코텀스 2020** 리스크 이전	출발지에서 선적; 수출 세관 신고	수출항으로 운송	수출항에서 트럭에서 하역	수출항의 선박/비행기로 선적	수입항으로 운송	보험	수입항에서 하역; 트럭에 선적	도착지로 운송	수입 통관; 관세/세금	도착지에서 하역
	공급업체	운송업체	항구/터미널	승선/운송			항구/터미널/지정 장소			도착지에서 하역
EXW	구매업체*	구매업체	구매업체	구매업체	구매업체	구매업체	구매업체	구매업체	구매업체	구매업체
FCA	공급업체	공급업체	구매업체(*)	구매업체*	구매업체	구매업체	구매업체	구매업체	구매업체	구매업체
FAS	공급업체	공급업체	공급업체	구매업체*	구매업체	구매업체	구매업체	구매업체	구매업체	구매업체
FOB	공급업체	공급업체	공급업체	공급업체	구매업체*	구매업체	구매업체	구매업체	구매업체	구매업체
CPT	공급업체	공급업체	공급업체*	공급업체	공급업체	구매업체	구매업체/공급업체	공급업체	구매업체	구매업체
CFR	공급업체	공급업체	공급업체	공급업체	공급업체*	구매업체	구매업체	구매업체	구매업체	구매업체
CIF	공급업체	공급업체	공급업체	공급업체	공급업체*	공급업체	구매업체	구매업체	구매업체	구매업체
CIP	공급업체	공급업체	공급업체**	공급업체	공급업체	공급업체	구매업체/공급업체	공급업체	구매업체	구매업체*
DAP	공급업체	공급업체	공급업체	공급업체	공급업체	공급업체	공급업체	공급업체	구매업체	구매업체*
DPU	공급업체	공급업체	공급업체	공급업체	공급업체	공급업체	공급업체	공급업체	구매업체	공급업체*
DDP	공급업체	공급업체	공급업체	공급업체	공급업체	공급업체	공급업체	공급업체	공급업체	구매업체

* 인코텀스(Incoterms) 2020 규정: 구매업체/공급업체의 비용 할당과 공급업체에서 보험회사**로, 구매업체*로 리스크가 이전되는 지점

주: **FAS, FOB, CFR, CIF**는 해상 및 내륙 수로 운송에만 적용, 나머지 조건은 모든 운송 모드에 적용됨

출처: Incoterms 2020, ICC

03.
아웃소싱의 활용

복잡하고 경쟁이 심화되는 기업 환경 속에서 국내 기업들이 세계 시장에서 경쟁우위를 선점하기 위해서는 다른 기업들과 차별화된 전략이 필요하다. 이러한 전략 중의 하나가 기업에서 진행하고 있는 핵심(Core) 업무나 프로세스를 제외한 일부를 외부의 공급업체에 위탁하거나 주문하는 아웃소싱(Outsourcing)이다. 아웃소싱은 미국의 제조업 분야에서 1980년대 후반에 시작하여 성공을 거두자, 글로벌 기업들에게 빠르게 확대되었다. 그 이유는 기업 간의 경쟁이 심화되고, 새로운 기술들이 급격히 가속화되면서 고유의 기업 업무 또는 제품 및 부품 중 일부를 외부의 전문성을 갖춘 기업에 맡김으로써 비용절감뿐만 아니라, 더 좋은 품질을 제공함으로써 효율성이 높아진다는 점에 따른 것이다.

또한, 펜데믹(Pandemic)으로 인한 한국을 포함한 글로벌 경제가 급격히 악화됨에 따라 많은 기업에서는 가장 핵심적인 역량과 기술에 자원을 집중하고 그 외 나머지 업무나 활동을 전문 기업에 위탁함으로써 기업의 경제적 효과를 극대화 하고자 하였다.

1. 아웃소싱 이해

A사는 컴퓨터를 수년간 생산해 온 제조기업이다. 그러나 컴퓨터 시장의 성장이 하락하면서 경쟁사와의 경쟁이 심화되었다. 이러한 위기를 극복하기 위해서 전략적으로 뭔가를 찾아야만 했다. 고민 끝에 컴퓨터 제조 공정에 탁월한 업체를 아웃소싱하여 모든 제조 생산을 공급업체에 맡기고, 신규 컴퓨터를 개발하는 데 모든 역량을 집중하고자 했다. 기업에서의 아웃소싱은 일반적으로 핵심역량이 낮거나 기업 내 중요도가 낮은 프로세스나 제품을 대상으로 한다. 실질적으로 A사는 더 이상 제조 기반의 컴퓨터 회사가 아니라 신규 제품 개발

기반의 컴퓨터 회사로서 경쟁하게 될 것이다.

아웃소싱은 유형과 형태에 따라 OEM, ODM, EMS로 구분할 수가 있다. 기본적으로 제조 기반의 회사가 단순한 조립 또는 임가공 생산을 자체적으로 수행하기보다는 임금이 싼 지역에서 필요한 작업을 완성할 필요가 있을 경우, 주문자 상표 부착 생산(자)(OEM, Original Equipment Manufacturer)을 이용한다. 예를 들면, 델, 나이키와 같은 회사들이다. 나이키의 경우, 나이키 상표를 나이키가 디자인하고 인건비가 저렴한 인도, 동남아 지역에서 신발을 제조 생산하고 있다. 이처럼 나이키가 요구하는 방법대로만 신발을 제조해야 하고 신발에 대한 독자적인 디자인을 할 수 없으며 나이키 신발에 대한 지적 소유권은 없는 형태의 기업을 OEM이라고 한다. 한편, 공급업체의 제조 능력이 뛰어나서 기업이 원하는 요청 사항을 상세하게 주지 않아도 직접 상세 설계도를 완성하고 필요에 따라 공급업체 아이디어를 공유하여 변경할 수 있는 역량을 보유한 기업을 제조업자 개발/설계 생산(자)(ODM, Original Development Manufacturer)라고 한다. ODM의 경우, 공급업체가 제조 능력뿐만 아니라 개발/설계 능력도 있어서, 주문업체는 상세 설계도를 완성할 필요가 없어 시간과 노력이 절약되며 공급업체의 전문성을 활용할 수 있다는 게 큰 장점이다. 그렇다고 전적으로 공급업체에게 맡긴다면 오히려 원하는 제품을 만들지 못할 수도 있다 (믿는 도끼에 발등 찍힌다!). 그리고 공급업체는 기업이 요구한 제품의 설계도를 기업과 협업하여 수정하거나 변경할 수 있는 권한이 있으며, 기업과 협의에 따라 지적 소유권을 공유할 수도 있다는 게 장점이다. 마지막으로 공급업체가 주문자 종합 생산 서비스 공급자(TSP, Total Solution Provider)가 되는 경우가 있다. 즉, 기업이 공급업체에게 필요한 내용과 개념을 설명해 주면, 이에 맞춰서 설계부터 납품까지 모든 과정을 알아서 진행하는 공급업체이다. 이러한 공급업체를 제조 전체 서비스 또는 전자 제조 서비스(EMS, Electronic Manufacturing Service) 업체라고도 한다. EMS 업체는 독자적인 제품 개발 능력이 뛰어나고 제조 분야에서 이미 인정받는 업체로서 처음부터 끝까지 책임지고 실행한다. 따라서, 기업에서는 어떤 유형의 생산 아웃소싱 업체를 활용할 것인지를 내부적으로 협의하여 기업에 맞는 유형을 선택하여 아웃소싱 공급업체를 선정해야 한다.

2. 아웃소싱의 의사결정 프로세스

아웃소싱을 할 경우, 어떤 절차로 진행해야 경제적이고 합리적인가를 고민해야 한다. 그리고 아웃소싱은 한 번으로 끝나기보다는 전략적이고 체계적으로 장기간 진행하는 것이 기업 측면에서는 효과적이다. 그러나, 어떤 제품 또는 서비스를 대상으로 아웃소싱을 하느냐에 따라 여러 가지 다양한 방법과 절차가 있다. 이 장에서는 가장 일반적이고 많이 사용하는 아웃소싱 프로세스를 설명하고자 한다.

가. 아웃소싱 타당성과 니즈(Needs)를 결정하라

먼저, 아웃소싱 목적이 뭔지를 정확하게 알아야 한다. 정확하게 어떤 제품, 서비스를 아웃소싱할 것인지 정의하고 내용을 파악한 후 아웃소싱에 대한 타당성을 분석해야 한다. 타당성 분석에는 내부 자원의 적절성과 유능한 공급업체의 가용성 검토, 그리고 아웃소싱할 활동이 경쟁우위에 미치는 영향력 분석이 고려되어야 한다. 또한 니즈 분석을 통해서 아웃소싱의 장단점(표1-7)을 파악해야 한다. 아웃소싱을 통해서 기업에 효과가 없거나 역효과를 준다면 당연히 할 필요가 없을 것이다.

표 8-7 아웃소싱의 장점과 단점

	장 점	단 점
1	(재무상태표)에서 자산과 자본 감소	공급 업체나 경쟁 업체로의 지적 자산의 상실
2	재고 및 대차 대조 간접비 감소	유능한 공급 업체의 부재
3	전매 특허표(proprietary) 작업을 위한 내부 자원 확보	품질과 고객 경험에 대한 컨트롤 상실
4	사내에 없는 선진 기술 혹은 역량의 활용	잠재적으로 공급 업체 선정기간 장기화
5	신제품 개발 촉진	역량의 상실로 인한 미래 인소싱 할 능력 상실
6	기술적 불확실성 리스크 완화	공급 업체 관리와 측정의 전문성 개발필요

나. 운영 프로세스, 비용 및 시장 데이터를 수집하라

아웃소싱 목적과 니즈에 따라 아웃소싱 팀을 구성하고 운영 프로세스를 구축한다. 팀 구성은 구매팀 주축으로 여러 관련 부서와 협업하여 진행해야 하며, 팀 구성원들과 함께 운영 프로세스를 구축하고 진행해야 한다. 그리고 아웃소싱에 필요한 비용이 무엇이고, 궁극적으로 절감해야 할 비용이 어떤 것인지 등 아웃소싱에 관련된 원가 구조를 심도 있게 분석하고 이해해야 한다. 여기서 한가지 핵심 포인트는 효과적이고 장기적인 관점에서 기업의 경쟁력을 확보하는 것이 중요함으로 아웃소싱 관련 원가 구조 분석은 장기적인 관점에서 수행해야 한다. 비용 기반 분석에는 아웃소싱할 부품/기능 분석, 손익분기점 분석, 내적(인소싱) 비용과 외적(아웃소싱) 비용의 추정과 비교, 그리고 한계 비용 분석이 반드시 필요하다. 또한 현재와 미래의 시장 자료 수집과 분석이 필요하다.

다. 서비스 수준 내용 및 계약 기간을 설정하라

공급업체가 제공해야 할 서비스 수준과 정도 및 품질과 규격을 아웃소싱 팀원들과 결정한다. 서비스 내용이 어떤 것인지, 품질 수준은 어느 정도면 적당한 것인지 등을 정의하고 단기적으로 진행할 건지 아니면 장기적이고 관계 지향적이며 우호적인 계약으로 진행할 것인지를 결정해야 한다. 이러한 것들을 명확하게 정의하고 기준을 설정하면, 아웃소싱을 진행할 때 발생할 수 있는 논쟁이나 사건들을 해결하는 데 도움이 된다. 또한 계약 기간을 단기 또는 장기로 할 건지를 경정하고, 이에 따라 아웃소싱 방법과 진행 방향을 정해야 한다.

라. 공급업체 역할을 정의하고 선정하라

서비스 수준과 계약 기간이 설정되면, 공급업체가 어떤 서비스를 제공할 것인가에 대한 역할을 정의하고 공급업체들에게 설명하여 동의를 얻어야 한다. 만약 선정된 공급업체가 기업이 원하는 것을 제공할 수 없는 경우에는 아웃소싱의 의미가 없어진다. 그리고 공급업체의 역할과 서비스 제공 관련하여 문서화가 필요하며, 문서를 통해서 공급업체에게 달성해야 할 것들을 확인시켜 주고, 아웃소싱 내용을 명확하고 정확하게 하여 향후에 발생할 수 있는 논쟁이나 사건들의 증빙자료로 활용해야 한다. 그런 후에 아웃소싱에 적합한 공급업체를 탐색하고 선정한다. 공급업체를 선정하기 위해서는 어떤 공급업체가 기업이 원하는 능력을 보유하고 있는지, 기업과 협업을 잘할 수 있는 능력이 있는지 등을 파악해야 한다. 표 1-8은 공급업체 선정 시 고려해야 할 정성적 요소를 요약하고 있다. 공급업체 선정이 완료되면 반드시 공급업체와 계약서를 작성해야 한다.

표 8-8 공급 업체 선정 시 정성적 고려 사항

정성적 요소	점검 포인트
전략적 요소	- 장기 공급의 함의 - 핵심역량과 전략 - 공급 리스크 - 총소유비용(TCO) - 경쟁적 이슈(공급 업체 = 경쟁 업체) - 조직 구성원의 사기(Morale) - 불확실한 비즈니스 세계의 자산과 민첨성 감소 - 변화에 대한 유연성 또는 프로세스 변화에 대응 능력 감소
노동 및 기타 조직의 제약조건	- 품질 문제와 이행(Transition)상 암묵지 상실 - 공급 업체 역량을 보장할 인센티브 구조 - 사회 경제적 목표(사회 경제적 책임, 지속가능성, ESG) - 자본 투자

마. 공급업체 평가 진행 후 정기적 피드백을 가져라

아웃소싱을 통해 공급업체가 선정된 후 아웃소싱을 수행하면서 발생했던 문제점 또는 이슈가 무엇인지, 해결은 어떻게 했는지, 미흡했던 점들과 잘한 점들을 정리하여 문서화한다. 이러한 문서는 앞으로 아웃소싱을 할 경우 아주 훌륭한 참고 자료로 활용할 수 있다. 또한 공급업체가 수행한 내용을 평가하고 분기별 미팅을 통해서 공유하며, 정기적 현장 방문을 통해 공급업체와 우호적인 유대 관계를 맺어야 한다.

3. 비즈니스 환경변화에 따른 오프쇼어링과 리쇼어링

가. 오프쇼어잉(Offshoring)

오프쇼어링은 기업들이 생산, 판매, 서비스 등 비즈니스 프로세스와 설비를 인건비가 저렴한 다른 국가로 이전시키는 현상을 말한다. 오프쇼어링은 미국의 제조업체들이 2000년대에 들어서며 첨단 정보통신기술(ICT)의 발달과 국가 간 임금 격차로 인해 생산, 서비스 등을 인건비가 저렴한 중국과 인도로 이전하면서 시작되었다. 그런 후 여러 국가의 기업들이 생산기지를 중국으로 재배치하고 인도는 정보통신 서비스의 주요 지역으로 급부상하게 되었다. 또한 인터넷과 디지털 기술이 발달하면서 아웃소싱 분야도 자재 아웃소싱부터 콜센터, 데이터 분석, IT, 서비스 기능과 관련한 엔지니어링, 제품 연구와 신제품 디자인 등의 업무에 이르기까지 그 영역이 다양하게 확대되고 있다 (네이버 지식백과, 시사상식사전, PMG 지식엔진연구소 참조). 그리고 최근에는 중국의 인건비가 점점 높아짐에 따라 베트남, 인도네시아 등이 오프쇼어링 지역으로 급부상하고 있으며, 한 국가에서 다른 국가로 옮기는 트렌스쇼어링(Transshoring) 현상이 나타나고 있다. 오프쇼어링은 다양한 장점도 있지만 단점도 있다. 국내 자본과 설비가 해외로 빠져나가야 하므로 근로자들이 일자리를 잃는다는 단점에서 심각한 사회 문제로 대두되고 있다.

나. 리쇼어잉(Reshoring)

리쇼어링은 오프쇼어링과 반대로 해외 나갔던 기업들이 다시 국내로 돌아오는 현상을 뜻한다. 리쇼어링의 큰 요인은 오프쇼어링으로 진행된 해당 국가의 운송비용, 인건비, 생산비 등의 증가로 인해 비용 절감 효과가 감소하는 경우와 제품의 질(Quality)이나 납기 지연 및 세금 이슈, 지진과 태풍 등의 환경적 리스크, 전쟁과 폭동 등의 지정학적 리스크 등을 들 수 있다. 미국의 경우, 2007년 서브프라임 모기지(Subprime Mortgage) 사태를 시작으로 2008년 글로벌 금융위기를 거치면서 미국의 경제가 바닥으로 치닫고 있을 때 미국 정부에서 제조업의 경쟁력을 높이고 미국 경제를 활성화하기 위해 해외로 나간 기업들을 미국 내로 되돌아오게 하는 리쇼어링 정책을 추진하였다. 이로 인해 많은 기업들이 미국으로 돌아오고 있다. 미국 내로 돌아오는 업체들은 정부에서 세금 감면 등 많은 혜택을 받고 있다. 그리고 한국의 경우, 2013년 리쇼어링 지원법 중의 하나로 "해외 진출 기업 복귀법"을 제정하고 해외에 있던 기업이 국내로 복귀하는 경우에 세금 혜택, 설비투자금 지원을 제공하고 있다. 최근에 중국의 인건비 상승, 생산비 상승 등으로 인해서 국내로 돌아오는 기업들도 점점 늘어나고 있다. 이처럼 오프쇼어링은 기업의 자발적 선택에 의해서 진행되었다면, 리쇼어링은 국가 정책으로 시행되는 경우가 많다. 이는 리쇼어링을 통해서 국내 제조업의 경쟁력을 높이고, 일자리 창출로 인해 국내 실업률을 낮추며, 경제를 활성화하기 위함이다. 그래서 리쇼어링은 해외에 있는 자국 기업들에게 정부로 부터 규제 완화, 세제 혜택 등을 제공 받는 방식으로 자국 기업을 국내로 유인하는 하나의 전략적 정책이라 할 수 있다. 하지만 이러한 행위가 지속적으로 발생할 경우, 보호무역주의가 강해지고 글로벌 시스템 리스크가 올라감에 따라 세계 관점에서는 다른 나라에 많은 부정적 영향을 미치게 된다.

다. 기타: 니어쇼어링, 파쇼어링, 온쇼어링

니어쇼어링(Nearshoring)과 파쇼어링(Farshoring)은 리쇼어링과 유사한 용어로, 해외에 위치한 기업들이 본국이 아닌 인근 국가나 멀리 떨어진 국가로 옮기는 트렌스쇼어링(Transshoring)을 일컫는다. 한편, 온쇼어링(Onshoring)은 오프쇼어링과 반대되는 개념으로 국내에서 제조 또는 서비스업 기능을 진행하는 것을 말한다.

Chapter 09

공급사슬 리스크 관리와 규정 준수

2010년대 후반에 들어 본격화된 미중 무역 갈등의 심화, COVID-19, 러시아-우크라이나 전쟁 등으로 인해 세계 경제가 침체됨에 따라 세계 경제의 저성장, 정치·사회의 불안, 환경과 규제의 문제로 비즈니스 생태계의 불확실성이 증가되었다. 이로 인해 기업들은 공급·수요 리스크, 사회·환경리스크 등 여러 가지 유형의 리스크에 노출되어 있다. 특히 타 지역에서 발생한 여러 가지 리스크의 직접적인 영향을 받기도 하고 공급 사슬로 발생한 리스크가 타 지역의 기업들에게 급속도로 확산되기도 하였다. 그래서 최근 기업에서는 공급사슬 리스크 관리(Supply Chain Risk Management)를 매우 중요한 사안으로 바라보고 있다. 나아가 불안한 경제를 극복하기 위해 국가와 기업은 기업 활동에 필요한 다양한 법과 규제들을 제정하고 있다. 환경에 대한 국제법, 나라별 기업 활동에 필요한 법과 규제, 그리고 비즈니스 생태계의 불확실성에 대한 법과 규제 등은 기업이 어려운 환경 속에서 기업 경영을 하기 위해서 반드시 알아야 할 사안이다. 이 장에서는 글로벌 환경의 변화에 따른 공급사슬 리스크 관리 와 법과 규제에 대해 전반적으로 알아보고 이해하고자 한다.

01.

리스크, 어떻게 관리해야 하는가

2011년 동일본에서 발생한 지진으로 인해 미국 GM, 삼성전자 등 여러 기업들이 일본 기업으로부터 부품 조달이 단절됨에 따라 생산 가동을 중단하는 초유의 사태를 겪게 되었고, 2006년 노동자 파업으로 인해 현대자동차는 약 3조 원의 재무적 손실을 보게 되었으며 그 여파로 2차, 3차 공급업체들까지 큰 손실을 미치는 등 공급망 상의 리스크가 확대되었다. 또한 최근 들어, 미중 무역 전쟁, 팬데믹, 러시아·우크라이나 전쟁 등으로 인해 세계 경제가 저성장 국면으로 접어들면서 기업들은 커다란 도전과 난관에 직면하고 있다. 이러한 환경 속에서 자국 보호무역주의가 확산되었고 기업들은 생존전략으로 공급망 리스크 관리에 총력을 기울이고 있다. 본 절에서는 기업 리스크 관리의 핵심과 프로세스에 대해서 자세히 살펴보고자 한다.

1. 기업 리스크 관리(Enterprise Risk Management)

기업들은 내·외부적으로 다양한 리스크에 노출되어 있다. 이러한 리스크를 찾기 위해서는 먼저 리스크가 무엇인지를 알아야 한다. 리스크의 정의는 리스크 요인과 종류가 다름에도 정의는 비슷하다(송웅석 외, 2019). 그리고 대부분이 부정적인 의미로 정의하고 있다(March와 Shapira, 1987; Miller, 1991; Chiles와 McMackin, 1996; Mitchell, 1999). 리스크는 기업이 가지고 있는 잠재적인 손실이나 손해가 발생할 가능성이 있거나 조직 목표에 부정적인 영향을 미칠 수 있는 대내외적 불확실성(Uncertainty)이라고 할 수 있다. 기업에서의 리스크는 광범위하다. 이 광범위한 리스크를 두 가지로 분류하자면, 직원 안전 보장 및 데이터의 보안, 법과 규정 준수, 재무 사기 방지, 장비 오작동 등 내부적인 리스크와 자연재해, 지역사회의 이슈, 전쟁 등 외부적 리스크이다. 나아가 잘못된 의사결정으로 인해 프로세스, 전략, 사업 포트폴리오 등을 제때 변환하지 못해 발생할 수 있는 기회 손실도 리스크 관리의 매우 중요한 측면이라 할 수 있다. 이러한 리스크를 잘 관리하고 최소화한다면 기업을 보호하고 비즈니스 성과를 향상할 기회를 창출할 수 있다. 그렇다면 기업에서 발생할 수 있는 다양한 리스크를 찾고, 기업의 리스크 관리를 통해서 어떻게 리스크를 최소화할 수 있는지 알아보자.

기업 리스크 관리는 하나의 중요한 전략으로 기업이 가지고 있는 목표에 부정적인 영향을 미칠 수 있는 불확실성을 최소화하거나 리스크를 방지하기 위한 잠재적인 리스크를 파악하는 전략이다. 특히 20세기에 들면서, 기업의

표 9-1 기업 리스크 관리 변화

	전통적 기업 리스크 관리	현대적 기업 리스크 관리
리스크 주체	개별 부서	전사적인 통합 관리 부서
리스크 관리	필요시	지속적 모니터링, 포트폴리오
운영 절차	비 공식적, 부수적인 이슈화	공식화, 중요 이슈화
리스크 방법	사후 관리 중심	사전 관리 중심
리스크 회피 수단	보험, 헤징(Hedging) 등	자산부채종합관리 (Asset Liability Management)

시장이 글로벌로 확대되고 비즈니스 생태계가 불확실해짐에 따라 기업의 리스크 관리는 경영진을 포함한 다양한 이해관계자들에게 중요한 사안으로 부상되었고, 법적인 규제 강화와 기업 차원에서의 리스크 관리 전략은 기업 보안 등을 포함한 모든 기업 활동에 적지 않은 영향을 미치고 있다.

표 9-1은 기업 리스크 관리의 변화에 대해서 요약하고 있다. 전통적인 기업 리스크 관리는 기업의 이해관계자 즉 고객, 주주, 직원, 지역사회 등을 위해 창출하는 가치나 이익에 대한 리스크를 최소화하고자 하였다. 이를 위해서 기업 내부적으로 비공식적이고 자체적인 방법으로 진행해 왔으며, 내부적으로 연관된 다른 부서와 협업 없이 독립적으로 운영(Silo-based Approach)하거나 각 그룹별 또는 부서별로 자체 리스크만 최소화하기 위해 관리되어 왔다. 예를 들면, 구매 부서는 구매와 관련된 리스크 즉 납기 리스크, 공급 리스크, 재무 부서에서는 재무 리스크, 품질 부서에서는 품질 리스크 등으로 운영 및 관리되고 있었다. 또한 리스크 관리 운영 절차 및 의사결정은 대부분이 비공식적이고 부수적인 이슈로만 취급되어 왔다. 그러나 최근 들어 글로벌 환경의 변화에 따라 국내외에서 일어나고 있는 다양한 리스크를 접하면서 기업들은 공식적인 규정과 절차에 의해 리스크를 관리하는 사고(思考)의 전환이 일어났고, 리스크 관리팀을 구성하였다(출처: http://www.datanet.co.kr). 또한 여러 국가의 정부와 세계적인 규제 기관들이 기업리스크 관리 관련하여 기준을 강화하고 리스크 수준을 측정 및 공식화하는 추세다. 예를 들면, 독일 정부는 기업이 경영

리스크에 대해 모니터링하여 리스크 관리 감독 기관에 주기적으로 보고하는 법안을 1998년 채택하여 진행 중이며, 신용평가 기관인 무디스(Moody's)는 기업의 신용평가서에 리스크 관리 수준을 2004년부터 반영해 왔다. 이러한 요인들이 기업의 리스크 관리를 중요한 사안으로 채택하게 된 원인이 되었다.

국제 표준인 ISO 31000: 2009(Enterprise Risk Management)는 다수의 사일로(Silo) 중심의 관리 시스템을 조정하는 기업 리스크 관리 프로세스의 디자인, 실행 및 유지를 위한 가이드라인을 제시하는 것을 목적으로 하고 있다. 그 초점으로 지배구조 프레임워크의 목적과 정합, 기업 리스크 관리의 책임 소재 갭(Gap) 조정, 관리 시스템 보고 매커니즘 구축 및 일관된 리스크 기준과 평가지표 확립을 들고 있다. 가능하다면 기업은 경영환경의 변화를 지속적으로 모니터링하여 손실 발생을 사전에 막는 것이 중요하다. 이제 기업의 리스크 관리의 성공사례를 살펴보자.

사례1. 독일의 화학기업 바스프(BASF)는 기업내의 전반적인 리스크를 3단계(과거, 현재, 미래)로 관리 하고 있다. 이 회사는 B조기 경보 시스템인 BASIKS(BASF Information & Communication System)를 구축하였고, 이 시스템에 사전 등록된 리스크 요소가 "리스크" 수준으로 상승하면 즉시 통제 활동으로 전환된다. 또한 리스크가 현실화 될 경우, 준비된 사전 프로그램을 통해 관련된 부서들이 위험을 완화 하고 최소화 하기 위해서 대응 활동을 수행한다. 나아가 리스크의 후행 관리를 수행한다. 기업 내의 감사팀과 특별 위원회를 구성하여 사후 모니터링 실시, 위험 관리 활동의 성과 및 효과성 등을 검증한다.
(참조: https://dbr.donga.com/article/view/1203/article_no/375/ac/magazine)

사례 2. 한국의 삼성전자 구매팀은 자연재해 조기 감지 시스템을 구축하였다. 이 시스템은 공급업체와 삼성전자 협업으로 구글 맵을 활용하여 전 세계 공급업체 위치 정보에 대해 건물 단위 수준까지 정확도를 확보하고, 주요 재해 정보 기간 시스템과의 연계 및 빅데이터를 활용하여 영향도를 분석한 내용을 삼성전자 구매팀으로 전송하는 자동 통보 기능까지 갖춘 재해 자동 감지 시스템을 구축하였다. 이를 통해 공급망에 피해가 발생할 경우, 대체 공급이 가능한 동일 자재 공급업체 정보를 제공하여 리스크를 최단 시간에 복구하는데 기여하고 있으며, 또한 공급업체는 자연재해 리스크를 사전에 대비하여 리스크를 최소화하고 있다. 예를 들면, 지진 발생할 지역에 대해서 재해 자동 감지 시스템으로 지진 영향도 분석을 하고 지진 규모에 따라 지진 반경 내에 있는 공급업체들에게 SNS, 이메일 등을 통해서 자동 통보함으로써 공급업체들이 지진에 대비하여 재해 리스크를 최소화할 수 있도록 하고 있다. 2016년 일본에서 규모 7.0 지진이 발생했을 때 일본 공급업체들이 이 시스템을 통해 지진 리스크를 최소화하여 삼성전자에 자재 수급을 원활하게 할 수 있었다. 그해 그 외 5건의 자연재해가 있었으나 공급업체들은 리스크를 최소화할 수 있었다.

02. 리스크 관리 프로세스

기업 내에서 발생하는 여러 가지 리스크를 완벽하게 회피하는 것은 불가하다. 그리고 리스크의 결과가 항상 부정적인 것은 아니다. 오히려 이러한 리스크를 잘 활용한다면, 기업 성과에 유리하게 작용할 수 있는 긍정적인 업사이드 리스크(Upside Risk)로의 전환도 가능하다. 그래서 리스크가 발생했을 때 어떻게 대처하는지가 중요하다.

그림 9-1은 4단계로 이루어진 리스크 관리 프로세스를 도식화하고 있다. 첫째, 리스크를 파악하고 그 요인을 분석한다. 둘째, 리스크의 발생 확률과 미칠 영향을 추정하여 리스크 프로필을 도출한다. 셋째, 이를 바탕으로 리스크 관리 전략(완화, 대응)을 수립하고 자원을 할당하여 전략을 실행한다. 넷째, 리스크 관리 결과(성과)를 모니터링, 검토하여 지속적인 개선을 도모한다. 각 단계에 대해서 자세히 살펴보자.

가. 리스크와 요인을 파악하라

리스크 관리의 첫 단계는 잠재적인 리스크와 그 요인을 파악하는 것이다. 리스크를 식별하는 방법에는 구성원들과의 워크샵, 브레인스토밍(Brainstorming),

그림 9-1 리스크 관리 프로세스

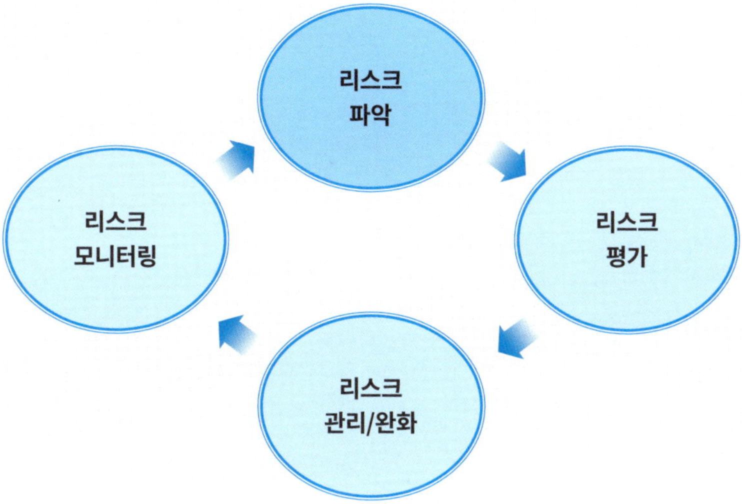

그리고 조직 내 임직원들과의 설문조사, 인터뷰 실시, 현 프로세스 분석과 위험 사례 분석 등이 있다. 그리고 어떤 식별 방법을 사용할지에 대한 것은 대부분 리스크의 유형(그림 9-2)에 따라 달라질 수 있다. 예를 들면, 비재무적 리스크 중에서 외부에서 발생하여 기업 내에서 리스크를 완화하기 어려운 리스크 즉 브랜드, 환경, 법/규제 리스크와 재무적 리스크 중에서의 시장 리스크 등은 내부 및 외부의 각계 인사들을 대상으로 워크샵, 인터뷰 등을 실시하여 리스크를 식별할 수 있다. 외부의 인사를 선정할 때는 전문 애널리스트, 산업 전문가, 정책 담당자, 공급업체, 고객 등 기업과 관련된 모든 이해관계자들을 포함하는 것이 좋다. 반면, 운영적인 측면에서 유동성 리스크, 수요 리스크, 품질 리스크 등의 파악은 기업 내부의 실무자들 대상으로 업무 프로세스 분석, 위험 사례, 인터뷰 등을 활용하면 효과적이다. 이러한 식별 방법들을 통해서 각 리스크 간의 인과 관계를 파악하는 게 중요하다. 인과 관계를 통해서 가장 장애가 되는 리스크 요인을 한눈에 파악할 수 있고 리스크의 우선순위를 정할 때 도움이 되기 때문이다. 마지막으로 파악된 리스크는 일정한 방식으로 반드시 문서화해야 한다.

그림 9-2 리스크 유형

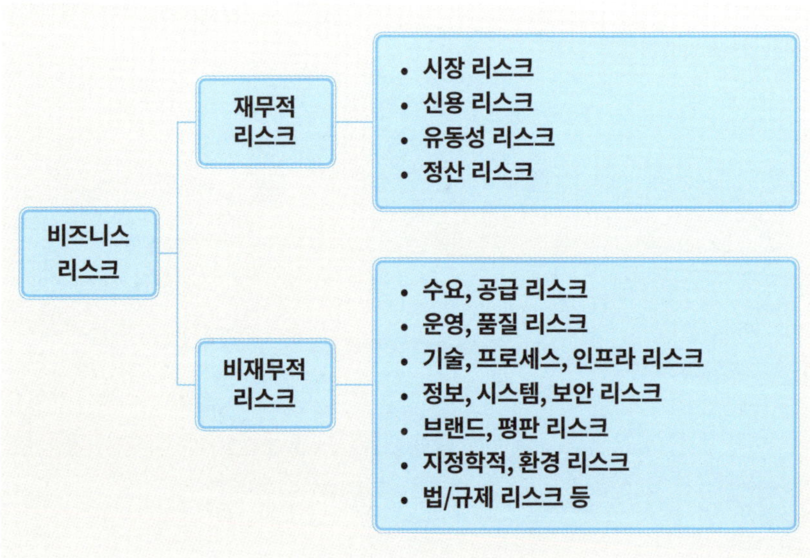

리스크 요인은 국가별, 사회별, 산업별, 기업별 리스크에 따라 다양하다. 리스크 카테고리별로 어떤 리스크 요인이 있는지 알아보자. 일반적으로 알고 있는 환경적 리스크 요인으로는 지진, 해일, 태풍 등이 있으며, 사회적 리스크 요인으로는 폭동, 전쟁, 파업 등이 있다. 또한 2019년 COVID-19, 2022년 러시아와 우크라이나 전쟁, 인도네시아의 우기 시즌인 10월에 발생한 자카르타와 발리 등 전 지역의 홍수 발생 등과 같은 자연재해, 테러, 노사분규 등으로 인해 글로벌 공급망이 단절됨에 따라 많은 글로벌 기업들이 그들의 제품 생산에 차질을 빚고 있다. 나아가 글로벌 무역의 폭발적인 성장과 제품 및 서비스의 다양성과 복잡성이 증가함에 따라 금융회사와 신용평가사, 투자자 및 주주, 언론사, 사내 임직원, 공급업체와 고객사, 정부, 지역사회, NGO 등 비즈니스 생태계 내의 이해관계자 관점에서 리스크 요인을 분석해야 한다. 리스크 요인으로는 신용평가의 규제 및 평가 변경, 공급의 불안정, 공급업체 관리전략 및 재무 상태, 고용 불안, 환경정책 및 기후변화, 정치 불안, 정부 정책, 문화의 차이, 경영층의 의사결정 변경, 기업 평판(명성), 수요 불확실성, 고객 니즈 변화,

세계 경기 변동 등이 있다. 표 9-2는 글로벌 공급망 리스크 요인을 리스크 카테고리별로 정리한 것이다. 이처럼 기업은 효과적인 리스크 관리를 위해서 가치사슬, 공급사슬 및 비즈니스 생태계 관점에서 핵심 리스크 지표(KRI, Key Risk Indicators)를 도출하여 관리하는 것이 중요하다.

표 9-2 글로벌 공급망 리스크 요인

리스크 카테고리	리스크 요인
공급망 중단/단절	• 자연재해, 전쟁, 테러 • 노사 분규, 폭동, 파업 • 공급사 파산, 단일 공급사 의존도 등
공급 지연	• 높은 Capacity 가동율, 경직성(비유연성), 공급원의 낮은 품질/수율 • 국경에서의 과도한 통관 절차, 운송 모드의 변화
수요 예측	• 긴 리드타임, 계절성, 제품 다양성, 짧은 수명주기 및 적은 고객 기반으로 인한 부정확한 수요 예측; 황소채찍효과(Bullwhip Effect)
재고	• 수요와 공급의 불확실성, 제품 진부화율 · 제품 가치, 재고유지비용
생산 능력	• Capacity 비용, Capacity 경직성
시스템	• 정보인프라의 고장, 시스템 통합 혹은 광대한 시스템 네트워킹, E-commerce
구매조달	• 환율 변동, 장기 vs. 단기 계약 • 원부자재의 단일 공급사 비율, 산업 전체 Capacity 가동율
지적 자산	• 공급사슬의 수직적 통합 • 글로벌 아웃소싱으로 인한 기업의 핵심 노출, 글로벌 시장
매출 채권	• 고객 수, 고객의 재무 건전성

출처: Chopra & Sodhi, 2004

리스크 요인을 알았다면 분석이 필요하다. 리스크 요인 분석 방법(그림 9-3)에는 다양한 분석 도구(Tool)가 있다. Porter의 Five Force Model을 통해서 공급 리스크 요인 분석, 시장 리스크 요인 분석 등을 할 수 있다. 인과도표(Cause and Effect Diagram) 혹은 Fishbone Diagram은 일반적으로 영향 또는 문제의 근본 원인을 파악하는 데 널리 사용되며, 시스템 또는 조직에서 발생할 수 있는 모든 잠재적인 리스크 요인을 동시에 보여줄 수 있다는 장점이 있다. 반면에 원인 간의 연관성을 파악하는데는 한계가 있고 지나치게 복잡해질 수 있다는 단점이 있다. 파레토 다이어그램((Pareto Diagram)은 어떤 문제를 우선적으로 개선해야 하는지를 보여주는 도구(Tool)로서 리스크가 되는 데이터를 요인별로 구별하고, 큰 순서로 막대그래프를 늘여 놓는다. 이 다이어그램은 리스크가 제일 큰 요인을 막대 그래프에 제일 크게 그리는 것임으로 가장 먼저 대응해야 할 리스크가 무엇인지를 손쉽게 알 수 있다는 장점이 있다. 리스크 요인 또는 인

그림 9-3 리스크 요인 분석 도구(Tool) 예시

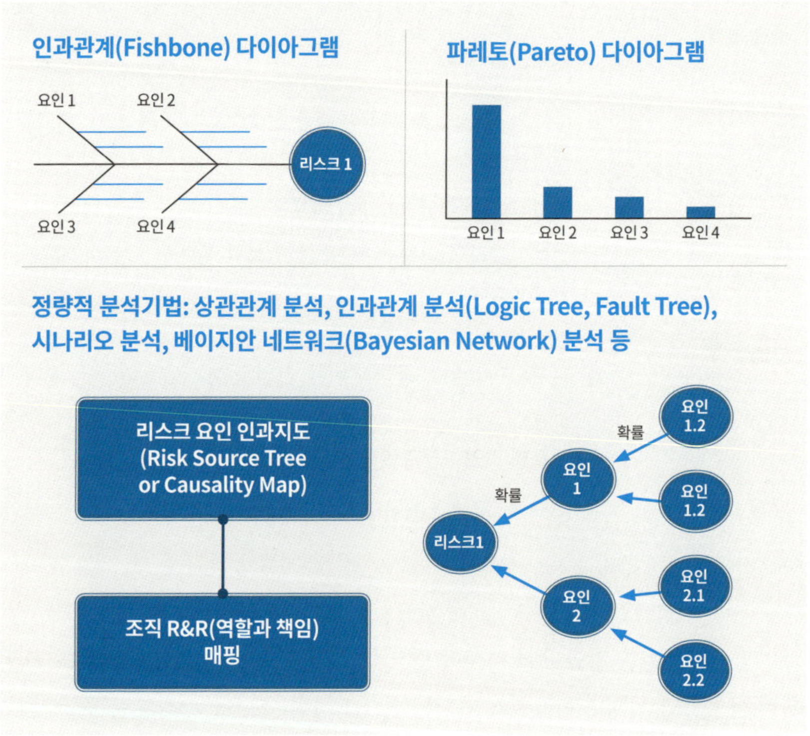

과 지도(Risk Source Tree or Causality Map)는 인과 관계의 원인과 결과를 지도(Map)로 표현하고 있는 것으로 리스크의 요인에 대해서 그 요인이 무엇인지를 정확하게 알아서 리스크를 해결하고자 하는 방법이다. 리스크를 해결하기 위해서는 그 요인을 찾는 것인데, 그 요인을 찾는 방법은 "왜"라는 질문을 끊임없이 던지는 기법이다. 만약 구체적인 요인을 찾았다면 기업 내 조직의 R&R(역할과 책임)과 매핑(Mapping)함으로써 좀 더 효율적으로 리스크를 해결할 수 있다는 장점이 있다. 그 이외에는 상관관계 분석, 인과 관계 분석(Logic Tree, Fault Tree), 시나리오 분석, 베이지안 네트워크(Bayesian Network) 분석 등의 정성적 분석 기법이 있다.

나. 리스크를 평가하라

리스크와 그 요인을 파악하면, 어떤 리스크가 중요한지를 평가해야 한다. 리스크를 평가하는 이유는 제한적인 리스크 관리 소스(자원)를 필요한 곳에 우선 순위로 진행하기 위해서다. 이러한 평가를 통해서 리스크의 규모를 판단하고, 어느 정도 수준의 리스크가 허용 가능한지 또한 무엇을 즉시 해결해야 할지를 결정해야 한다.

속성별 리스크 분류는 발생 확률 또는 주기에 따라 빈번한 리스크와 간헐적 또는 돌발적 리스크, 영향력(Impact) 또는 중요도에 따라 심각한 리스크와 심각하지 않은 리스크로 나뉜다. 그리고 감지(Detection) 용이성에 따라 잠재적(Latent) 리스크와 가시적(Visible) 리스크, 통제(Control) 가능성에 따른 통제 가능한 리스크와 통제 불가능한 리스크 나뉜다.

리스크 평가는 일반적으로 그림 9-4에 제시된 리스크 심각성 매트릭스(Risk Severity Matrix)와 실패모드영향 심각성 분석(FMECA; Failure Modes, Effects, and Criticality Analysis)을 사용한다. 리스크 심각성 매트릭스의 경우는 모든 리스크를 영향력과 발생 확률(빈도)에 따라 좌표 평면에 배치한다. 그래서 영향력과 발생 확률(빈도)에 따라 4가지 유형(그림 9-4, 그림 9-5), 즉 수용 가능 리스크, 사후 대응 중심 리스크, 사전 예방 중심 리스크, 그리고 중점 관리 대상 리스크로 분류하고, 각 시나리오에 맞게 리스크를 관리해야 한다.

■ 그림 9-4 리스크 평가 도구

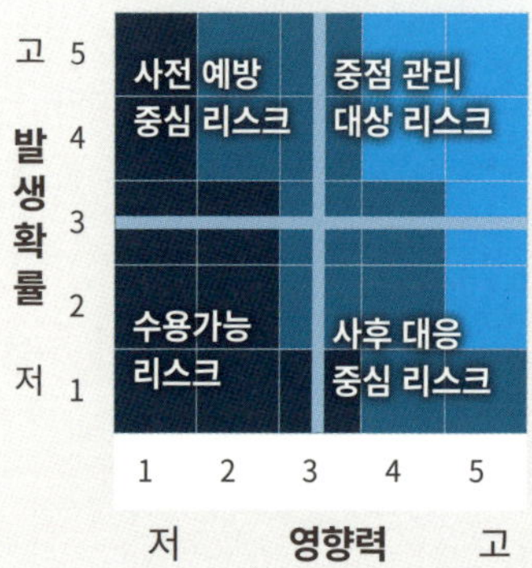

실패모드영향 심각성 분석(FMECA;
Failure Modes, Effects, & Criticality Analysis)

리스크	발생확률	영향력	非 감지확률	점수 (1-125)
1	5	5	5	125
2				
3				
4				
5				
…	1	1	1	1

첫 번째, 수용 가능 리스크는 리스크 영향력과 발생 확률이 모두 낮은 영역이기 때문에 다른 유형의 리스크 변화 여부에 따라 리스크 가능성을 판단할 수 있어 최소한의 모니터링을 통해 리스크를 최소화할 수 있다. 두 번째, 사후 대응 중심 리스크는 리스크 영향력은 높으나 발생 확률이 낮은 영역으로서 컨틴전시 플랜(Contingency Plan) 등을 통해 사후 대응 활동에 주력해야 한다. 세 번째, 사전 예방 중심 리스크는 리스크 영향력은 낮지만 발생 확률이 높은 영역의 경우로, 사전에 통제 기능 또는 시스템 개발을 하여 사전 예방 활동에 주력해야 한다. 네 번째, 중점 관리 대상 리스크는 리스크 영향력과 발생 확률이 모두 높은 영역으로 사전 예방 및 사후 대응 활동을 모두 강화하고, 구체적인 전략 수립을 통해서 관리해야 한다.

한가지 사례를 들자면, A사는 스마트폰 제조 대기업에 커넥터를 공급하고 있다. 이 회사의 리스크 관리 부서는 기업 내 리스크 관리를 위해 먼저 이해관계자들을 대상으로 인터뷰를 진행했다. 직원들에게 무엇이 리스크 요인인지 질문했을 때, 이직으로 인한 인력 부족, 환경 리스크로 인한 대기업 및 해외 평가사들의 환경 규제 강화, 미국과 중국의 무역 전쟁, 러시아와 우크라

■■ 그림 9-5 A사의 리스크 심각성 매트릭스

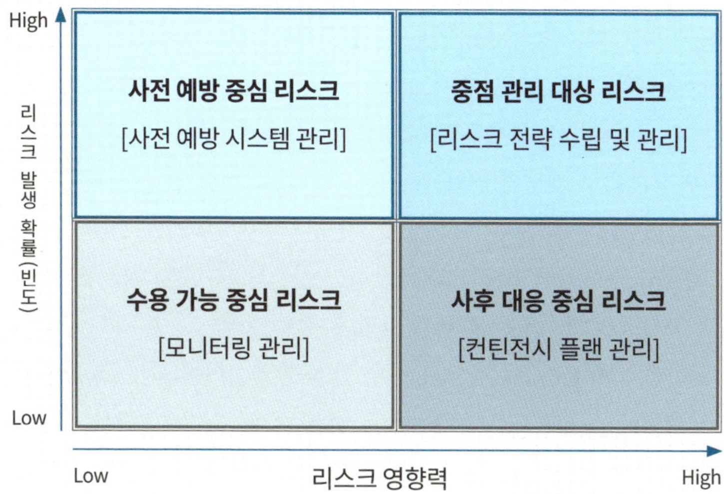

이나 전쟁, 물류 시스템 차질로 인한 원자재 가격 상승, 중국 업체들의 덤핑 가능성 등의 내용이 조사되었다. 그리고 고객사인 대기업은 여러 자재들의 원자재 가격 상승으로 모든 공급업체들에게 납품가를 올려주기 힘들다고 이야기했고, 커넥터 관련 전문 애널리스트는 커넥터 시장이 점점 악화될 것으로 예상되어 몇 년 후에는 파산하는 커넥터 업체도 발생할 것으로 전망하였다.

이런 결과를 바탕으로 리스크 평가를 진행할 경우, A사의 중점 관리 대상 리스크는 원자재 가격 상승이라 볼 수 있다. 그 이유는 원자재 가격이 최근에 급등하여 커넥터 생산에 바로 영향을 미치고 더 나아가 회사 매출에 큰 영향력을 미치기 때문이다. 환경 규제 관련하여서는 리스크 영향력이 높으나 발생 확률이 낮으므로 사후 대응 중심 리스크로 사후 환경 규제에 대해서 기업 내부적으로 컨틴전시 플랜(Contingency Plan) 등과 같은 전략을 세우고 대기업이나 평가사들의 환경 규제 관련 대응 활동에 주력할 필요가 있다. 그리고 중국 업체들의 덤핑은 발생 확률은 높으나 가격 및 품질 이슈 등으로 리스크 영향력은 낮아 사전 예방 중심 리스크 측면에서 통제 기능 및 시스템을 활용하여 통제 활동을 진행하는 등 사전 예방 활동에 주력해야 한다. 마지막으로 이직으로 인한 인력 부족의 경우는 실제로 발생한다고 하더라도 인력 투입이 가능함에 따라 리스크의 영향력도 낮고 발생 확률도 높지 않은 편이다. 그러므로 수용 가능 리스크라고 볼 수 있으며 이직에 대한 모니터링을 통해서 적기에 인력 투입이 가능하도록 관리가 필요하다.

일반적으로, 무엇인가 실패하고 난 후에 왜 실패했는지 이유를 찾고 수정 작업을 하여 다음에는 실패하지 않도록 한다. 한편, 실패 모드 영향 심각성 분석(FMECA, Failure Modes, Effects and Criticality Analysis)은 위와 같은 사후적 관점에서 예상되는 실패를 사전에 찾고 발생하지 않도록 예방하는 관점으로 전환하여 실패를 예방하기 위한 정성적 및 정량적 리스크 식별과 평가에 초점을 맞춘 방법이다. 즉, 잠재적인 실패, 작업 수행에 미치는 영향(효과) 그리고 실패 원인 사이의 연관성을 포함하고 있으며, 리스크 평가에 대한 실패의 모드 및 원인과 같은 실패의 요소를 연결하는 데이터 기반의 방법론이다.

■ 그림 9-6 IBM 리스크 평가 사례

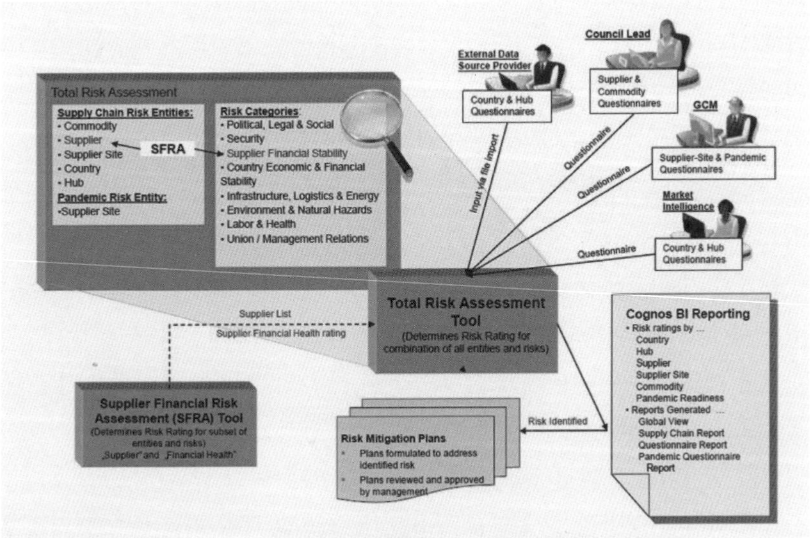

(자료:http://www.scdigest.com/ontarget/11-10-012-3_IBM_Supply _Chain_Risk.php?cid=5054)

(출처: https://blog.naver.com/gics17/221719761513, www.gicscm.com)

공급망 리스크의 경우, 각 공급업체들의 리스크 관련 평가가 중요하다. 특히 제조 기반의 기업은 공급망 리스크를 완화하기 위해서 공급업체의 리스크를 완화하는 것이 급선무라 할 수 있다. 그림 9-6 과 같이 IBM의 경우 세계 각지 공급망의 잠재적 리스크를 조사하고 평가하는 시스템인 TRA(Total Risk Tool)를 개발하였으며, 공급업체의 재무 상태를 비롯해 조달 방식, 소속 국가, 물류 등 위기 상황에 대한 비상계획 체제 등을 종합적으로 평가하고 또한 공급업체, 제품, 생산거점 등 전 세계 시장 등에 관해 내부 담당자 설문을 시행하거나 공급업체가 위치한 세계 각국의 재무 위험도와 경제 지표 등을 제공하는 EDSP(External Data Source Provider)의 데이터를 활용하여 평가를 실행하고 있다. 이를 바탕으로 각 리스크 발생 가능성과 영향력 점수를 평가한 결과를 모델링하여 우선적으로 관리해야 할 주요 리스크를 도출하고 대응 전략을 세워 대응하고 있다.

또한 삼성의 경우, 그림 9-7의 리스크 평가 사례처럼 매년 공급업체를 평

그림 9-7 삼성전자 리스크 평가 사례

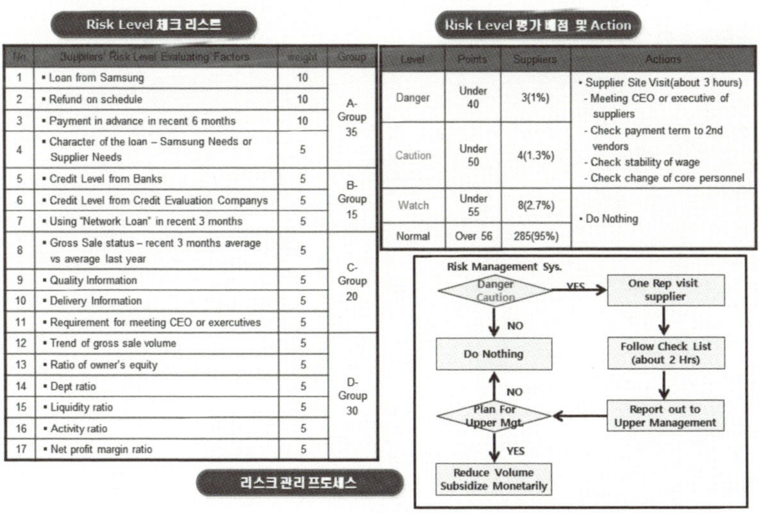

가할 때, 리스크 관련 평가를 시행하고 있으며 공급업체 리스크 레벨 체크리스트 도구를 활용하여 리스크 담당자들이 재무적/공급망/품질 관점 등의 리스크를 파악 및 평가한다. 공급업체가 레벨 위험(Danger)과 조심(Caution) 단계를 받을 경우는 직접 업체 방문을 통해서 리스크 발생 가능 활동/업무들에 대해서 협의하고 대응 전략을 세워 모니터링하고 있다.

다. 시나리오별로 리스크를 완화하고 신속 대응하라

리스크와 요인의 파악 및 평가 분석이 완료되면, 리스크 관리 전략 수립을 하고 자원을 할당하여 실행에 옮겨야 한다. 리스크 관리 전략은 그림 9-8과 같이 대응 전략과 대응 자세에 따라 6가지 전략으로 나눌 수 있다.

첫 번째, 리스크 전가/이전 전략은 리스크 대응이 사후적이고 가장 소극적인 기피 전략이라 할 수 있다. 또한 리스크의 발생 가능성은 적지만 기업 성과에 미치는 잠재적인 영향이 클 경우, 리스크를 다른 조직(예, 보험 회사, 제휴 회사 등과 같은 전문적인 기관)에 전가할 때 사용되는 전략으로, 발생될 손실 및 책임 정도를 줄이는데 적합하지만 비용이 많이 드는 단점이 있다(송응석, 2019; 이충배와 정석모, 2011).

■ 그림 9-8 리스크 관리 전략

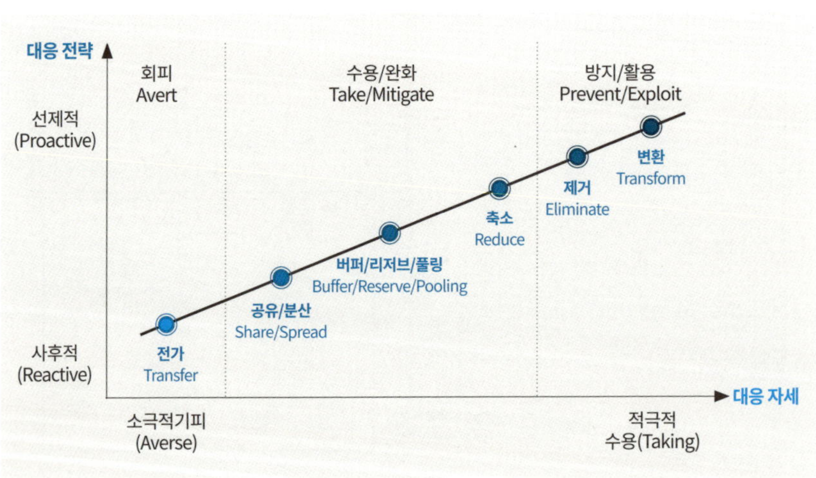

두 번째, 리스크 공유 및 분산 전략은 기업과 고객사 간, 기업과 공급업체 간, 또는 기업 내 타 부서 간에 필요한 정보를 공유하거나 대체 공급사를 통해 리스크를 분산함으로써 리스크를 수용하고 완화하는 전략이다. 기업 내외부적으로 리스크를 공유하거나 분산함으로써 리스크에 대한 부담감을 줄이고 전략적으로 리스크를 효율적으로 완화시킬 수 있다. 예를 들면, 가격 불확실성 환경에서 개발 부서, 마케팅 부서, 구매 부서 등 기업 내부적으로 리스크를 공유하고 분산하여 전략을 실행할 때 효율적으로 리스크를 완화하고 소싱 비용을 줄일 수 있다(Li와 Kouvelis, 1999).

세 번째, 리스크 버퍼, 리저브, 풀링(Buffer, Reserve, Pooling) 전략이다. 리스크 버퍼, 리저브, 풀링 전략은 수요 및 공급의 불확실성을 줄이기 위해서 여러 수요 및 구매공급을 통합하여 관리하는 전략이다. 예를 들면, 반도체 생산 기업은 두 개의 공장을 가지고 있으며, 생산 리드타임을 줄이기 위해서 각 공장 옆에 자재 창고를 두었다. 그리고 각 공장별 일일 수요는 평균 100, 표준 편차는 10의 정규분포를 따른다고 가정해 보자. 일반적으로 안전재고는 불확실성 정도를 나타내는 수요의 표준편차에 비례한다. 그러므로 이 기업의 경우, 단순하게 두 공장의 자재 창고를 합하여 표준편차 20에 대응되는 수준만큼 안전재고를 보유하고 있어야 한다. 그러나 만약 두 개의 자재 창고를 하나의 자재 창고로 통합 운영한다면, 각 공장에서 요구하는 일일 수요는 평균 200, 표준편차는 약 14의 정규 분포를 따르게 된다. 즉 표준 편차 14에 대응되는 수준의 안전재고가 있으면 충분하게 된다. 이럴 경우, 자재 창고의 고정 비용 및 재고 유지 비용 등의 절감 효과를 가져올 수 있다. 이와 같이 여러 수요 또는 구매를 통합하게 되면 수요나 공급의 불확실성이 감소하게 되는 리스크 풀링 효과가 발생하고 기업은 안전재고를 줄이면서도 불확실성에 대해서 효과적으로 대응할 수 있다.

네 번째, 리스크 축소 전략은 적극적으로 리스크의 발생가능성과 영향력을 줄이는 전략이다. 이 전략은 리스크 발생 가능성이 높으나 그에 따른 손실 정도는 낮을 때 주로 활용되는 선제적이고 적극적인 리스크 수용 전략으로(송응석, 2019), 일반적으로 기업들은 헤징(Hedging)을 활용하고 협력사에 대한 지원 전략을 통해 리스크 발생 가능성을 축소시키고 잠재적 피해 또는 손실을 줄이고 있다.

다섯 번째, 리스크 제거 전략은 리스크가 발생할 수 있는 요인을 원천적으로 봉쇄하거나 제거하는 선제적이고 적극적인 수용 전략이다. 예를 들어, 아웃소싱 공급업체의 공급 중단 리스크가 클 경우, 다른 공급업체로 대체하거나 인소싱을 통해 리스크 요인을 제거하는 것이다. 또한 비즈니스 상에서 거래가 매우 위험한 경우 또는 잠재적인 보상의 가치가 없다고 판단될 경우, 기업들은 이를 과감하게 포기함으로써 리스크 발생 가능성을 처음부터 제거하여 앞으로 일어날 리스크를 효율적으로 없애버리기도 한다. 그러나 리스크가 크지만 수익성이 매우 높은 활동이나 프로젝트에 대해서 제거 전략을 쓰게 될 경우, 기회손실이 클 수 있다. 그래서 리스크 제거 전략은 기업의 경영진의 신중한 의사결정을 거쳐 사용해야 한다(송응석 2019).

마지막으로, 리스크 변환 전략은 가장 선제적이고 적극적인 관리 전략으로, 기업의 운영 프로세스, 공급망, 사업 포트폴리오 등을 재편함으로써 기회손실을 최소화하고 기업의 성장성과 수익성을 높이는 전략이다. 예를 들면, 은행에서 투자자를 모집할 경우, 투자자들에게 최대한 리스크를 완화하고 최대 이익을 배당하고자 한다. 그래서 은행에서는 테이터를 통해 이익이 많이 나고 있는 패션 산업, 반도체 산업, 식품산업을 투자 종목으로 선택하여 다각화하고자 한다고 가정하자. 이러한 경우에 최근 러시아와 우크라이나 전쟁으로 인해 반도체 필수 소재 품목인 팔라듐과 네온가스 공급량 가격이 전쟁 이후 10배가량 올랐고 반도체 산업에 큰 타격을 주고 있다. 그 이유는 팔라듐의 경우 전 세계 공급량의 44%를 러시아에서 공급하고 있고, 네온가스의 경우 전 세계 70%를 우크라이나에서 공급하고 있기 때문이다. 그리고 또한 밀의 경우 러시아가 세계 1위, 우크라이나가 5위 수출국이며, 옥수수의 경우 우크라이나가 4위 수출국이기도 하다. 이로 인해 밀과 옥수수 가격이 31%와 14%로 각각 올라, 식품 산업도 만만치 않은 타격을 입을 것으로 판단되었다. 러시아와 우크라이나 전쟁 리스크로 인해 은행에서 투자한 종목들이 이익을 보지 못하게 될 경우가 발생할 수 있다. 따라서 반도체 산업과 식품 산업 투자 종목에서 패션 산업 종목으로 변환함으로써 리스크를 최대한 줄이고 투자자들의 손실을 줄이고 이익을 배당할 수 있는 전략이 필요하다.

리스크의 종류와 환경에 따라 전략이 수립되면, 전략에 맞게 실행해야 한다. 리스크 전략의 실행은 리스크 팀을 포함하여 전반적인 경영층과 부서원들도 함께 협업하여 진행한다면 효과적이고 효율적으로 리스크를 관리할 수 있다. 리스크를 실행하기 위해서는 리스크에 대한 처리 방법에 대한 설명 및 리스크 대응에 대한 구체적인 계획을 세우고 실행할 수 있도록 해야 한다. 여기에서 주의해야 할 사항은 모든 리스크를 선제적으로 관리할 수 있는가이다. 앞서 리스크의 평가와 관리 전략에서 살펴보았듯이 그렇지 않다. 따라서 리스크는 시나리오 기반에서 관리를 해야 한다. 즉, 선제적 관리와 사후적 신속 대응 전략을 리스크의 속성에 따라 적절하게 구사해야 하며, 리스크의 내성(Tolerance)과 회복 탄력성(Resilience)의 혁신 또한 필요하다. 이제 리스크에 대한 선제적 관리와 사후적 관리 역량에 대해서 구체적으로 살펴보자.

☑ 선제적 리스크 관리

선제적 리스크 관리는 발생 가능한 리스크를 사전에 파악하고 그 요인을 다각도로 분석하고 예측함으로써 리스크가 발생할 확률을 낮추거나 손실을 축소하도록 사전에 준비하여 운영하는 관리 방안이다. 이러한 선제적 리스크 관리/예방 전략은 리스크 변환, 제거, 완화(축소, 풀링, 분산) 등을 포함하고 있으며, 특히 리스크 발생 확률이나 빈도가 높을 때 효과적으로 사용할 수 있다. 예로, 공급 회사가 자연재해 지역에 있는 생산 공장, 공급사의 역량 등을 분석하여 이원화 작업을 하거나 리스크 발생 지역으로부터 보호할 수 있는 지역으로 이전하는 등 리스크를 방지하거나 최소화하는 것이다.

선제적 리스크 관리를 위해서는 감지, 분석 및 관리 역량이 필요하다. 첫 번째, 감지(Sensing) 역량은 급변하는 시장의 수요와 공급 관련 데이터를 수집, 분석 및 파악할 수 있는 시장 지능(Market Intelligence)을 필요로 한다. 또한 PESTEL(Political, Economy, Society, Technology, Environment, Law/regulation) 변화 트렌드에 대한 모니터링을 통해 리스크 요인을 감지할 수 있어야 한다. 두 번째, 분석(Analysis) 역량은 데이터와 사실 기반으로 리스크와 리스크 요인을 분석하고 발생 가능성이 있는 리스크를 예측하는 역량이다. 그래서 시장 경제 동향 분석, 문화 차이 분석, Glocalization[32]을 위한 지역적 구매 선호도 분석 등을 필요로 한다. 마지막으로, 관리(Management) 역량은 조직이 환경 변화에 적응하여 유연한 전략을 수립하고 민첩하게 실행하는 역량이다. 이러한 능력을 발휘하기 위해서는 신속한 의사결정, 수용적 조직 문화, 포용적 리더십 및 지능적인 프로세스와 시스템 등이 필요하다. 또한 축적된 지식과 경험 및 학습(Leaning)과 학습해소(Unlearning)를 통한 변화와 혁신 관리가 요구된다.

선제적 리스크 관리의 기업 사례를 살펴보자. 세탁기 제조업체인 A사는 다국적 기업들과 나란히 경쟁할 정도로 최근에 많이 성장하여 매출이 전년 대비 15% 이상 성장하였다. 그렇다 보니, 다국적 기업들과의 경쟁이 점점 심해지고 있다. 그리고 최근 들어, 전 세계의 환경적, 사회적 리스크가 심화되면서, A사의 경영진은 공급망 리스크에 대한 우려가 크며, 구매 부서는 자재를 챙기기에 매우 바쁘다. 이는 약 78% 이상의 거래선이 해외 공급업체이기 때문이다. 그래서 경영진은 자재를 공급하는데 이슈가 없는지 각 해외 공급업체를 조사하라는 지시를 구매팀에 했고 구매팀은 해외 공급업체 조사를 시작하였다. 그 결과, 공급업체 50%는 자재 공급에 문제가 없었으며, 리스크 대응책을 가지고 있는 업체들도 있었다. 그러나 공급업체 15%는 지진과 태풍이 자주 오는 지역에 생산 공장이 있었고, 공급업체 8%는 지금까지는 큰 이슈가 없었으나 내부적인 인종 차별로 인해 파업이 발생할 가능성이 다분히 있었다. 그리고 나머지 공급업체 5%는 개발도상국에 있는 중소기업으로 각 업체의 재무적 이슈가 있어 파산 위기에 처한 공급업체도 있었으며, 또한 아동 노동을 착취하고 있었다. 즉, 28%의 공급업체는 공급망 리스크가 있다는 결과가 나왔다. 경영진으로서는 이러한 공급망 리스크를 어떻게 해결해야 할까에 대한 고민을 하고 있다. 다행히 이제까지는 구매팀의 큰 역할로 인해 자재공급에 큰 이슈가 없어 세탁기 생산하는데 큰 이슈는 없었다. 그러나 공급업체 현황 파악 후,

32 Glocalization은 세계화(Globalization)와 현지화(Localization)의 합성어로 세계화를 추구하면서도 현지의 문화에 적응하고 고객의 특성과 욕구를 만족시키기 위한 경영전략이다.

A사의 경영진은 리스크 관리팀을 신설하고 리스크가 있는 공급업체를 관리하도록 결정하였다. 먼저 공급업체 5%는 공급 리스크뿐만 아니라 아동 노동 착취로 인해 사회적 리스크가 더 큰 논쟁거리가 될 수 있으므로 이 업체들을 정리 및 제거하고 재무적으로 건강하고 사회적 리스크가 없는 안정적인 업체를 발굴할 것을 구매팀에 요청하였으며, 또한 공급업체 8%에 대해서는 먼저 글로벌 소싱을 통해 이원화 업체를 발굴하고, 공급업체들의 파업 가능성에 대해서 관리할 것을 구매팀에 요청하였다. 그리고 나머지 15% 공급업체의 경우는 지진 또는 태풍이 적은 지역으로 이전 또는 신규 생산 공장을 설립할 것을 권유하고, 만약 권유를 받아들이지 않을 경우에는 공급망 리스크에 대한 전반적인 손실 관련하여 공급업체와 협상하도록 구매팀에 요청했다. 리스크 관리팀은 선제적 공급업체 관리를 통해서 기존의 공급망 리스크를 제거하거나 완화할 수 있었으며, 지금까지도 공급업체에 대한 리스크를 최소화하고 있다.

또한 독일 화학 기업의 바스프와 한국 삼성전자의 사례와 같이 조기 경보 시스템은 선제적 리스크 관리의 대표적인 사례들이다. 조기 경보 시스템을 통해서 발생할 가능성이 있는 지진, 태풍 등 환경적 리스크를 선제적으로 감지함으로써 기업과 공급업체들의 리스크 발생 확률과 손실을 줄이고 있다.

☑ 사후석 리스크 관리

모든 리스크를 선제적으로 관리하는 것이 바람직한가? 그럴 수도 없고, 설령 그렇다 하더라도 엄청난 예방 비용이 발생할 수 있다. 또한 리스크는 어디에서나 갑작스레 발생하는 경우가 많다. 사후적 리스크 관리는 리스크 발생 후 신속하게 리스크에 대응하고 빠른 시일 내 주요 오퍼레이션을 회복하고 풀 스케일로 복구함으로써 리스크로 인한 손실을 최소화하는 활동을 말한다. 또한 사후적 리스크 관리에는 사전적 리스크 관리보다 대응 자세가 소극적인 리스크 전가 전략이 많이 활용되고 있는데, 리스크의 발생 가능성은 적지만 기업 성과에 미치는 잠재적인 영향력이 큰 경우에 효과적이다. 예를 들면, 보험회사 등과 같은 전문적인 기관에 리스크를 전가함으로써 손실 책임을 최소화하거나, 공급업체와 패널티 계약을 통해서 품질 실패 비용이나 적시 납기 미준

수로 인한 손실 비용을 보전받거나, 소득 안정제도를 통해 수익율 변동을 축소하는 것 등이 있다. 그러나 리스크 전가 전략은 근본적인 문제를 해결하는 것은 아니기 때문에 여러 가지 리스크 방법론을 통해서 손실 비용을 최소화하고 또한 앞으로 재발하지 않도록 관리하는 것이 중요하다. 대표적인 방법으로 컨틴전시 플랜(Contingency Plan, 비상계획)과 사업 연속성 계획(BCP, Business Continuity Planning)이 있다.

컨틴전시 플랜은 기업이 예측하기 어렵고, 예측해도 단기간 내 회복이 어려운 우발적인 사태(예로, 러시아와 우크라이나 전쟁, 인도네시아 홍수와 같은 자연재해 발생, 대규모 노사 분쟁, 글로벌 경제의 어려움으로 인한 통화가치의 급격한 하락 등)에 대한 비상계획으로 이러한 우발적인 사태가 발생할 때 대응 방안을 마련하는 경영기법이다. 최근 들어 글로벌 경제의 위기로 불확실한 미래 경영환경의 변화로 인한 부정적인 영향력을 최소화하기 위해 미리 시나리오를 만들고 그 상황에 맞게 준비된 대안으로 유연하게 대처하는 경영을 선호하고 있다. 그러나 코로나바이러스 등 환경적 리스크와 같이 갑작스러운 우발적인 사태에 대해서 적절히 대응하기는 어려울 때가 있다. 이럴 때 컨틴전시 플랜을 사용한다면 유연하게 대처할 수 있다. 컨틴전시 플랜으로 리스크 손실을 최소화한 사례를 살펴보자.

사례 1. 도요타는 1997년 핵심부품인 p-밸브를 생산하는 핵심 공급업체인 아이신(Aisin Seiki)의 공장 화재로, 전체 자동차 생산이 중단될 수 있는 중대한 위기에 직면하였다. 아이신은 도요타가 생산하고 있는 모든 자동차에 사용되는 p-밸브의 99%를 공급하고 있었고, 도요타는 고작 이틀 분량의 재고를 보유하고 있었기 때문에 전체 생산이 중단될 수 있는 상황에 처해 있었다. 이러한 위기 상황에서 도요타는 아이신의 부품 공급업체와 계열사 등 총 65개사와 협력하여 아이신의 생산 물량을 대체 생산하는 데 성공하였다. 이는 아이신이 부품 도면과 기술을 지원하고, 협력에 참여한 다른 기업들은 각자의 제조 역량을 동원하여 수일 만에 프로토타입(Prototype)을 만들고 본격적인 생산에 돌입하여 위기를 돌파할 수 있었다. 당시 도요타의 압력, 법적 또는 금전적 협상 등이 없이도 이와 같은 협력이 가능했던 이유는 도요타와 공급업체 간의 두터운 신뢰와 도요타 재건을 도와야 한다는 공급업체들의 공감대가 있었기 때문이다.

사례 2. 2000년 3월 미국 뉴멕시코 앨버커크에서 발생한 낙뢰로 필립스(Phillips)사 공장에 화재가 발생하였다. 이로 인해 상반된 대응 방식으로 당시 유럽에서 가장 큰 휴대폰 제조업체였던 노키아(Nokia)와 에릭슨(Ericsson)의 명암이 교차하였다. 두 경쟁사 모두 필립스 전자 반도체 공장으로부터 휴대폰 주요 부품인 반도체 RFC(Radio Frequency Chip)를 공급받고 있었으며, 단 10분간의 공장 화제로 인해 휴대폰 수백만 대 분의 RFC 칩이 손실되었다. 그런 후 필립스는 즉시 가장 큰 고객인 노키아와 에릭슨에 이를 통보 하였다. 이에, 노키아는 상황을 예의 주시하면서 즉시 사실을 내부화하고 문제 부품을 특별 관리 품목으로 리스트하여 필립스에 남은 생산 여력을 모두 노키아에 집중할 수 있도록 즉각적인 조치를 하였다. 반면에, 에릭슨은 필립스의 통보를 가볍게 생각하고 수 주간의 부품으로 해결될 것으로 판단했으나 2주 후에야 지연이 수개월 이상 지속될 것이라는 것을 깨닫게 되었다. 필립스에만 RFC 칩을 의존하고 있던 에릭슨은 결국 대규모 생산 차질을 빚어 2000년 말 17억 2천만 유로의 손실을 입고 휴대폰 시장에서 철수하게 되었다 (자료: Yossi Sheffi (2007). 리질리언트 엔터프라이즈(The Resilient Enterprise), FKI미디어(The MIT Press)). 컨틴전시 플랜과 신속한 위기 대응력의 유무가 노키아와 에릭슨의 운명을 가른 것이다. 이 외에도 최근에 다양한 사례가 발생하고 있다. 그래서 기업들은 컨틴전시 플랜 대응 방법과 같은 사후적 리스크 관리에도 많은 투자와 대안을 찾고 있다.

사업 연속성 계획(BCP)은 예측이 어려운 리스크가 발생했을 때 사업(업무) 운영의 연속성을 유지하기 위한 방법론으로, 리스크를 평가하고 영향력을 분석 후 사전 대응과 사후 대응을 위한 계획을 수립하는 일련의 절차를 말한다(한경 경제 용어사전). 컨틴전시 플랜이 우발적인 사태가 발생할 때 대응 방안을 마련하는 것이라면, 사업 연속성 계획은 사업(업무) 운영의 연속성을 유지하기 위한 계획을 수립한다는 점에서 차이가 있다. 미국의 경우 2001년 9.11테러, 일본은 2011년 동일본 지진과 태국 홍수를 계기로 사업 연속성 계획의 중요성을 크게 인식하게 되었으며, 기업들은 어떠한 위기 상황에도 공급망이 타격을 받지 않고 정상적인 생산 활동을 지속할 수 있는 사업 연속성 계획을 수립하고 강화하기 시작하였다. 예를 들면, 일본 기업의 지진 전 사업 연속성 계획 책정 상황을 보면 대기업이 약 60%, 중견기업은 약 30%에 불과했고 형식적 수립이 대부분이었으나, 최근 들어 중대성이 증대되었다. 기업은 위기가 발생할 때 사전에 수립된 사업 연속성 계획에 따라 신속하게 조업을 재개하여 재해로 인한 손실을 최소화할 수 있다. 예를 들면, 일본 타이어 업체인 브릿지스톤(Bridgestone)은 2009년 그룹 전체를 대상으로 리스크 조사를 진행하고 빠른 초기 대응, 사업 연속성 확보, 조기 복구 등을 목표로 사업 연속성 계획을 구축해 놓은 상태였으므로 2011년 동일본 지진 재해의 영향이 상대적으로 미미하였다. 또한, 닛산(Nissan)의 경우, 비상시를 대비하여 자사, 계열사 및 공급업체의 피해 확인을 사업 연속성 계획 훈련 매뉴얼에 포함시킨 것이 일본 대지진과 태국 홍수 때 공급망 피해를 최소화하고 신속하게 생산을 재개할 수 있는 원동력이었다고 평가하고 있다. 또한 사업 연속성 계획에 대한 모의 훈련을 주기적이고 반복적으로 실시하여 위기를 신속하게 대응한 기업들도 있다. P&G의 경우 매년 태풍 전 5월에 각 공장에 맞춤화된 사업 연속성 계획 수립과 실제 시뮬레이션을 통해 물류센터로 재고 이동, 재고 백업 테이프 이동, 통신 및 철수 리허설 등을 포함하여 태풍 리스크에 대비하고 있다.

라. 리스크 관리를 모니터링하라

리스크 관리 전략을 수립하고 실행하면, 지속적인 리스크 관리 프로세스 모니터링 및 결과(성과)에 대한 평가가 필요하다. 리스크 관리 성과를 평가하기 위해서는 리스크를 사전에 감지하고 결과를 평가할 수 있는 핵심 리스크 지표(KRI, Key Risk Indicators)를 도출하고, 리스크 완화 및 대응 전략의 효과성 즉 리스크 관리가 기업에 미친 영향에 대해 평가해야 한다. 또한 리스크와 핵심 리스크 지표의 모니터링을 통해서 비즈니스 환경의 변화에 따른 리스크 및 전략을 지속적으로 재평가하고, 새로운 리스크의 발생 가능성과 기존의 리스크의 증감에 따라 리스크 관리 계획과 전략 및 역할의 수정을 검토해야 한다.

기업들의 전반적인 업무 프로세스에는 공급망 관리와 연관되어 있다(송응석, 2019). 그러므로 공급망 성과를 재고 수준, 품질수준, 공급업체 성과, 기업 매출 및 이익 등의 측면에서 측정, 평가 및 검증해야 한다. 즉 공급망의 불안정과 리스크가 증가할수록 공급업체 성과는 저조할 것이고, 재고 수준, 서비스 및 품질 수준이 저하 됨에 따라 당연히 기업의 매출과 이익에도 부정적인 영향을 미칠 것이다. 따라서 기업들은 공급망 리스크 관리를 강화하고 원활한 공급망 흐름을 유지하도록 해야 한다. 공급망 리스크 성과 관리에는 리스크 관리 조직 문화의 구축, 리스크 관리 프로세스와 시스템 구축, 그리고 지식 관리 등 세 가지 핵심 요소들이 있다.

첫 번째, 리스크 관리 조직 문화의 구축이다. 대부분의 국내 기업은 리스크 관리 조직 문화를 갖추고 있지는 않았으나, 최근 들어 금융위기, 미중 무역전쟁, 코로나19 등으로 인해 리스크 관리의 중요성에 대한 인식이 많이 높아지면서 리스크를 전담하는 부서를 만드는 글로벌 기업이 늘어나는 추세지만 중소, 중견기업은 여전히 리스크 전담 조직을 만들지 못하고 있는 실정이다. 글로벌 기업의 경우, 전담 조직에는 기업 본사에 최고 리스크 경영자(CRO, Corporate Risk Officer) 하의 전사 리스크 오피스와 리스크 매니저 조직을 두어 기업 전체의 리스크를 관리 및 운영하고 있다. 또한 사업부별로 교차 또는 다기능팀(Cross- or Multi-Functional Team)으로 구성된 리스크 관리 조직을 두어 사업부 또는 부서에서 발생하는 리스크 이슈를 상호 조율하고 현장에서 신속하게 조치를 취하는 방안을 모색하기도 한다. 한가지 모범적인 사례 들자면, 에릭슨(Ericsson)은 2000년 필립스 공장 화재 시 대응에 실패해 심각한 타격을 입은 이후, 공급망 위기 관리의 중요성을 깨닫고 위기관리 협의체를 조직하였다. 위기관리 협의체(Risk Management Council)는 기업 위기 관리 부서와 공급, 조달 등 기능별 부서 및 사업부별 대표들로 구성되어 있다. 협의체에는 단계별로 4가지로 분리되어 있다. 그 구성은 에릭슨 그룹의 위기 관리를 총괄하며 방향성을 제시하는 Corporate Risk Management, 공급업체와 관련된 운영 정책과 일상적인 리스크를 담당하는 Core Supply Unit, 위기 발생 시 공급업체를 평가 하는 Core Sourcing Unit, 마지막으로 각 사업부의 제품 관련 전문 지식으로 리스크를 식별하고 분석하는 시스템 비즈니스(System Business)이다.

두 번째, 리스크 관리 프로세스와 시스템 구축이다. 기업에서는 일반적으로 성과 관리를 위해서 핵심 성과 지표(KPI)를 많이 활용하고 있다. 그래서 핵심 성과 지표와 핵심 리스크 지표(KRI)를 연계하여 리스크 관리 성과를 위한 목표(타겟)를 설정하고 이에 맞는 전략을 수립 후 업무와 함께 실행한다. 실행 성과는 이에 대응할 만한 인센티브를 통해서 긍정적인 효과를 낼 수 있다. 이러한 전반적인 리스크 관리 프로세스와 이를 바탕으로 한 시스템 구축은 보다 효과적이고 효율적인 리스크 관리를 위해 필요하다. 특히 시스템은 데이터, 사실(Fact), 프로세스 기반으로 관리되어야 한다. 그리고 핵심 리스크 지표는 정합성, 포괄성, 측정 가능성, 달성 가능성, 제어 가능성 및 지속가능성 측면에서 관리될 때 리스크 관리 업무에 많은 도움이 된다.

세 번째, 지식 관리이다. 공급망 리스크 성과 관리의 핵심은 이전에 경험했던 리스크를 앞으로 더 이상 반복하지 않는 것일 것이다. 이를 위해서 경험과 학습을 통한 현장 경영과 정보 경영이 중요하며, 지식 및 노하우(Know-how)에 대한 데이터를 수집 및 축적하고 지속적인 개선과 혁신을 도모해야 한다.

02.

글로벌 공급망 리스크는 움직인다

기존의 공급망 흐름에서는 환경적 리스크, 사회적 리스크 등 사건이 발생한 지역에 있는 기업이 직접적인 영향을 받아왔다면, 지금은 기술과 이동 통신 수단의 발전, 산업의 글로벌화 등으로 인해 기업이 타 지역에서 발생한 사건의 직접적인 영향을 받거나 공급망 흐름에서 발생한 리스크가 타 지역 및 타 영역으로 빠르게 확산되고 있다(송응석 외, 2018). 2019년 코로나 바이러스 확산으로 세계는 글로벌 공급망의 붕괴로 인해 세계 경제까지 타격을 받았다. 즉 도요타 자동차, 현대 자동차, 삼성 등 글로벌 제조기업들은 소재, 부품의 공급이 원활하지 못해 재고 부족 위기를 겪거나 생산 중단이라는 중대한 결정을 내려야 했다. 또한 중국과 인도는 석탄 공급난으로 인한 전력 생산의 차질로 공장 가동이 중단되거나 정전사태까지 이르렀다. 이처럼 세계적인 공급망 붕괴는 생산 차질로 인해 경제 침체로 이어졌고 인플레이션으로 이어질 가능성에 전 세계가 우려하고 있다.

1. 글로벌 공급망 변화 요인 및 배경

글로벌 공급망의 개념은 세계 각국에서 존재하는 낮은 임금 및 저렴한 원자재를 이용하여 기업들이 분업해 제품을 기획하고 원자재 또는 부품을 조달, 가공, 생산하여 최종 고객이 원하는 시간에 전달한다는 것이 팽배하였다. 아시아의 경우 1960년부터 1990년까지 한국을 비롯하여 대만, 홍콩, 싱가포르는 "아시아 4마리 용"으로서 수출 주도형 경제체제로 글로벌 공급망 대열에 합류하였다. 그 이후 미국 중심으로 전 세계 단일 경제블록 달성을 궁극적 목표로 앞세워 세계무역기구(WTO, World Trade Organization)가 1995년에 출범하면서 관세 인하와 더불어 교역과 운송비용이 낮아지고 이로 인해 다국적 기업들이 해외 공장을 설립하는 등 글로벌 공급망 구축이 본격적으로 속도를 내기 시작하였다. 이 시기에는 세계 경제가 선순환으로 안정적인 고성장 시대였다. 그런 후, 중국은 2001년 WTO에 가입 후 "세계의 제조 생산 공장"으로 급부상하게 되었고, 다국적 기업은 저렴한 인건비와 각종 세제 혜택으로 이익을 챙기게 되었다. 그러나 이러한 자유무역주의 기조가 유지되면서도 미국은 2001년 9.11테러로 인해 글로벌 공급망의 위축을 경험하게 되었다. 나아가 2008년 글로벌 금융 위기로 소비재, 중간재, 원자재 무역량이 급감하기 시작하였고, 2008년 4분기 세계 경제성장률은 약 -7%로 최대 급감 폭을 기록하였다. 또한 2011년 동일본 지진 사태로 반도체, 자동차 등 주요 부품 수급 차질로 자동차·반도체, IT 등 기업들에 공급망 타격을 주었고, 글로벌 공급망이 마비되는 사태를 겪게 되었다. 2017년 주한 미군의 사드(고고도 미사일 방어체계) 배치로 인해 중국이 한국에 경제보복을 가하고 2018년 미·중 무역 전쟁이 본격화 되면서 중국 중심의 글로벌 공급망 즉 글로벌 밸류체인(GVC, Global Value Chain)의 문제가 부각되었다. 이로 인해 보호무역주의, 자국 우선주의가 확산하며 글로벌 밸류체인 재편의 필요성이 확대되었다. 그리고 2019년 발생된 코로나바이러스 사태를 거치면서 2020년은 전 세계 생산 시설 마비, 포토레지시트, 광센서, 폴리아미네이드(반도체 및 디스플레이 핵심 자재), 와이어 하네스(자동차 핵심자재), 요소수 등과 같은 핵심 자재와 장비 부족 등으로 글로벌 밸류체인은 큰 타격을 받았다. 2021년 이후 대만의 가뭄과 TSMC 화재 등 환경적 리스크, 에버기븐호 좌초로 수에즈 운하를 통한 해상무역로 폐쇄 등으로 인해 전 세계 원자재 공급이 차질을 받게 되었다. 특히, 특정 국가와 기업, 특정 물류망에 과도하게 의존하는 등 글로벌 밸류체인의 취약성을 또 한 번 각인시켜주는 계기가 되었다.

(출처 : http://economychosun.com/client/news/view.php?boardName=C00&t_num=13610667, Economy Chosun, 변곡점에 선 글로벌 공급망, 2021.4.28.)

2. 글로벌 공급망(GVC) 동향

1980년대 이후 세계 경제의 글로벌화 속에서 2000년대에 이르러 중국이 GVC의 세계 공장으로 인식되게 되었다. GVC 무역은 제품 또는 서비스를 생산하는데 가장 저렴한 비용으로 부품을 조달하고 인건비, 인프라 등이 가장 저렴한 국가에서 조립 및 가공하여 완제품을 생산하여 부가 가치와 효율성을 높이는 생산을 위한 역외 교역 또는 중간재 교역이다. 이로 인해 전 세계 제조업에서 중국이 차지하는 비중은 2000년 8.2%에서 2019년 28.7%를 차지하고 있다. 최근 들어, 미·중 무역 갈등, 펜데믹, 러시아·우크라이나 전쟁 등을 겪으면서 반도체 부족 현상으로 자동차, 스마트폰, 가전제품 등 전 세계 제조업은 생산에 차질을 빚었고, 또한 중국에 집중된 글로벌 공급망의 취약성이 부각 되었다. 이렇게 중국 중심의 GVC가 흔들리면서 저비용과 고효율성은 안정성과 신뢰성, 유연성 중심으로 변화하고 있으며 세계화는 국가와 지역 중심으로의 변화가 이루어지는 조짐을 점차 보이고 있다.

따라서 만약 중국 중심의 글로벌 공급망에서 벗어나 국가와 지역 중심의 공급망으로 변화된다면, 각 국가는 어떻게 공급망을 구축할 것인가에 대해 알아볼 필요가 있다. 최근에 국가들은 중국보다 회복력이 빠른 공급망이 어디인지와 공급망을 어떻게 재편할지에 대해 고민하고 있다. 일본의 경우는 중국 외 공급망을 찾기 위해 일본 기업들에게 보조금을 지원하고 있으며, 유럽연합은 아시아 외에 다른 공급망이 있는지를 자국 기업들에게 자문하고 있다. 또한, 미국은 지역과 여건이 좋은 멕시코와 캐나다에 공급망을 구축할 가능성을 시사하고 있다. 최근 들어, 한국 정부는 2014년 해외 진출 기업 복귀법을 제정하여 타국에서 생산하는 제조기반 기업들 대상으로 리쇼어링(Reshoring, 제조업의 본국 회귀) 정책으로 다양한 혜택을 제공하고 있다. 예를 들면, 리쇼어링 기업의 국내 신·증설 사업장에 대해서 5년간 소득세와 법인세 100% 감면 정책 등이 있다. 이처럼 앞으로 중국 중심의 글로벌 공급망을 벗어나 국가와 지역 중심의 공급망 형성을 위해서 국가들은 제조기반 기업의 리쇼어링 정책과 베트남, 인도, 멕시코, 아프리카 등 넥스트 차이나(Next China) 글로벌 밸류체인을 찾기 위한 노력을 계속 이어갈 것으로 보여진다.
(출처: Economy Chosun, 변곡점에 선 글로벌 공급망, 2021.4.28.)

3. 글로벌 공급망 재편 방향

기업들은 내부적 또는 외부적으로 다양한 리스크에 노출되어 있기 때문에 공급망의 효율성과 안정성을 균형있게 가져가기 위해서는 리스크를 관리해야 한다. 특히, 공급업체가 세계 여러 국가에 있다면 통제할 수 없는 요소들에 대비하여 복수 공급업체 확보, 안정적인 재고 유지 등을 통해서 리스크에 대응해야 한다. 또한 기후변화, 지진, 홍수 등 빈번해지고 있는 자연재해, 즉 환경적 리스크로 인한 공급망 훼손과 새로운 규제정책 변화에도 대비해야 한다. 최근에는 미·중 무역전쟁, 신냉전체제 등으로 인한 각국의 정책 변화가 글로벌 공급망 재편에 큰 압력으로 작용하고 있으며, 이러한 정책 변화는 "나비 효과"를 통해서 세계 경제를 위기로 몰아가고 있다. (자료: 아시아 브리프, 2022년 아시아 정세전망(6): 2022년 글로벌 공급망 재편과 아시아 국가의 대응, 정인교)

글로벌 공급망의 재편은 미·중 무역전쟁으로 인해 미국과 중국을 중심으로 한 두 진영으로 이루어지고 있다. 예를 들면, 미국 대통령 조 바이든은 여러 국제적 동맹을 통해서 중국을 견제하고 글로벌 공급 망에서 배제하는 디커플랭(Decoupling, 비동조화) 전략을 강화하고 있다. 즉 미국은 일본, 인도, 호주와 2017년 인도 태평양 동맹을 맺고, 4자 안보 협의체인 쿼드(Quad) 화상 정상 회의에서 희토류와 배터리 공급망을 협력하기로 했으며, 일본과 정상회담에서는 반도체와 6G(6세대 이동통신) 공급망을 협력하기로 했다. 또한 미국은 EU와 무역기술위원회(TTC, Trade and Technology Council)를 결성하여 기술 표준을 확립하였고, 호주와 영국과는 외교안보협의체(AUKUS, Australia, United Kingdom and United States)를 결성하였다. 그리고 EU는 해외 공급망 재편을 위한 신 통상 정책을 발표하였고, 2025년까지 EU 국가를 통한 배터리 자립과 2030년까지 글로벌 반도체 생산 점유율 20% 확대 목표를 내놓았다. 이러한 전략과 협의체는 전부 중국의 강력한 부상과 팽창을 제어하기 위해서였다. 반면, 중국은 2020년 새로운 국가 전략으로 국내 대순환을 중심으로 국내순환과 국제순환을 상호촉진하는 '쌍순환(雙循環) 전략'을 발표했다. 즉 중국의 대외 개방성 확대와 내수 경제 활성화라는 두 가지 전략을 이용하여 상호 시너지효과를 내는 전략이다. 이는 변화하는 세계 경제 패러다임에 대응한 중국의 "사회주의 현대화 국가 전과 지속적으로 불확실성이 증가하는 대내외 환경으로 볼 수 있다. 또한 과학기술 강국이 되기 위해 제조강국·품질 강국·인터넷 강국·디지털 강국이라는 목표를 제시하고 있다. (출처: 프레시안 뉴스, 중국의 미래전략이 바뀐다, 2020.12.14.)

글로벌 공급망 재편의 또 다른 방향은, 세계의 공장인 중국에서 저비용과 고효율로 많은 이익을 얻었던 다국적 기업들이 중국의 글로벌 밸류체인이 흔들리자 안정성, 신뢰감, 회복력을 확보하기 위해 국가와 지역 중심으로 이루어지고 있다. 이에 미국, 일본, 한국 등은 제조업 회귀 전략인 리쇼어링(Reshoring)을 통해 다양한 정책을 세우고 있으며, 또한 다국적 기업들은 트랜스쇼어링(Transshoring) 전략으로 인도, 베트남, 인도네시아, 멕시코 등 넥스트 차이나(Next China) 후보군을 이용하여 제조업 육성을 하는 등 글로벌 공급망 재편을 진행하고 있다. 예를 들면, 애플(Apple) 아이폰 위탁생산 업체인 폭스콘(Foxconn)은 코로나바이러스로 인해 중국 정부가 폭스콘 중국공장 폐쇄 조치를 진행함에 따라 인도·베트남에 공장을 설립하여 애플 아이폰 생산 물량을 확대하였고, 또한 미국 위스콘신주에 전기차 공장을 설립 중이며, 세계 1위 반도체 파운드리 기업인 대만의 TSMC는 중국 화웨이(Huawei)사와 거래를 중단하고 미국 애리조나주에 반도체 3나노(nm)와 5나노(nm) 칩 공장을 설립 중이다 (출처: Economy Chosun, 변곡점에 선 글로벌 공급망, 2021.4.28.). 이처럼 지역 블록화와 프렌드쇼어링을 통한 글로벌 공급망 재편을 진행 중이다.

03. 공급망 리스크 관리와 법규는 공존한다

기업은 원활한 공급망이 제품 생산 및 유통에 어떤 영향을 미치고 있으며, 또한 원활하지 않을 때는 어떤 리스크가 발생하는지에 대해 이해하고 있다. 그러나 공급업체들과 리스크 관련 우려 사항들을 공유하는 경우는 드물다. 그리고 대부분의 공급업체는 자재에 대한 적기 공급과 가격에 초점이 맞춰져 있으므로 공급망에서 발생한 리스크를 대처하는 능력이 기업 대비 미흡할 수가 있다. 그러나 공급업체도 리스크를 최소화하기 위해서는 향후 발생할 리스크에 대한 대처 능력 및 법규를 알아야 한다.

1. 기업 거버넌스를 강화하고 규정을 준수하라

글로벌 공급망 리스크의 불확실성과 환경적·사회적 리스크의 변화로 다국적 기업이 직면하고 있는 리스크는 점점 커지고 있다. 이러한 리스크가 발생하지 않도록 사전에 관련 법과 규제를 파악하고 거버넌스를 강화하여 규정을 준수해야 한다.

글로벌 공급망 관리에 영향을 미치는 법과 규제는 비즈니스를 하는 곳의 모든 법적 요건을 고려하고 충족해야 한다. 이러한 법과 규제에 관련된 법을 살펴보면, 대부분 비즈니스를 위한 둘 이상의 기업과 기업이 자발적으로 맺은 계약 관련한 계약 법과 상법, 인터넷을 통한 전자상거래 등에서의 소비자 보호에 관한 법률인 전자상거래법, 독점으로 발생하는 부당한 거래의 제한과 독점 그 자체를 배제 또는 규제하기 위한 독점금지법, 그 이외에 무역 협정 및 규제, 환경에 대한 책임, 자원 보존, 유해 및 규제 물질 관련한 환경 관련 법이 있으며, 작업장에서 근로자 안전을 보장하는 근로자 안전보건법 등이 있다. 이러한 법과 규제에 대한 준수(컴플라이언스)는 건강하고 공정하며 안전하고 책임 있는 기업이 되기 위해 반드시 필요하다. 그리고 국내에서는 중소기업들과 대기업들 간의 안정적 경쟁과 공정 거래를 위해 공정거래법, 하도급법, 상생협력법 등을 제정하여 적용하고 있다. 공정거래법의 경우는 불공정 거래를 규제하고 공정하게 자유로운 경쟁 거래 질서를 확립하기 위해서 제정된 법으로 미국의 독점금지법(Anti-Trust Acts)이나 독일의 경쟁제한법과 유사하다. 하도급법은 기업과 하도급(하청)업체 간 대등한 위치에서 상호보완적으로 균형 있게 발전할 수 있도록 기술 도용 행위, 하도급 대금의 부당한 단가 인하, 부당한 발주 취소, 부당한 반품 행위, 납품단가 후려치기 등을 규제하는 법이다. 그리고 상생협력법은 한국의 대기업과 중소기업 간 상생협력 관계를 유지하고 동반성장을 위한 목적으로 제정한 법으로, 양사 간 기술 탈취를 근절하기 위해 "비밀유지계약 의무화, 징벌적 손해배상제도 도입, 소송에서 입증 책임 부담 완화" 등을 주요 내용으로 삼고 있다. 삼성전자, SK, 현대, 기아 등 한국의 글로벌 기업은 기업 내부적으로 리스크 관련한 법규 준수를 강화하고 있으며, 이를 잘 실천하고 있다.

2. 환경 변화에 따른 법과의 동침

최근 글로벌 경영환경의 변화 속에서 각 국가와 글로벌 기업은 국가별 또는 지역별로 글로벌 공급망을 재편, 강화하고 경쟁력을 키우기 위해서 여러 가지 법률 또는 규제(표 9-3)를 제정하고 있다. 기존에는 법률과 규제(규범)가 강제력이 없어 실효성이 없었으나, 2000년부터 실시하는 법안이나 규제들은 각국 의회를 통과하는 등 법적 효력을 지니고 있어 실효성이 상당히 크게 작용하고 있다.

표 9-3 국가별 법과 규제

국가	법률 및 규제	내용
유럽 연합 (EU)	Timber Regulation(2013)	불법목재나 목재생산품 유럽연합 유입 제한
	Directive 2014/95/EU	기업의 재무 및 비재무적(환경 및 노동자등) 정보 공개
	Conflict Minerals Regulation	분쟁광물의 공급망 투명화(2021년 시행)
영국	Modern Slavery Act 2015	기업의 공급망 투명성을 위한 노예노동 및 인신매매 방지법
	The Equality Act 2010	남성과 여성 고용인 간 임금격차 공표 규정
프랑스	Corporate Duty of Vigilance Law(2017)	기업, 자회사, 공급업체 및 기업의 상업적 관계인 하청업체 포함 기본적 자유, 건강, 안전, 환경 관련 규제에 대해 위반 방지를 위한 계획수행 및 공표 규정
인도	Indian Companies Act (2014)	이윤의 일정 부분을 사회에 환원 의무화
핀란드	Human Rights Due Diligence Law(2019)	기업의 인권 침해 여부를 의무적으로 확인하는 규정
한국	국민연금법	국민의 노령, 장애 또는 사항에 대해 연금급여 집행 규정
	중소기업 진흥에 관련 법률	중소기업 구조 고도화 및 중소기업 보호법
	자본시장과 금융투자업 법률	투자자 보호하고 금융 투자업 건전하게 육성하는 법

또한 많은 나라들은 최근 화두가 되고 있는 지속가능성과 ESG(Environmental, Social, and Governance)에 대해 다양한 강화 조치를 진행하고 있다. 미국의 경우 2000년대 초부터 글로벌 공급망 관련하여 법제화되기 시작하였다. 2008년에 개정된 라이시 법(The Lacey Act)은 불법적으로 공급되는 목제 제품, 야생동물과 식물 밀매, 불법 목재 벌채와 이들을 운송 및 판매 금지하는 규정이다. 또한 2010년 제정된 도드 프랭크법(Dodd-Frank Wall Street Reform and Consumer Protection Act)은 아프리카 무장세력이 관리하는 분쟁 광물 거래를 규제하고, 석유·가스·광물 관련 개발 및 공급업체의 국제적 투명성과 인권 감수성을 높이기 위해 규정되었다. 그리고 캘리포니아 공급망 투명법(The California Transparency in Supply Chains Act of 2010)은 노예 노동 및 인신매매를 방지하기 위해 규정되었다. 특히, 이 법은 나이키 인도네시아 공장의 노동착취, 아동 노동착취로 생산된 제품을 월마트를 통해 판매함에 따라 기업의 공급망 이슈화가 되었다. 2018년에 제정된 인신매매 및 노예제도에 관한 사업 공급망 투명법(The Business Supply Chain Transparency on Trafficking and Slavery Act of 2018)은 기업의 공급망에서 인신매매, 강제 노동, 노예 노동, 아동 노동 착취 등을 근절하기 위한 법으로 기업들은 이러한 행위에 관해서 확인하고 즉시 개선하도록 하고 있으며 매년 SEC(Securities and Exchange Commission)에 보고해야만 한다. 그 이외 각국에서 다양한 방법으로 글로벌 변화에 따른 법률과 규제를 제정하여 글로벌 공급망을 원활하고 안전하게 가기 위해 노력 중이다.

특히 공급망 실사 부분은 글로벌 기업 공급망에 연결된 전체 공급업체의 인권 및 환경, 작업장 안전 등에 대한 침해 여부를 조사하고 문제가 발생할 경우 이를 즉시 시정하고 공개해야 한다. 이런 규제는 유럽 국가를 대상으로 진행되어 왔다. EU는 완제품이나 서비스를 EU 시장에 제공하는 기업은 EU에 본사가 없더라도 본사, 자회사, 계열사 및 공급망에 있는 모든 공급업체에 대해 해당 법에 따른 인권 실사를 해야 한다. 즉 EU 국가에 완제품 또는 서비스를 판매 또는 제공하는 한국 기업을 포함하여 모든 기업은 공급망 전체에 책임을 져야 한다. 이는 전 세계 공급업체를 대상으로 의무적으로 실사를 진행해야 함에 따라 큰 비용이 발생한다. 공급망 실사 법은 2015년 영국에서 시작되었다, 영국은 자국 기업과 공급망을 대상으로 강제 노동 방지를 위한 회사 정책, 기업 실사 프로그램, 위험 관리 절차와 프로세스, 인권과 환경 교육 실시 등을 공개하도록 강제화하였다, 또한 프랑스는 2017년부터 자국 기업 대상으로 기업의 공급망 내 인권 현황을 파악 및 모니터링 하고 인권 침해 방지 대책을 공개하도록 요청했다. 그 이외 독일, 네덜란드, 핀란드, 덴마크 등 여러 EU 국가들이 자국 책을 마련하여 인권 실천 의무화법, 공급망 실사법 등을 강화하고 있다.

국내 대기업 중 유럽지역으로 완제품 또는 서비스를 판매 또는 제공하거나 특정 기업의 글로벌 공급망에 포함되어 있다면 공급망 실사법에 따라야 한다. 삼성, 현대, SK와 같은 글로벌 기업은 이미 공급망 실사법의 적용을 받고 있고 중견·중소기업들이 특정 기업의 글로벌 공급망에 포함된다면 2023년 후부터 적용받게 됨에 따라 기업들도 대응책이 필요하다. 최근 삼성전자의 경우는 공급망 실사법을 준수하기 위해 T/F팀(Task Force Team)을 구성하여 공급망 공급업체 실사를 위한 준비를 진행 중이다. 앞으로 글로벌 기업과 공급업체는 글로벌 공급망을 통해서 사업을 하기 위해서는 국가별로 적용 중인 법과 규제를 사전에 파악하고 실행할 수 있도록 철저한 준비가 필요하다.

Chapter 10

ESG 시대의 지속가능 공급관리

본 장은 지속가능성 및 ESG(Environmental, Social and Governance; 환경, 사회, 지배구조) 경영의 개념과 중요성, 최신 트렌드 및 프레임워크에 대해서 구체적으로 살펴보고 있다. 또한 지속가능 공급망 관리를 위해 필요한 협력사의 ESG 추진 방향에 대해서도 고찰하고 있다.

01.
지속가능 및 ESG 경영

1. 지속가능 및 ESG 경영이란

최근 세계 각지는 기후 변화로 인해 심각한 문제가 발생하고 있다. 지구 온난화의 심각성을 밝힌 UN 보고서를 비롯하여 과학자들은 온난화로 인한 대재앙을 피할 수 있는 기회가 빠르게 사라지고 있다고 경고하고 있다. 2022년 7월 안토니우 구테레스 유엔 사무총장은 인류의 절반이 기후 위기 위험지역에 있어 집단 대응을 할지 집단 자살을 할지는 우리 손에 달렸고 인류에게 기후 변화 대응을 위한 시간이 얼마 남지 않았다고 강조하였다.

그럼 기업 관점에서 지속가능 및 ESG 경영이 무엇인지 살펴보자. 먼저 지속가능성은 1987년 세계환경개발기구의 Brundtland 리포트에 따르면 미래 세대가 그들의 니즈를 충족시키는 능력을 손상시키지 않고 현재 세대의 니즈를 충족시키는 것을 말한다. 이를 바탕으로 기업의 지속가능경영은 기업이 트리플 바텀라인(경제, 사회, 환경) 관점에서 지속가능 발전 목표를 수립하고 기업의 중장기적 재무적 성과와 비재무적 성과와 가치를 지속적으로 제고하는 경영활동을 말한다. 한편 ESG란 환경(Environmental), 사회(Social), 지배구

그림 10-1 Business Round Table 성명

조(Governance)를 의미하는 단어로, 2004년 UN Global Compact가 발간한 보고서에 처음 등장한 이래로 글로벌 투자 기관에서 각 기업의 미래투자의 Risk를 관리하기 위한 목적으로 주로 사용해 왔다.

최근 지속가능 및 ESG 경영이 특히 주목받고 있는 계기가 된 것은, 2019년 8월 미국에서 가장 영향력이 있는 약 200여명의 CEO로 구성된 협의체인 BRT(Business Round Table)에서 기업은 주주뿐만 아니라 고객, 직원, 공급자, 지역사회의 니즈를 고려해야 한다는 이해관계자 관점에서의 기업 목적의 재정립 선언 때문이라 볼 수 있다. 또한 기업이 성장하는 과정에서 환경오염 등 사회문제를 초래하기도 했으나, 혁신적 기술과 우수한 인재를 활용하여 환경과 사회적 문제들을 더 잘 해결할 수 있다고 기대하기 때문이다. 실제로 정부, 미디어, 시민사회보다는 기업을 더 신뢰한다는 조사 결과들이 많이 나오고 있다. 특히 팬데믹을 거치면서 지속가능경영 및 ESG에 대한 요구수준과 영역이 더욱 확대되고 있다.

2. ESG, 기업 경영에 왜 중요한가

기업 경영에 있어 ESG는 이제 선택사항이 아니고 필수요건이 되어가고 있다. 이는 팬데믹 이후 ESG 규제가 더욱 강화되고 다양한 이해관계자의 ESG 경영에 대한 요구가 증가하고 있기 때문이다. 많은 국가들이 2050년 탄소배출 넷제로(Net-Zero) 달성 등을 목표로 각종 법규를 제정하고 있고, 연기금이나 자산운용사 등 전문투자자들도 ESG 경영을 강하게 요구하고 있다. 예를 들어 미국의 투자기관은 엑슨모빌과 같은 기업에 그들의 이사회나 감사제도에 ESG 관련 외부 인사를 선임하도록 요구하고 있다. 또한 S&P 등 글로벌 신용평가기관에서는 기업 신용평가에 ESG 항목을 추가하는 등 적극 반영 중이고, Best Buy 등 미국의 유통업체들은 그들의 협력사인 글로벌 기업에 그들의 공급망에서 ESG 관리를 강화하도록 요구하는 추세이다. 따라서 지속가능 ESG 경영은 기업에게 글로벌 비즈니스를 하기 위한 필수 요소가 되고 있으며, 기업의 가치 평가에도 비재무적 중요 요소로 자리매김하고 있다.

3. 최근의 ESG 트렌드

당초 ESG는 법적 구속력이 없고 기업의 자별적 참여가 중심이 된 가이드라인을 제시하는데 머물렀지만, 최근에는 미국, EU뿐만 아니라 각 국가의 관련 법제화가 활발히 진행되면서 기업의 사업 운영 및 공급망 관리에 있어 큰 영향을 미치는 인자로 여겨지고 있다. 최근의 ESG 관리의 변화 모습을 살펴보자.

가. ESG 관리 항목의 확대

ESG의 의제별로 기업이 준수해야 할 항목이 점차 증가하고 있어 관리범위가

그림 10-2 ESG 관리의 확대

확대되고 있다. 환경 분야에서는 당초 환경보호, 수자원 보존에 집중하였으나 최근 기후위기가 심화됨에 따라 전 지구적 온실가스 감축, 자원 사용 최소화, 생물 다양성 보호로 그 범위를 확대해 나가고 있다. 사회 부문에서는 인권 노동과 사회 공헌으로부터 확장, 발전하여 다양성과 포용성, AI 윤리, 개인정보보호, 미래 일자리 대응까지 포함해 가고 있다. 기업 지배구조는 최근까지는 준법, 이사회 독립성을 강조해 왔던 반면, 현재는 이사회 구성의 다양성, 의사결정의 투명성, 윤리 경영에 이르기까지 요구 사항이 심화되고 있다.

나. 국가/권역의 정책과 법규로 구체화

앞서 살펴본 2019년 BRT 공동 선언 이후, 2020년 세계경제포럼 등에서 지속가능성 의제가 구체적으로 논의되었고, 특히 팬데믹이라는 전 지구적 위기를 겪고 난 후, 최근에는 미국과 EU의 정책과 관련된 법규가 지속적으로 발표되고 있다. EU에서는 지속가능성 실사법을 제정하여 EU 내 내자, 외자기업 모두에게 기업실사 보고서를 의무 제출하도록 하고 있으며, 그에 따라 특히 독일 등 서유럽 국가별로 구체화된 법규를 새로 발표하고 있는 추세이다. 즉, 기업의 포괄적 공급망 내에서 환경, 인권 등에 대해 실사 등 관리를 강화하고, 그 구체적 결과를 보고하도록 강제화하고 있다. 따라서 글로벌 기업은 이에 대한 선제적이고 구체적인 대응책을 만들어 가야 한다.

다. 이해관계자의 요구 강화

최근에는 기업을 둘러싼 주요 이해관계자들의 지속가능경영에 대한 요구가 거세지고 있다. 하나씩 살펴보면 첫째, 소비자의 요구사항이 커지고 있는데, 그중에서도 우리 사회의 주력 소비계층으로 부상하고 있는 MZ세대는 기후변화가 생존을 위협하는 중요한 이슈라고 생각하고 있기에 기후변화 세대라고 불리기도 한다. 이 MZ세대는 공정에 민감한 세대이며, 직장으로서 지속가능한 경영을 잘 수행하고 있는 기업을 선호하는 성향을 가지고 있다. 이러한 MZ세대는 자신만의 의미를 소비 행위로서 적극적으로 표현하는 미닝아웃과 구매하려는 제품 및 브랜드가 환경보호에 기여하는지 또는 아동노동 사용 등 인권을 침해했는지 꼼꼼히 따져보는 착한 소비를 지향한다. 이처럼 소비자가

■ 그림 10-3 삼성전자 지속가능경영보고서

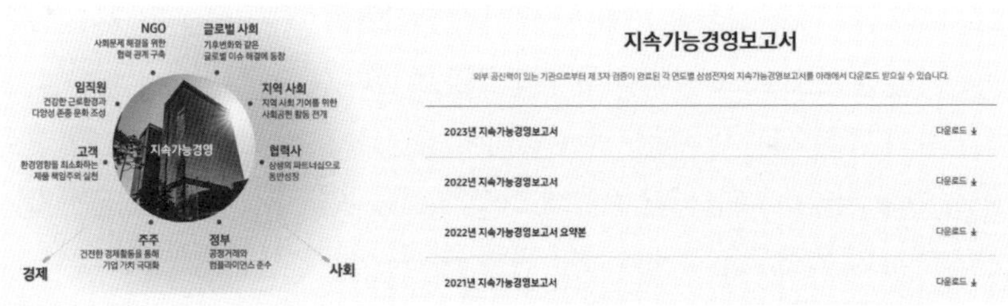

환경 및 사회적 가치를 소비에 반영하는 일이 늘어남으로써, 기업들이 사업 전략으로서 지속가능경영을 더욱 강화하게 만들고 있다.

둘째, 투자자의 요구 사항은 특히 기업에 큰 부담이 되고 있다. 투자자들은 지속가능경영 우수기업의 장기적 성과가 뛰어나다는 믿음 아래 기업의 지속가능경영 성과와 리스크를 고려한 투자를 결정하고, 성과 부진 시에는 주주행동을 경고하고 있다. 이러한 행동주의 투자자들은 기업의 환경, 사회, 거버넌스 등의 개선을 직접 요구하면서 실질적 주권 행사를 하는 경향이 있다. 그에 따라 기업은 주요 투자자 그룹과 직접 소통을 강화하고 있으며, 지속가능경영 보고서를 발행하는 기업의 수도 지속적으로 증가하고 있다. 삼성전자와 애플과 같은 글로벌 기업들은 다양한 이해관계자들에 대한 지속가능경영 활동들을 보여주고 있다.

셋째, 각국의 글로벌 기업들도 그들의 공급사에게 공급망 관리 차원에서 지속가능경영을 매우 강하게 요구하고 있는 추세가 보인다. 기업은 공급사에게 환경과 사회 어젠더 관련하여 질의 및 실사 등을 진행하고 있으며, 직접적인 개선을 요구하고 있다. 특히 B2B 입찰 과정에서 ESG 관련 항목의 검증 요구가 증가하고 있고, 여기서 한발 더 나아가 지속가능경영을 그들의 사업, 경영전략과 연계하여 공급사의 참여를 요청하고 있다. 전경련이 2021년 발표한 "30대 그룹 공급망 ESG 관리현황"을 보면, 약 76%가 협력사 ESG 경영을 관리하고 있는 것으로 나타났고, "협력사 행동규범"을 만들어 협력사가 올바른 행동 기준을 준수하도록 요구하고 있다.

표 10-1 국내 30대 그룹 협력사 행동규범 주요 내용

<30대 그룹 협력사 행동규범 주요 내용>

항목	인권·노동	안전·보건	환경	기업윤리	경영시스템
하위 항목	• 근로시간 준수 강제근로 금지 • 인도적 대우 및 차별금지 • 미성년 근로자 보호 • 임금 및 복리후생 • 결사의 자유	• 산업안전 • 산업재해 및 질병 • 위생관리 • 비상사태 대비 • 기구설비 안전 관리 • 제품 안전관리	• 유해물질 • 폐기물 관리 • 수자원 관리 • 대기배출 • 온실가스 관리 • 환경법률 및 규제 준수	• 공경거래 • 신원보호 및 보복금지 • 개인정보 보호 • 지적재산 보호 • 분쟁광물 금지	• 교육 및 소통 • 고충처리 • 공급업체 책임 • 경영정보 공개 • 경영시스템 구축 • 리스크 점검 • 하위협력사 관리

출처:전경련, 30대 그룹 공급망 ESG 관리현황

넷째, NGO와 미디어는 기업의 지속가능경영에 대한 모니터링을 지속 강화하고 있고, 그들의 모니터링 강도는 기업이 차지하고 있는 위상에 비례하여 증가하고 있다. 그린피스는 글로벌 기업의 기후변화 대응 전략과 실행을 꾸준히 모니터링하고 관련 환경 보고서를 정기적으로 발간하면서 리더십을 발휘하여 줄 것을 지속 요구하고 있다. 또한 환경 아젠더가 점차 중요해짐에 따라서 독일의 NewClimate Institute와 같은 환경 시민단체들도 평가보고서 발간 등을 통해 기업의 책임을 촉구하는 활동을 활발히 하고 있다.

다섯째, 회사의 지속가능경영은 인재 유치와 애사심 고취에도 매우 중요하게 작용하고 있다. 기업들은 친환경 전략 발표 및 각종 관련 행사에 임직원들을 참여시켜 지속가능경영 및 친환경 실천에 도움이 되는 좋은 아이디어를 제안받아 그들의 전략에 적극 활용하고 있다. 특히 MZ세대의 임직원들은 환경과 사회 난제를 해결하고 지속가능한 미래를 만들어 나가려는 회사의 비전과 진정성을 매우 중요하게 생각하고 있다.

라. 하위 공급망으로의 관리범위 확대

지속가능경영을 잘하고 있는 것으로 알려진 기업들은 기업 전체 밸류체인에 걸쳐 지속가능경영을 내재화하고 역량을 강화하지 않으면 앞으로 글로벌 비즈니스 경쟁에서 큰 위기를 맞게 될 수 있음을 일찌감치 인지하고, 지속가능경영을 통해 사업 경쟁력을 강화하기 위한 많은 노력을 기울이고 있다.

표 10-2 전경련 30대 그룹 공급망 ESG 관리현황 조사 결과

<협력사 ESG 컨설팅·교육 분야별 사례>

안전 관리	롯데 케미컬	• 주요 파트너사 14개 사를 선정하여 산업재해 위험요인 파악, 안전보건경영시스템 (ISO 45001)과 위험성 평가 우수 사업장 인정 취득 컨설팅 지원
환경 관리	LG유플러스	• 녹색경영 도입을 희망하는 협력사에 컨설팅 무상지원, 탄소경영체제 인증, 녹색인증제 인증, 에너지경영시스템(ISO50001) 인증 등 환경경영인증 취득 지원
정보 보호	포스코	• 해외법인·그룹사를 대상으로 정보 보안진단 및 컨설팅, 교육 진행 중으로 제철소 상주 협력사 103개사 대상으로 방문 컨설팅을 통한 수시 지원 활동을 진행
준업·윤리경영	삼성전기	• 준법점검 대상 협력회사 대표자 및 준법경영 담당자를 대상으로 매년 지속가능경영 관련 교육과 준법경영 현장점검 및 개선 지

표 10-2는 공급망 내 협력사들에 대한 ESG 컨설팅 및 교육을 직접 지원하고 있는 기업 사례의 예시다.

02.
지속가능성과 ESG 경영 트렌드

1. 기업의 지속가능경영 트렌드

지속가능성 및 ESG 관리는 기업 운영에 있어 필수불가결하고 선제적으로 대응해야 한다는 인식이 강해짐에 따라 각 기업은 다음과 같은 활동을 전개해 나가고 있다. 이러한 트렌드는 기업이 지속가능경영과 ESG의 문제를 기업의 생존과 발전의 요소로 인식하기 시작하면서 더욱 강화될 전망이다.

가. 지속 가능성과 ESG를 기업 전략에 통합 : 이제 많은 기업들은 지속가능성을 별도의 테마성이나 외부 이해관계자 대응 기능으로 다루기보다 기업의 핵심 비즈니스 전략에 포함시키고 있다. 여기에는 지속가능성 목표를 설정하고, 비즈니스 운영전략을 지속가능성 원칙과 일치시키고, 핵심성과지표(KPI) 등에 통합하고, 대내외 커뮤니케이션을 강화하는 프레임워크를 구축하는 것이 포함된다.

나. 강화된 정보의 공개와 보고 : 투명성과 책임은 효과적인 지속가능성 및 ESG 관리에 매우 중요한 문제로, 투자자, 소비자 및 규제 기관을 포함한 이해관계자는 보다 포괄적이고 표준화된 ESG 공시를 정기적으로 요구하고 있다. 따라서 기업들은 매년 지속가능경영보고서를 대외적으로 발간하고 있으며, 그들의 활동을 외부 이해관계자에게 구체적이고 투명하게 공개하고 있으며,

표 10-3 GRI

	Topic	Key Indicators
일반	조직 프로필	조직명, 제품·서비스, 위치, 규모, 근로자 정보, 공급망, 외부 이니셔티브, 가입 협회
	전략	의사결정권자 성명서, 주요 영향·위험·기회
	윤리 및 투명성	조직의 행동규범, 자문 및 신고 메커니즘
	거버넌스	최고 거버넌스 구조, 기능, 역할, 평가, 보수
	이해관계자 참여	이해관계자 목록·식별·이슈 대응, 단체협약 적용 비율
	보고 관행	보고 주체, 보고 내용 결정 방법, 중대 토픽, 보고 상세 정보, GRI Standard 부합 방법, GRI Index, 외부 검증
경제	경제성과	직접적 경제 가치, 기후변화의 재무적 영향
	시장지위	주요 사업장 성별 기본 초임 임금 비율
	간접 경제 영향	사회기반시설 투자의 간접 경제효과
	조달 관행	현지 공급업체에 지급하는 지출 비율
	부패방지/공정경쟁관행	부패방지/공정경쟁관행 관련 법적 조치
	조세	조세 접근법 및 국가별 조세 보고
환경	원재료	사용한 원재료의 중량이나 부피
	에너지	조직 내외부 에너지 소비 및 에너지 집약도
	용수 및 폐수	용수 사용 및 배출량
	생물다양성	생물다양성 보존 활동
	배출	Scope 1,2,3의 온실가스 배출량
	폐기물	총 폐기물 중량
	환경법규 준수	환경 법규 위반으로 인한 벌금
	공급망 환경 평가	공급망 내 부정적 환경영향 및 조치
사회	고용	신규 채용 및 임직원 이직률, 육아휴직
	노사 관계	경영상 변동 최소 통지 기간
	직업상 안전보건	산업안전보건관리 시스템 및 임직원 보건
	훈련 및 교육	근로자 훈련, 임직원 기술 향상 프로그램
	다양성 & 동등 기회	임직원의 다양성, 남녀 보수 비율
	차별금지	차별 사건 수
	결사 및 집회의 자유	결사의 자유 침해 리스크 파악
	아동노동	아동노동발생 위험 파악
	강제노동	강제노동의 발생 위험 파악
	안전 관행	인권 정책 훈련을 받은 보안요원
	원주민 권리	원주민 권리 침해 사건의 수 및 조치
	인권 평가	인권영향평가 사업 장 식별 및 임직원 교육
	지역사회	지역사회 참여, 영향평가, 개발 프로그램
	공급망 사회 평가	공급망의 사회 부정적 영향 및 조치
	공공 정책	정치 기부금
	소비자 안전 및 보건	제품·서비스의 안전 및 보건 영향 평가
	마케팅 및 라벨링	제품·서비스의 마케팅 규정 위반 사건
	고객 사생활 보호	고객개인정보보호 위반 및 불만사항 수
	사회경제 법규 준수	사회 및 경제적 법규 위반 건수

표 10-3의 GRI(Global Reporting Initiative)와 같은 가이드라인을 따르고 있고, 또한 UN 17개 지속가능발전목표(SDG)와 연계하고 있다.

다. 지속 가능성 공급망의 구축 : 기업은 지속가능경영을 추진함에 있어, 자사 공급망 내 이해관계자를 적극 참여시키고 있다. 고객이 요구하는 환경, 사회 문제들은 때로는 기업 스스로 해결할 수 없는 문제로 특히 협력사의 참여가 절대적으로 필요하다. 따라서 각 기업은 그들의 협력사에게도 ESG 경영을 요구하고 있으며, 이에 대한 준수를 위한 모니터링과 관련된 프로세스, 규칙 등을 만들어서 운영하고 있다.

라. 이해관계자 참여 및 파트너십 : 효과적인 지속가능경영을 위해서는 임직원, 고객, 지역사회, NGO 등 이해관계자와의 협업이 점점 더 중요해지고 있다. 과거에는 NGO와 대립 관계에 있었으나, 최근에는 정보를 투명하게 공개하고, 공유된 문제를 해결하고 혁신을 주도하는 데 있어 협업에 적극적이다. 집단적 자원과 전문 지식을 활용하기 위해 파트너십 또한 형성되고 있다.

마. 기술 및 데이터 기반 솔루션 : 인공지능, 빅데이터 분석 및 블록체인과 같은 기술 발전을 활용하여 지속가능성 및 ESG 관리를 강화하고 있다. 이러한 도구는 기업이 환경 및 사회적 영향을 측정 및 추적하고 위험과 기회를 식별하며 데이터 기반의 의사결정을 내리는 데 도움이 된다. 나아가 이와 같은 기술은 신사업 기회 발굴에 활용되고 있다.

바. 규제 및 표준화 : 기업, 정부 및 규제 기관 모두 지속가능성 및 ESG 관행을 촉진하기 위해 새로운 규제 및 표준을 도입하고 있다. 여기에는 ESG 보고 요건, 필수 기후 위험 평가 및 책임 있는 사업 운영 규칙 등이 포함된다.

사. 직원 참여 및 기업문화 구축 : 기업은 지속가능성 이니셔티브를 추진하기 위해 직원 참여를 확대할 뿐만 아니라, 그들의 특색있는 문화를 조성하고자 노력하고 있다. 이를 위해 직원 인식 제고, 기업의 지속가능경영 홍보, 교육 프로그램 제공, 지속가능성 성과 평가 및 인센티브 제공 등 다양한 활동을 전개하고 있다.

2. 지속가능한 공급망 구축

지속가능한 공급망을 구축하는 데는 기업이 지속가능경영의 로드맵을 만들고, 공급망 이해 관계자들을 참여시켜, 이를 규범화하고, 프로세스와 시스템을 구축하는 전략적 접근 방식이 필요하다 (그림 10-4). 또한 지속적으로 모니터링하고 데이터를 수집 및 분석하여 개선을 추진함으로써 관련 이슈를 투명하고 선제적으로 대응해야 한다.

가. 지속 가능성 목표 정의와 설정: 기업의 전반적인 지속가능성 전략과 일치하는 명확하고 측정가능한 지속가능성 목표를 정의하고 설정한다. 이러한 항목에는 탄소 배출량 감소, 자원 사용 저감, 폐기물 생성 최소화, 책임 있는 조달 촉진, 공정한 노동 관행 보장 및 공급업체 다양성 향상 등이 포함될 수 있다. 항목별 목표는 구체적이고 시간적 제한이 있으며 업계 및 이해관계자와 관련이 있어야 한다.

나. 기업의 현재상태 평가 및 이해: 기업은 설정한 지속가능성 목표에 대하여 현재의 공급망 프로세스 및 관행을 평가한다. 즉 단계별 프로세스와 이해관계자들의 활동이 요구되는 지속가능경영의 수준을 어느 정도 충족하는지 객관적이고 투명하게 평가한다. 이 평가는 기업의 지속가능경영 수준을 이해하고, 향후 목표 설정과 단계별 개선 전략, 지표 등을 개발하기 위한 기준선을 제공한다.

■ 그림 10-4 지속가능 공급망 구축 프로세스

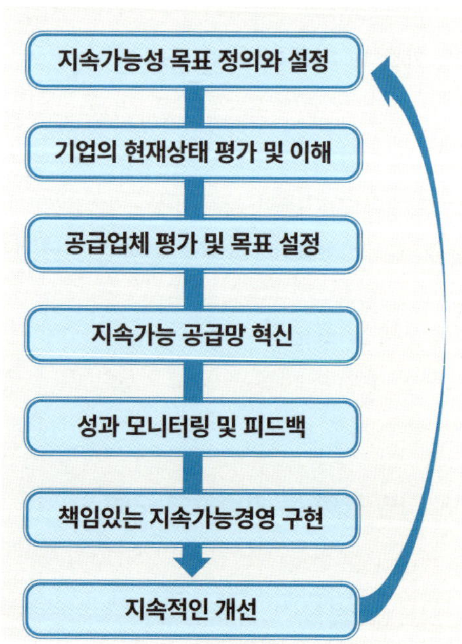

다. 공급업체 평가 및 목표 설정: 공급업체를 평가하고 선정하기 위한 기준을 설정한다. 기업의 지속가능경영 목표를 달성하기 위하여 공급업체의 환경관리 시스템, 노동 관행, 인권 정책, 윤리적 소싱, 다양성 및 포용 이니셔티브 등을 평가하여, 공급업체와 그 결과를 공유하고 기업의 목표 수준과 기대치를 명확하게 전달한다.

라. 지속가능 공급망 혁신: 공급업체와 함께 항목별 개선 목표와 전략을 도출하고 강력히 추진해 나간다. 지속가능경영 트렌드에 맞는 새로운 기술, 재료 및 프로세스를 탐색하도록 장려하고, 지속적인 개선이 될 수 있는 문화를 조성해 나간다. 혁신적인 아이디어를 제안하고 우수한 평가를 받은 공급업체는 보상을 할 수 있으나, 개선되지 않는 공급업체는 경고 또는 거래중단도 고려한다.

마. 성과 모니터링 및 피드백: 일회성에 그치지 않고 공급망 전체에서 지속가능성 성과를 지속적으로 추적하고 측정할 수 있도록 프로세스와 시스템을 개발한다. 관련 데이터 및 정보를 수집하여 지속가능성 목표를 달성하기 위한 진행 상황을 지속적으로 모니터링하여 피드백을 통해 개선을 유도한다. 데이터 수집, 분석 및 보고를 용이하게 하는 소프트웨어 도구 또는 플랫폼 사용이 요구되어 진다.

바. 책임 있는 지속가능경영 구현: ESG 등의 고려 사항을 공급업체 선정 기준과 계약 및 정기 평가 등에 포함시켜 공급망의 지속가능성이 보장되도록 정착한다. 이를 통해 공급업체가 환경 기준, 윤리적 관행 및 사회적 책임 기준을 준수하도록 권장하고, 공급업체 운영에도 도움이 되는 중요한 기준을 마련한다.

사. 지속적인 개선: 지속가능 공급망 관리는 지속적인 여정이다. 변화하는 내부 및 외부 요인에 따라 지속가능한 공급관리 로드맵을 정기적으로 검토하고 갱신해야 한다. 지속가능성에 대한 새로운 추세, 규정 및 모범 사례에 대한 정보를 지속적으로 수집하고 그에 따라 전략을 조정해 나간다. 이해관계자와 함께 상호 피드백을 구하고 서로 학습해 나가면서 지속적인 개선을 추진해 나간다.

이러한 단계적 프로세스를 통해 기업은 환경, 사회 및 경제적 고려 사항을 공급망 운영에 통합하여 궁극적으로 장기적인 지속가능성을 촉진하고 공유 가치를 창출하는 포괄적인 지속가능한 공급망 관리를 실현해 나갈 수 있다. 그 여정에는 프로세스 전반에 걸쳐 기업의 노력뿐만 아니라 내외부 주요 이해관계자(직원, 공급업체, 고객, 지역사회, NGO 등)를 적극 참여시켜야 한다. 이해관계자 참여는 다양한 관점을 수집하고 지속가능성 이니셔티브에 대한 지원을 구축하며 협업을 촉진하는 데 도움이 된다.

3. 지속가능 공급관리 조직 구조와 문화

기업이 지속가능경영을 추진하기 위해서는 조직원의 인식과 문화 및 조직 구조의 변화가 필요하다. 지속가능한 공급관리 조직 구조와 문화의 정착은 지속가능성 원칙을 공급망 운영에 효과적으로 통합하는데 중요하다.

이를 위해서는 무엇보다도 기업 리더와 이사회의 커미트먼트가 중요하다. 리더십은 지속가능경영을 추진하는 데 중요한 역할을 한다. 최고경영진은 일회성 이벤트에 그치지 말고, 지속가능성에 대한 강한 의지를 보여주고 조직 전체에 지속가능성의 중요성을 전달해야 한다. 또한 명확한 지속가능성 목표와 기대치를 설정하고, 지속가능성 이니셔티브를 지원하고, 필요 자원을 할당해야 한다.

지속가능 공급에 대한 전담 관리팀이 있어야 한다. 실무자들은 당장의 해결문제와 성과창출이 가능한 기존의 업무방식에 몰입되어 있는 경향이 있으므로, 지속가능한 공급관리 관행을 감독하고 구현하는 전담팀 또는 부서를 구성해야 한다. 이 팀은 지속가능성, 공급망 관리, 환경 및 사회적 영향 평가에 필요한 전문성을 갖추고 있어야 하고, 그들의 역할에는 전략 개발, 목표 설정, 이해관계자 참여 및 진행 상황 모니터링과 주기적 보고가 포함된다.

또한 지속가능성에 대한 인식이 특정 부서나 이슈가 많은 부서에 집중되지 않도록 부서 간에 교차하여 협업할 수 있는 제도와 프로세스를 만들어야 한다. 조달, 제조, 물류, 영업/마케팅, 품질 관리 및 인적 자원관리 등 전 부서가 조직 내 다양한 기능 전반에 걸쳐 협업 및 협력을 할 수 있도록 촉진해야 한다. 그리고, 임직원의 교육 프로그램 등을 운영하여 지속적으로 인식을 개선하고, 사내외 모범 사례 공유 및 포상 등 캠페인을 실시한다. 교육으로는 직원들이 공급망 활동의 환경 및 사회적 영향을 이해하고 지속가능성 목표에 기여할 수 있도록 조직 내 다양한 직무 역할과 수준에 맞게 조정되어야 하고, 성과 인센티브와 보상을 지속가능성 목표에 연계하여 진행한다.

나아가 지속가능한 공급관리 노력에 공급업체를 참여시켜야 한다. 정기적인 커뮤니케이션, 협업 이니셔티브 및 공동 문제 해결을 통해 이들을 참여시키고, 공급업체에 도움이 되는 법률이나 규정들을 공유하고, 교육지원도 확대하는 것이 좋은 방법이다. 이를 통해 공유된 가치와 목표를 기반으로 장기적인 파트너십을 육성해 나간다.

마지막으로 지속가능성을 정책 및 절차에 포함해야 한다. 즉 기업의 조달 전략, 공급업체 선정 기준, 기업의 비전, 임직원 행동 강령 등에 지속가능성을 포함시켜, 지속가능성이 기업의 의사결정 프로세스 및 일상적인 운영에 통합되도록 제도화해 나가야 한다.

4. 기업의 ESG 경영 사례

애플은 그림 10-5과 같이 2030년까지 그들의 공급망과 제품에서 탄소중립을 약속하고, 외부협회 및 골드만삭스 등과 협력하여 2억 달러 규모의 복원 기금을 조성하기로 결정했다. 또한 인종차별 문제를 해결하기 위한 1억 달러를 투

그림 10-5 애플의 지속가능경영 보고서, 환경 전략

분야	주요 목표 / 활동
기후 변화	• 전제조 공금앙 100% 재생에너지 도입 • 전 밸류체인 2030년 탄소중립 달성
순환 경제	• 재활용 소재사용 확대 • 제품 수명 연장 • 수장원 사용 저감 • 폐기물 매립 제로화
화각 물질	• 화학물질 정보공개 강화 • 화석물질 안전관리 강화

표 10-4 EU 공급망 실사법 주요 내용

기업	ESG 관련 전략
SK	• 최태원 회장은 코로나19 확산에 따른 경영환경 변화에 대응하기 위한 '근본적 혁신(Deep Change)'의 일환으로 ESG 강조 • SK E&S와 SK 브로드밴드는 새만금 태양광 발전사업 우선협상대상자로 선정. 2조 5,000억 원을 투자하여 태양광발전, 창업 클러스터, 데이터센터 유치 사업 추진
SAMSUNG 삼성전자	• 2020년까지 미구, 유럽, 중국 사업장에서 100% 재생에너지 사업 추진 • 수원 및 기흥 사업장에 태양광발전 설비 설치
HYUNDAI MOTOR GROUP	• 클린 모빌리티(Clean Mobility)를 목표로 하이브리드(HEV)·플러그인하이브리드(PHEV) 등 모든 친환경 자동차 개발 역량을 확보하여 2025년까지 44종의 친환경차 공개 계획 • 수소연료전기차 포함 전기차 연간 판매 목표 67만 대를 달성하여 세계 3대 전기차 메이커 목표
LG	• LG전자는 2019년 '탄소중립 2030'을 선언, 제품 생산단계에 발생하는 탄소를 2017년 대배 50% 감축 목표 • LG화학은 2021년까지 '중대 환경안전사고 제로화' 추진을 목표로 세계 37개 사업장 대상 안전환경 기준 재정립과 관리체계제도 강화

자하고 이어 3천만 달러를 추가로 투자하기로 결정했다. 이처럼 애플은 장기적이고 구체적인 ESG 실행 목표를 수립하에 강력히 실행해 나가고 있다. 국내에서도 코로나 팬데믹 이후 ESG 경영이 더욱 중요해지면서 대기업 중심으로 관련된 전략을 선제적으로 활발히 펼치고 있다 (표 10-4).

03. 협력사 ESG

1. 협력사 ESG 부상 배경

최근 EU 중심으로 기업의 공급망에 대한 ESG 규제가 강화되고 있다. 글로벌 공급망 ESG 관리에 대한 법제화가 개별 선진국 위주로 이루어지고 있으며, 특히 EU 공급망 실사 지침안에 기반한 공급망 실사 의무화 적용으로 기업에 대한 공급사의 ESG 관리 요구 사항이 강화되고 있다. EU에서 최근 발표된 지속가능한 기업 실사 지침(CSDDD, Corporate Sustainability Due Diligence Directive) 및 기업 지속가능성 보고 지침(CSRD, Corporate Sustainability Reporting Directive)에 따르면 기업 공급망 전반에 대한 환경과 인권 책임과 더불어 자회사 및 직간접 사업관계사로 형성된 협력사에 대한 실사를 의무화하고 있다. 따라서 협력사 ESG는 글로벌 기업에게는 반드시 준수해야 할 의무 사항이며, 그에 따라 관리 감독 및 지속적인 개선이 중요시되고 있다.

그러나, 이러한 규제 강화와 기업들의 노력에도 불구하고 여전히 공급망

표 10-5 EU 공급망 실사법 주요 내용

	대상	시기	시행내용
CSDDD	EU 소재/비소재 기업 중 대기업 대상	‘23.5~6월 (실적용 ‘25년)	• 공급망 전과정내 • 인권/노동/환경 영역에 대한 • 확인/보고/개선 의무 부여
CSRD	EU 상장사이나, 매출 기준 차별적용	‘24년 시행	• 기존 ESG 공시보다 강화된 • 비재무공시 의무 부여 • 가치사슬의 근로자의 • 노동환경 및 인권문제 보고 요구

내 ESG는 취약한 실정이다. 현재와 같은 GVC 무역 비중이 높은 상황에서 전 세계에 흩어져있는 많은 공급사를 전부 관리하기에는 어려움이 많은 현실이고, 특히 상대적으로 열악한 중소기업들은 ESG의 중요성을 인식하더라도 자체 추진역량과 외부 지원이 미흡한 수준이므로 향후 기업 운영은 큰 리스크에 노출되어 있다. 중소기업중앙회에서 실시한 중소기업의 ESG 관련 설문 조사 결과에 따르면, ESG 도입의 필요성에는 약 53% 정도만 공감하고 있으며, ESG 경영에 대한 준비가 되어 있지 않아 어렵다고 응답한 기업이 89%를 상회하고 있다 (그림 10-6). 또한 대기업이나 정부의 ESG 도입 및 확산에 대한 요구가 적절치 않다고 응답한 기업이 53.7%에 달하였고, 그 이유로 물적, 인적 비용 부담이 크다는 응답이 40.4%, 직접적 연관이 없다는 응답이 19.9%를 차지했다

그림 10-6 ESG 도입 필요성, ESG도입에 대한 경영환경

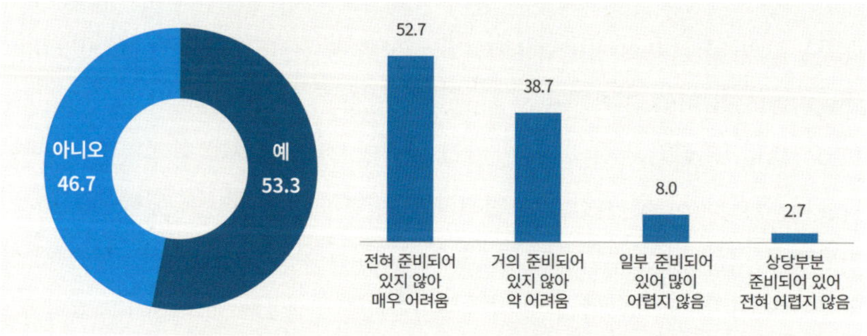

그림 10-7 대기업/정부의 ESG 확산 요구에 대한 적정성, 부적절한 이유

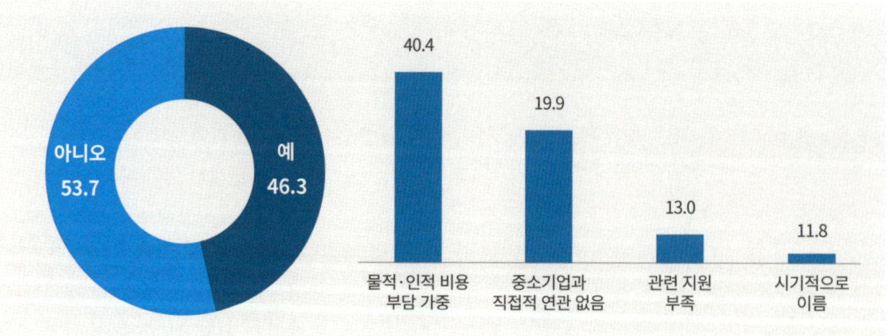

(그림 10-7). 따라서, 현재 ESG 관련 규제는 점차 강화되고 있지만 공급업체들의 인식과 경영환경은 열악하므로, 기업은 공급사 ESG 경영이 가능하도록 지속적인 관심을 가지고 모니터링 및 적극적인 교육과 지원을 해야 한다.

2. 협력사 ESG 추진 방향

현재 세계적으로 강화되고 있는 ESG 규제는 기업이 공급업체를 평가하고 참여시킬 때 더 많은 고려를 하게 만들고 있다. 신규 공급업체를 발굴하고 등록할 때부터 해당 공급사가 ESG 원칙에 부합하고 지속가능한 관행에 대한 비즈니스를 지속할 수 있는지 입증해야 한다. 또한 거래를 지속하면서도 끊임없이 모니터링하고, 협력사 스스로 원칙을 준수하고 개선해 나갈 수 있도록 교육 및 지원을 아끼지 말아야 한다. 이제 협력사 ESG에 대한 주요 추진 방향에 대해서 살펴보자.

가. ESG 성과 평가 : 기업은 공급망 내 공급사의 ESG 성과 평가가 국제규범과 프로세스에 부합되도록 강화해야 한다. 평가는 공급업체의 환경관리, 사회적 책임, 노동 기준, 인권, 다양성, 형평성 및 포용성, 기업 윤리 및 거버넌스 구조 등을 포함한다. 따라서 공급사 ESG 평가를 위한 기준서와 KPI를 만들고, 공급업체에게 ESG 성과 관련 데이터, 보고서 및 공시를 요구해야 한다. 그리고 평가 결과에 따라 상벌을 명확히 하여 촉진되도록 한다.

나. 지속 가능한 소싱 : 기업은 공급업체를 신규로 소싱하는 단계에서 환경적으로 책임 있는 조달, 윤리적 관행 및 사회적 영향 고려 사항을 우선시하는 공급업체를 찾을 수 있어야 한다. 공급업체는 책임 있는 원자재 소싱 및 투명한 공급망 관행을 포함하여 공급망 전반에 걸쳐 부정적인 환경 및 사회적 영향을 최소화하기 위한 노력을 사전에 입증할 수 있어야 한다.

다. 공급망 투명성 확보 : 공급망 전체의 투명성과 추적성은 ESG 관리에 매우 중요하다. 공급업체는 재료의 출처, 환경 및 사회적 표준 준수, 삼림 벌채, 분쟁 광물 또는 인권 침해와 같은 잠재적 리스크 완화를 포함하여 공급망에 대한 가시성을 제공해야 한다. 또한 기업은 수시 모니터링과 현장실사를 통해 공급사에 대한 ESG 정보가 투명하게 관리되도록 하여 잠재적인 위험을 사전에 알 수 있어야 한다.

라. 공급사와의 지속적인 개선 및 협업 강화 : 공급사의 ESG 경영이 지속적 성과를 낼 수 있도록 협력을 강화하고, 공급사가 지속가능성 이니셔티브를 추진할 수 있도록 권장해야 한다. 여기에는 모범 사례 공유, 공동 프로젝트 참여, 공동 지속가능성 문제 해결 및 긍정적인 변화를 주도한 공급사나 개인에 대한 시상 등이 포함될 수 있다.

마. 내부적 전담조직과 운영체계 구축 : 협력사의 ESG 경영을 관리, 촉진할 수 있는 전문조직을 두는 것이 도움이 된다. 끊임없는 모니터링과 개선 작업을 위해서는 전문가를 중심으로 한 상근 조직이 필요하며 이를 통해 공급 관리자와 공급사 간의 마찰이나 이슈를 최소화할 수 있다.

3. 협력사 ESG 과제

2023년 현재까지 글로벌 ESG 규제는 권역별, 국가별로 새로운 법규와 가이드라인이 추가되면서 강화되고 있다. 따라서 향후 어떤 방향으로 더 강화될지, 어떠한 신규 법규가 새로 만들어질지 예상하기는 어렵다. 그럼에도 불구하고 기업과 공급사는 이미 제정되었거나 예상되는 시나리오에 따라 다음의 주요

그림 10-8 협력사 ESG 과제

E (환경)	온실가스 배출량, 탄소발자국, 폐기물 관리, Recycling
S (사회)	노동 인권, 분쟁광물 관리, 다양성/형평성/포용성
G (지배구조)	법규준수, 재무투명성, 부패방지

과제에 대한 추진 로드맵을 수립해야 한다 (그림 10-8).

가. 배출량 및 탄소 발자국 : 공급사는 온실가스 배출량과 탄소 발자국을 측정, 분석 및 저감해야 한다. 여기에는 배출량 데이터 추적 및 공개, 에너지 효율적인 관행 구현, 재생 가능 에너지원 채택 및 탄소 저감 이니셔티브 지원이 포함된다. 기업은 공급사에게 배출량 감소 목표를 설정하고 진행 상황에 대한 증거를 제공하도록 요구해야 한다.

나. 책임 있는 폐기물 관리 : 공급사는 폐기물 감소, 재활용 및 적절한 폐기를 포함하여 책임 있는 폐기물 관리 관행을 채택해야 한다. 또한 폐기물 생성을 최소화하고 자원 사용을 최적화하며 순환경제 접근 방식을 촉진하기 위한 조치를 구현해야 한다. 기업은 공급사가 폐기물 관리 프로세스에 대한 정보를 제공하고 폐기물로 인한 환경 피해를 줄이기 위한 노력을 보여줄 것을 요구해야 한다.

다. 윤리적 노동 환경 : 공급사는 운영 전반에 걸쳐 윤리적 노동 관행을 유지하고 안전하고 공정한 근무 조건이 유지될 수 있도록 개선해 나가야 한다. 여기에는 노동법 준수, 아동 노동 및 강제 노동 금지, 공정한 임금, 합당한 근무 시간, 산업 보건 및 안전 조치 등이 포함된다. 공급사는 감사 또는 인증을 통해 규정 준수 증거를 제공해야 한다.

라. 다양성, 형평성 및 포용성 : 기업은 공급사의 DEI(다양성, 형평성, 포용성; Diversity, Equity, Inclusion)에 점점 더 중점을 두고 있다. 공급사는 인력 내 다양성을 촉진하고 동등한 기회를 제공하며 모든 직원에게 공정한 대우를 보장하도록 요구되고 있다. 조직은 공급사가 다양성 지표를 추적 및 보고하고, 다양성 프로그램을 구현하고, 형평성 및 포용성을 촉진하는 이니셔티브를 지원할 필요가 있다.

마. 거버넌스 및 기업 윤리 : 법률 및 규제 요건 준수, 재무 보고의 투명성, 부패 방지 조치 및 윤리적 사업 수행을 포함하여 공급사는 강력한 거버넌스 관행을 실행해야 한다. 기업은 공급사의 거버넌스 구조, 정책 및 행동 강령을 평

가하여 윤리적 비즈니스 관행에 부합하도록 해야 한다.

요약하면, 기업은 공급사가 ESG 요구 사항을 이해하고 이에 능동적으로 대응하도록 지원해야 한다. 이는 공급사가 지속가능한 관행을 수용하고 투명성을 입증하며 ESG 성과를 지속적으로 개선함으로써 경쟁력과 비즈니스 관계를 강화하여 지속가능한 공급망에 기여할 수 있고, 기업은 더욱 강력한 그들의 ESG 공급망을 갖게 될 수 있기 때문이다.

4. 글로벌 기업의 공급망 관리 주요 사례

미국의 Tesla, Apple 등 주요 글로벌 기업은 주요 이해관계자의 요구가 강해지고 관련 규제가 속속 발표되는 환경 속에서 선제적으로 노동인권, 환경을 중심으로 한 공급망 관리를 강화하고 있으며, BASF는 독일에서 발표한 제품 공급망에 대한 실사, 보고화를 의무화한 법률과 연계하여 공급업체 행동수칙을 제정하였고, 이를 준수하기 위해 많은 구체적인 노력을 해오고 있다 (표 10-6). 이 외에도 많은 선진 기업들이 지속가능 공급망 관리 활동을 추진하며 성과를 내고 있다. 관심있는 기업들의 지속가능경영 보고서를 분석하면 많은 중요한 인사이트를 얻을 수 있을 것이다.

표 10-6 글로벌 기업의 공급망 ESG 관리 사례

기업	관련 사례 및 대응
테슬라 (Tesla)	• 아동 노동착취, 환경오염 등의 문제가 있는 코발트 채굴문제를 테슬라가 인지함에도 묵인하고 방조했다는 이유로 2019년 국제권리변호사회(IRA)로부터 피소 - CNN 등은 전세계 코발트의 60%를 담당하는 콩고의 코발트 채굴과정에서 아동에 대한 노동착취가 만연해 있다라고 조사하여 발표 • 테슬라는 '2019 임팩트 보고서(Impact Report)'에서 코발트 프리(Cobalt Free) 배터리를 조속히 개발하겠다고 발표 - 테슬라 배터리에 코발트 비중을 지속 축소하고 니켈 함유량을 높여 100% 니켈 배터리를 만드는 코발트 프리 지향 - 전기차 대중화를 이루기 위해 공급망 내의 근로자의 인권을 보호하고 근무환경 개선과 부품 소싱을 통해 총비용을 절감하겠다고 발표

기업	관련 사례 및 대응
애플 (Apple)	• RE100 참여기업으로 '협력업체 청정에너지 프로그램 계획(2030년까지 협력사는 100% 재생에너지로 생산한 제품 공급)' 발표 • 공급망 내 모든 단계의 협력업체에 대한 행동규칙(Apple Supplier Code of Conduct)을 만들어 노동인권과 환경보호 등을 강력히 추진 - 2019년 49개국 총 1,142개 협력업체 평가 완료 및 100만 톤 이상의 탄소배출량 감축 - 고득점 사업자 비율: 2014년 26% → 2017년 47% → 2019년 82%
바스프 (BASF)	• 독일의 대표적 글로벌 화학기업에 맞는 공급사 행동규칙(Supplier Code of Conduct) 제정 및 준수 - 국제노동기구 등의 원칙 및 글로벌 화학산업 책임관리 프로그램 기반 협력사의 ESG 표준 준수 의무화 • 공동의 화학산업계 이니셔티브 'Together for Sustainability(TfS)' 설립 공급망의 지속가능성 및 공급사 ESG 강화를 통한 제품의 경쟁력 확보 차원에서 - 2011년 바이엘 및 헨켈 등과 공동으로 TfS 창설 - 공동으로 공급사 평가와 감사의 글로벌 표준을 만들고, 리스크 매트릭스 기반 TfS - 프로그램 시행 및 이에 따른 협력사 현장 실사 및 지속가능성 평가 - 2019년 전협력사의 81%에 대하여 ESG 요소 평가를 진행하여 52%의 개선 성과를 달성

참고문헌

1장

https://dic.kumsung.co.kr/ [2023년 4월 20일 접속]
몽골 제국의 성립, 금성출판사 티칭백과

https://ko.wikipedia.org/wiki/ [2023년 4월 21일 접속]
헬레니즘 제국, 위키백과

https://www.smithsonianmag.com/ [2023년 6월 20일 접속]
The History of Barcode, The first item marked with the Universal Product Code (UPC) was scanned at the checkout of Troy's Marsh Supermarket. Courtesy of Yale University Press

https://en.wikipedia.org/wiki/Malcom_McLean [2023년 3월 10일 접속]
McLean at railing, Port Newark, 1957

https://supplychaindigital.com/digital-supply-chain/ [2023년 5월 11일 접속]
Keith Oliver - the man who gave us 'supply chain management'

http://www.ebiz114.net/?p=3071 [2023년 4월 30일 접속]
가치 사슬의 배치 – 마이클 포터의 가치사슬

https://www.theguardian.com/world/2022/apr/05 [2023년 4월 30일 접속]

https://kidd.co.kr/news/181846 [2023년 5월 2일 접속]
세계 수출에서 중국의 비중과 중국 수출에서 외자기업의 비중 변화(자료 : Trade Map, 중국 국가통계국 자료로 계산)

https://www.mk.co.kr/news/world/8869479 [2023년 5월 3일 접속]

https://www2.deloitte.com/us/en/insights/industry/manufacturing/realigning-global-supply-chain-management-networks.html [2023년 4월 3일 접속]
About the 2022 Manufacturing Supply Chain Study

https://www.globaltradealert.org/global_dynamics [2023년 5월 13일 접속]

2장

Garay-Rondero, C.L., Martinez-Flores, J.L., Smith, N.R., Morales, S.O.C., and Aldrette-Malacara, A.J. (2020). “Digital Supply Chain Model in Industry 4.0. Manufacturing Technology Management, 31, 887–933.

ISM (2018). CPSM Study Guide.

Kinnet, J., “Creating a Digital Supply Chain: Monsanto’s Journey”, SlideShare, https://www.slideshare.net/BCTIM/creating-a-digital-supply-chain-monsantos-journey

Mogre, R., Lindgreen, A., and Hingley, M. (2017). “Tracing the Evolution of Purchasing Research: Future Trends and Directions for Purchasing Practices”, Journal of Business and Industrial Marketing, 32(2), 251-257.

Rouse, M., “Digital Supply Chain”, Search Manufacturing ERP.com, (2016). http://searchmanufacturingerp.techtarget.com/definition/digitalsupply-chain?vgnextfmt=print.

3장

Kearney, 2023, “SCM 및 구매 혁신 Trend”

KIEP, 2022, 바이든 행정부의 글로벌 공급망 재편 정책과 시사점, 71p

KOTRA, 2022, 바이든 행정부의 제조업 육성정책과 글로벌 기업 동향, 2p

https://www.bloomberg.com/news/articles/2023-04-05/inside-apple-s-plan-to-move-iphone-production-from-china-to-india#xj4y7vzkg [2023년 4월 23일 접속] BusinessweekTechnology, Apple’s Complex, Secretive Gamble to Move Beyond China

https://news.mt.co.kr/mtview.php?no=2022021015583386815 [2023년 4월 20일 접속] 한국자동차연구원, 주요 완성차 기업 반도체 수급난 이후 동향

https://www.volkswagen-newsroom.com/en/press-releases/volkswagen-and-amazon-web-services-to-develop-industrial-cloud-4780 [2023년 5월 2일 접속] Volkswagen and Amazon Web Services to develop Industrial Cloud

https://www.apple.com/kr/newsroom/2023/04/apple-and-global-suppliers-expand-renewable-energy-to-13-point-7-gigawatts/ [2023년 5월 3일 접속] 애플 뉴스룸, Apple, 글로벌 협력업체와 함께 재생 에너지 생산량 13.7 기가와트로 확대

https://m.sedaily.com/NewsView/22Q3FUCBZT#cb [2023년 6월 22일 접속] MZ세대 “착한기업에 돈쭐”... ‘가치소비’ 주류로 뜬다

4장

Handfield, R.B., Monczka, R.M., Giunipero, L.C., and Patterson, J.L. “Sourcing and Supply Chain Management”(5th Edit.), South-Western Cengage Learning, 2011.

Kraljic, P. (1983). “Purchasing Must Become Supply Management”, Harvard Business Review, 61, 109-117.

Monczka, R.M., Handfield, R.B., Giunipero, L.C., and Patterson, J.L. “Purchasing and Supply Chain Management”(6th Edit.), Cengage Learning, 2016.

Porter, M. “The Competitive Strategy”, The Free Press, 1980.

Schroeder, R.G., Goldstein, S.M., and Rungtusanatham, M.J. “Operations Management”(5th Edit.), McGraw-Hill, 2011.

5장

Fitzsimmons, J., and Fitzsimmons, M. “Service Management”. Tata McGraw Hill Education Private Limited, 2013.

Handfield, R.B., Monczka, R.M., Giunipero, L.C., and Patterson, J.L. “Sourcing and Supply Chain Management”(5th Edit.), South-Western Cengage Learning, 2011.

6장

https://ko.dict.naver.com [2022년 9월 15일 접속]

7장

Digital Supply Chain Institute(DSCI). “Digital Supply Chain Transformation Guide: Essential Metrics”, The Centre for Global Enterprise: New York, NY, USA, 2017.

Handfield, R.B., Monczka, R.M., Giunipero, L.C., and Patterson, J.L. “Sourcing and Supply Chain Management”(5th Edit.), South-Western Cengage Learning, 2011.

Monczka, R.M., Handfield, R.B., Giunipero, L.C., and Patterson, J.L. “Purchasing and Supply Chain Management”(6th Edit.), Cengage Learning, 2016.

Simchi-Levi, D. and Simchi-Levi, E. “We Need a Stress Test for Critical Supply Chains”. Harvard Business Review, April, 2020.

8장

Handfield, R. B., Monczka, R. M., Giunipero, L. C., Patterson, J. L., “Sourcing and Supply Chain Management”, South-Western Cengage Learning, Fourth Edition, 2009 (출처 Handfield et al., 2011)

https://dbr.donga.com [22년 9월 25일 접속]
글로벌 소싱, ‘품질•재고관리’가 생명 | 경영일반 | DBR (donga.com)

https://www.newspim.com [22년 9월 25일 접속]
홈플러스, 유럽 유통연합 ‘EMD’ 가입…글로벌소싱 1조원 박차 (newspim.com)

http://economy.chosun.com/ client/news/view.php?boardName=C06&t_num=2532 [22년 9월 25일 접속]

https://iccwbo.orgn [22년 10월 5일 접속] / 출처: Incoterms 2020, ICC

https://terms.naver.com [22년 10월 7일 접속] / [네이버 지식백과] 오프쇼어링 (시사상식사전, pmg 지식엔진연구소)

9장

송응석 (2019), “An Empirical Study of Effectiveness of Risk Management Strategies”, 박사논문 (송응석 외, 2019).

송응석, 김대수, 박명섭, 정의범(2018), “공급사슬 리스크 연구 동향과 이슈 : 키워드 네트워크 분석”, 한국생산관리학회지, Vol 29, No. 4, 377-395.

이충배, 정석모(2011), “전기•전자기업의 글로벌 공급사슬의 위험관리전략에 관한 연구”, 한국국제상학회, Vol. 26, No. 2, 27-48.

정인교(2022), “2022년 아시아 정세전망(6): 2022년 글로벌 공급망 재편과 아시아 국가의 대응”, 서울대학교 아시아 연구소, 2022.1

Chiles, T. H., McMackin, J. F. (1996), “Integrating Variable Risk Preferences, Trust, and Transaction Cost Economics”, Academy of Management Review, Vol. 21, No. 1, 73-99.

March, J. G., Shapira, Z. (1987), “Managerial Perspectives on Risk and Risk Taking”, Management Science, Vol. 33, No. 11, 1367-1509.

Mitchell, V. (1999), “Consumer perceived risk: conceptualisations and models”, European Journal of Marketing, Vol. 33 No. 1/2, 163-195.

Li, C., Kouvelis, P. (1999), “Flexible and Risk-Sharing Supply Contracts under Price Uncertainty”, Management Science, Vol. 45, No.10, 1378-1398.

Sheffi, Y. “The Resilient Enterprise”, The MIT Press, 2005, 10

Sodhi, M. S., Chopra, S. (2004), “Managing risk to avoid supply-chain breakdown”, MIT Sloan management review, Vol. 46, No.1, 53-61.

http://www.datanet.co.kr [22년 11월 17일 접속] / 데이터넷

https://dbr.donga.com/article/view/1203/article_no/375/ac/magazine [22년 11월 17일 접속]

https://blog.naver.com/gics17/221719761513, www.gicscm.com [22년 11월 20일 접속]

http://www.scdigest.com/ontarget/11-10-012-3_IBM_Supply _Chain_Risk.php?cid=5054 [22년 11월 20일 접속]

http://dic. hankyung.com [22년 12월 3일 접속] (한경 경제 용어사전)

http://economychosun.com/client/news/view.php?boardName=C00&t_num=13610667 [22년 12월 5일 접속] / 변곡점에 선 글로벌 공급망, (2021.4.28.)

https://www.pressian.com [23년 1월 10일 접속] (중국의 미래 전략이 바뀐다, 2020.12.14.)

10장

KPMG, 2/2021, ESG의 부상

뉴욕타임즈, Business Round Table 성명

이준희, 한국기업들의 ESG경영을 위한 변화, 딜로이트 분석

중소기업중앙회 설문조사, 2021년, 중소기업 ESG 애로 조사 보고서

https://www.etnews.com/20220224000204 [2023년 4월 15일] 전자신문, EU 지속가능성 실사법 '후폭풍'

https://www.samsung.com/sec/sustainability/digital-library/customized-report/ [2023년 4월 20일] 삼성전자 지속가능경영보고서

https://m.edaily.co.kr/news/Read?newsId=02276326632361720&mediaCodeNo=257&utm [2023년 5월 2일] 이데일리뉴스, 전국경제인연합회

지속가능 구매공급 혁신

발행일 2023년 8월 31일 1판 1쇄

지은이 김대수, 나진성, 송응석, 조순형, 편제범 공저

발행인 송자영
발행처 초아출판사
주소 서울시 성북구 정릉로 36길 41
전화 070-8739-0036
팩스 0504-178-5627
E-mail choapublish@hanmail.net
디자인 에이팩토리, bikoon73@daum.net

ISBN 979-11-88425-28-0
정가 28,000원